INOVAÇÕES DO CÓDIGO DE PROCESSO CIVIL DE 2015

Richardson Xavier Brant

COORDENADOR

Juiz de Direito no Estado de Minas Gerais
Professor de Processo Civil e Processo Constitucional na Universidade Estadual de Montes Claros (MG)
Especialista em Direito Público e em Sociologia Política
Mestre em Desenvolvimento Social. Doutorando em Desenvolvimento Social no PPGDS/UNIMONTES

INOVAÇÕES DO CÓDIGO DE PROCESSO CIVIL DE 2015

Revisores: Waldir de Pinho Veloso (revisão linguística) e Ana Cláudia Tavares Pimenta Brant (jurídica)

Del Rey editora

Belo Horizonte
2021

Impresso no Brasil | *Printed in Brazil*

EDITORA DEL REY LTDA.

www.livrariadelrey.com.br

Editor: Arnaldo Oliveira

Editor Adjunto: Ricardo A. Malheiros Fiuza
(*in memoriam*)

Coordenação Editorial: Letícia Neves

Diagramação: Know-how Editorial

Revisão: Waldir de Pinho Veloso
(revisão linguística)
Ana Cláudia Tavares Pimenta Brant (jurídica)

Editora:
Rua dos Goitacazes, 71 – Lojas 20 a 24
Centro – Belo Horizonte – MG
CEP 30190-050

Comercial:
Tel.: (31) 3284-3284 / 3293-8233
vendas@editoradelrey.com.br

Editorial:
editorial@editoradelrey.com.br

B821i Brant, Richardson Xavier (coord.). Inovações ao Código de Processo Civil / Coordenador: Richardson Xavier Brant; Prefácio de Gilson Soares Lemes.- 1. ed. - Belo Horizonte, MG : Editora Del Rey, 2021.
252 p.; 16x23 cm.

Inclui bibliografia.
ISBN 978-65-5791-027-6

1. Código de Processo Civil. 2. Direito. 3. Magistratura. 4. Inovações. I. Título. II. Assunto. III. Brant, Richardson Xavier.

CDD 341.46 CDU 347.91

Pedro Anizio Gomes
Bibliotecário – CRB-8 8846

Dedico esta obra a todos os colegas da Magistratura Mineira, de ontem e de hoje, por reconhecer neles a chama do ideal que nos anima e nos une – um ideal marcado por esforço, dedicação, zelo, e pelo renovado desafio de superação de tantas limitações, – para bem cumprir a árdua e altaneira missão de distribuir Justiça a todos que a procuram.

Uma palavra de gratidão!

Primeiro, quero dizer muito obrigado aos autores pela aceitação do convite, pela confiança e sinergia, pois o resultado superou as expectativas do início!

Agradeço a minha família (minhas raízes e fonte de inspiração), e de modo delicado e afetuoso, a minha mulher Ana Claudia

Tavares Pimenta

Brant, pelas minuciosas revisões jurídicas e pelo apoio inestimável.

Minha gratidão ao Professor Waldir de Pinho Veloso, cuja contribuição tornou possível este trabalho, e parece-me pouco dizer do enorme incentivo e impulso que deu à iniciativa, pelo incansável e laborioso trabalho de Revisão, e por sugestões que melhoraram sensivelmente os textos.

Palavras não expressam tudo que vai na Alma, e resta-me elevar o pensamento a Deus e rogar que os conserve e os recompense!

Deixo meu profundo agradecimento a Deus! E rogo que Ele possa retribuir, em bênçãos dadivosas de luz e paz, a todos que contribuíram de algum modo para esta obra!

COLABORADORES

ANA CLAUDIA TAVARES PIMENTA BRANT

Bacharela em Direito pela Universidade Estadual de Montes Claros (MG). Advogada. Mestranda em Direito Tributário na UCA – Universidad Catolica Argentina.

ANA LÚCIA RIBEIRO MÓL

Mestre em Direito Processual pela Pontifícia Universidade Católica de Minas Gerais. Professora da Universidade Estadual de Montes Claros e das Faculdades Integradas do Norte de Minas. Procuradora do Município de Montes Claros.

BARBARA LIVIO

Juíza de Direito no Estado de Minas Gerais. Membro da Diretoria do FONAVID, representante da Região Sudeste. Membro da Coordenadoria da Mulher em Situação de Violência do TJMG.

CLEMENCE MOREIRA SIKETO

Procurador do Município de Santo André. Especialista em Processo Civil pela PUC Campinas (SP). Especialista em Direito da Economia e da Empresa pela FGV.

CYNARA SYLDE MESQUITA VELOSO

Doutora em Direito Processual pela PUC/MG. Advogada e pesquisadora em Direito. Professora da Faculdade de Direito da Unimontes (MG). Coordenadora do Curso de Direito do UniFip/MOC.

EDMILSON ARAÚJO RODRIGUES

Advogado. Especialista em Direito Processual Civil. Professor de Ética Profissional e Estatuto da Advocacia na Funorte (MG). Doutor em Direito pela UMSA – Universidad del Museo Social Argentino.

EDUARDO FERREIRA COSTA

Juiz de Direito no Estado de Minas Gerais. Ex-professor das Faculdades de Direito Santo Agostinho de Montes Claros (MG).

ELUIZ RIBEIRO MENDES E BISPO

Bacharel em Direito pela Unimontes (MG). Advogado. Professor de Direito Processual Civil da Unimontes (MG).

EVANDRO CANGUSSU MELO

Juiz de Direito no Estado de Minas Gerais. Especialista em Gestão Pública e Direito Privado. Atual Diretor do Foro da Comarca de Montes Claros (MG).

FAMBLO SANTOS COSTA

Juiz de Direito no Estado de Minas Gerais. Mestre em Direito pela UFSC. Ex-professor de Direito Constitucional da Universidade Estadual de Montes Claros (MG).

FERNANDO VASCONCELOS LINS

Desembargador do TJMG. Bacharel em Direito pela PUC Minas. Integrante da 18ª Câmara Cível do Tribunal de Justiça (MG).

GABRIELE DURÃES CALDEIRA

Bacharela em Direito pela Universidade Estadual de Montes Claros (MG). Assessora Judicial no Estado de Minas Gerais.

IANNE ARAÚJO MURTA MENDES E BISPO

Bacharela em Direito pela Universidade Estadual de Montes Claros (MG). Tabeliã de Protestos no Estado de Minas Gerais.

JULIANO CARNEIRO VEIGA

Juiz de Direito em Minas Gerais. Professor de Direito Processual Civil. Instrutor de cursos de capacitação em Autocomposição pela EJEF/TJMG credenciado pela ENFAM.

LAILSON BRAGA BAETA NEVES

Desembargador do TJMG. Bacharel em Direito pela UFMG. Mestre e Doutor em Direito pela PUC/Minas. Professor convidado de Direito Internacional Privado na UFMG.

LILIAN MACIEL SANTOS

Desembargadora do TJMG. Mestre em Direito pela UFMG. Professora de Processo Civil na Faculdade de Direito da FUMEC.

VÍTOR LUÍS ALMEIDA

Juiz de Direito em Minas Gerais. Mestre em Direito pela Universidade de Lisboa (Portugal). Doutorando em Direito pela Universidade de Coimbra (Portugal). Professor de Direito Processual Civil pelas Faculdades Santo Agostinho. Colaborador na Escola Judicial Desembargador Edésio Fernandes do Tribunal de Justiça do Estado de Minas Gerais – EJEF/TJMG.

WALDIR DE PINHO VELOSO

Bacharel em Direito pela Unimontes (MG). Mestre em Linguística pela Universidade Estadual de Uberlândia (MG). Escritor.

SUMÁRIO

PREFÁCIO

Desembargador Gilson Soares Lemes
Presidente do TJMG.

Recebi do magistrado e amigo Richardson Xavier Brant a missão de prefaciar a presente obra acadêmica, *Revisão das Inovações do Código de Processo Civil de 2015*, livro que reúne artigos jurídicos de diversos operadores do direito, sendo desembargadores, juízes de direito, advogados e servidores públicos.

A revisão de literatura, no caso específico do Código de Processo Civil de 2015, é uma revisitação ao que já foi produzido pela doutrina e jurisprudência nestes quase 05 anos de vigência da nova legislação processual, que veio para impactar a forma de solução dos conflitos, visando afastar aquele sentimento de morosidade da justiça. E, como advertia o mestre Ruy Barbosa, "*justiça atrasada não é Justiça, senão injustiça qualificada e manifesta*".

A ineficácia dos meios de acesso à justiça é uma questão presente nos mais variados ordenamentos jurídicos, com um número excessivo de pessoas buscando o Poder Judiciário para as mais variadas questões do dia-a--dia. Diante dessa necessidade de assegurar a pacificação social, buscando a resolução dos diversos litígios no nosso meio, sejam eles individuais ou coletivos, os Estados passaram a buscar novas soluções com o propósito de tutelar efetivamente o bem jurídico, de forma consensual e célere, criando, assim, meios alternativos à jurisdição que resolvam as controvérsias, uma das grandes marcas do Código de Processo Civil de 2015.

Há muitos anos a jurisdição é a forma civilizada e estatizada de solução dos litígios, sendo que o Estado mantém esse monopólio sub-rogando-se aos cidadãos na definição e no pronunciamento daquilo que é correto e justo. Essa tradição sempre esteve atrelada ao conceito de que o Direito é a forma ideal, pronta e acabada para se resolver qualquer demanda entre as pessoas. Entretanto, é certo que isso, nos últimos anos, vem sendo modificado, em face de um pensamento moderno, no sentido de que há outras alternativas e outras fontes para resolver os conflitos.

Os autores da obra, ao realizarem esta revisão dos institutos e novidades trazidas pelo Código de Processo Civil de 2015, após um período razoável de produção doutrinária e jurisprudencial, demonstram a importância de cada artigo que compõe o livro. Permito-me, brevemente, relatar a importância de capítulos que tratam da conciliação e mediação na atual sistemática processual; do princípio da cooperação; da distribuição do ônus da prova; fundamentação da sentença - dever do julgador que gera rico debate entre os estudiosos, buscando transparência da decisão, com fortalecimento do próprio Estado Democrático de Direito –; os recursos na sistemática do CPC/15; e a famigerada técnica do julgamento estendido.

Conhecedor de vários dos autores da obra, pessoas notáveis em seu campo de atuação, tenho certeza do sucesso e importância da obra no meio jurídico, manifestando minha alegria em receber o convite para prefaciá-la.

Faço votos que a obra possa auxiliar os operadores do Direito, sempre na busca por mais Justiça!

Ab imo pectore! Que Deus nos abençoe e nos guarde.

Belo Horizonte, junho de 2020.

APRESENTAÇÃO

O SIGNIFICADO E ALCANCE DA INOVAÇÃO: REVISÃO DO CÓDIGO DE PROCESSO CIVIL DE 2015

Richardson Xavier Brant
Coordenador

Esta obra reúne o esforço de juristas engajados em diferentes campos jurídicos, no propósito comum de contribuir para uma revisão de temas relevantes entre as inovações introduzidas pelo Código de Processo Civil de 2015. Foram convidados profissionais do Direito atuantes em áreas diferentes, quase todos com experiência de magistério, todos com atuação prática específica no Processo Civil.

Animou os autores, além da busca de excelência profissional, o objetivo de tratar as modificações sob o ponto de vista do fazer cotidiano dos operadores jurídicos. Consideráveis os esforços para delimitar o estudo nesse âmbito, na busca de identificação das consequências práticas, do que seria alterado no pensar e fazer das tarefas profissionais do dia a dia. Alguns estudos voltaram-se, sem perder o viés pragmático, a reflexões teóricas mais pontuais.

Todos laboraram guiados pela boa diretriz interpretativa, de índole sistemática e teleológica, que alimenta o sentido de que, depois de acabada a produção legislativa, cumpre ao aplicador do Direito buscar a exegese que propicie a otimização do instituto legal, considerando sua exata posição no sistema jurídico. Esse é o preciso rumo da interpretação construtiva, afinada com o Direito como integridade, como se encontra articulado na obra *O império do Direito* (DWORKIN, 2003).

Contra o arbítrio, quer-se firmar o entendimento de que a liberdade do intérprete da lei não significa margem para invenção segundo suas próprias convicções e valores. Em posição democrática, mais próximo à virtude aristotélica, o intérprete não estaria inteiramente condicionado, tampouco livre por completo, para encontrar uma solução para o caso concreto. Os ajustes devem, pois, ser construídos sob o crivo racional, dialógico e dialético de uma comunidade de intérpretes, a partir dos princípios, valores e fins postos constitucionalmente, e em compasso com a história do Direito construída gradativamente nos precedentes.

A metáfora literária do romance em cadeia (*chain novels*) indica o esforço de cada geração para produzir a melhor contribuição ao Direito. Embora reconheça o renomado autor americano que há muita polêmica e divisão quanto à questão da interpretação na crítica literária, e que a situação não está melhor que nas outras artes[1], precisamente por isso deveriam os juristas conhecer e estudar esses debates. Parece interessante a afirmação de que foram defendidas muito mais teorias da interpretação na literatura que no Direito, inclusive teorias que contestam a distinção categórica entre descrição e valoração que debilitou a teoria jurídica (DWORKIN, 2005).

A inovação, no âmbito do Direito, traduz o atendimento da constante necessidade de adaptação das normas em uma sociedade cambiante, que se alterna e se altera de maneira complexa, no permanente e renovado propósito de adequação e aperfeiçoamento. Avanços e retrocessos fazem parte de um indissociável processo histórico, como ensaios e erros, e constituem uma compreensão atualizada, em diagnóstico realista, sobre a própria história da espécie humana. Na filosofia da história, encontra-se superada a ideia de etapas regulares e sequentes de um inevitável e determinado progresso apregoado pelo historicismo evolucionista[2] (HONNETH, 2017).

---

1 Cuido de explicar que, na Teologia, há também muitos estudos e teorias interpretativas que poderiam servir de mote e reflexão à interpretação jurídica. E que a exegese teológica compartilha com o Direito a característica de serem ambas dogmáticas. Na atualidade, porém, entendo que as linhas de intepretação zetética e crítica sejam os mais promissores filões da Hermenêutica Jurídica.

2 A referência é feita à obra de Axel Honneth. A tendência de uma revisão na concepção filosófica de história, em franca oposição ao método tradicional cartesiano, faz parte de um conjunto amplo de contribuições da primeira geração de estudiosos da Escola de Frankfurt, vinculadas ao Instituto de Pesquisa Social na Alemanha. Destacam-se as contribuições iniciais de Theodor Adorno, Max

Comunga-se, vivamente, a impressão de que não existe inovação mais importante na história das ideias sobre justiça, ao longo de toda evolução e das muitas contribuições ao tema, do que a compreensão da imprescindibilidade de justiça social. Parte-se da maturação da elevada ideia de que os seres humanos são capazes de transformar a esfera de seu mundo social de modo a adaptá-lo, ainda que gradativamente, a um projeto intencional, como já se acreditava na antiga Atenas, mas esta inteligência conquistou ampla divulgação e aceitação no século XVIII (JOHNSTON, 2018).

Acredita-se na superação, com esse entendimento, da falácia naturalista que, ao longo da história, pretendera – e pretende – impor a ideia de que injustiças, desigualdades, arbítrio e opressão eram fenômenos naturais, e não construídos socialmente. De que todas essas mazelas sociais sempre existiram e continuariam a existir. Esta crença nega o núcleo da ideia de desenvolvimento com justiça social. Se a injustiça e o arbítrio, e seus males e graves consequências, surgiram e se desenvolveram como fenômenos histórico-culturais, podem se transformar, de modo gradativo, à medida que se avance no propósito de redução das desigualdades, até serem completamente abolidos, ou reduzidos a patamares mínimos, mais razoavelmente aceitáveis.

Partilha-se a reflexão da inadiável necessidade de um imprescindível resgate da crítica social fundada na compreensão de que somente um adequado compromisso com o ideal de um aprendizado construtivo a ser forjado pela ativa participação dos cidadãos soberanos – marcado pela busca constante de inovações reformistas de situações indesejáveis – torna possíveis novas experiências com a justa expectativa de avanços. Veja-se a clareza desta passagem sobre o ser na contemporaneidade: "[...] *ao contrário de seus antepassados, já não pode apoiar-se na ideia de uma qualquer inevitabilidade histórica, devendo, por conseguinte, identificar aquilo que deve ser conseguido nas diversas esferas através de novas buscas experimentais*." (HONNETH, 2017).

E não são raras as buscas experimentais e tentativas de inovações no Processo Civil. Ao longo dos últimos 20 anos, houve muitas reformas pontuais, que antecederam o Código de Processo Civil de 2015. O sistema inaugurado pela edição de nova codificação em 2015, com vigência em 2016, passou pelo crivo da crítica e de intenso debate e participação, no processo

Horkheimmer, Walter Benjamim e Herbert Marcuse, expoentes da primeira geração. Nas gerações seguintes, continuadas e aprimoradas nos estudos de Jürgen Habermas e pelo próprio Axel Honneth.

de prévia discussão e posterior deliberação legislativa. Foram consolidadas e mantidas algumas das anteriores reformas, acolhidas tendências doutrinárias, plasmadas as orientações recorrentes e reiteradas na prática judicial (jurisprudência).

Em estudo da abrangência das modificações introduzidas, desde o Código de Processo Civil de 1973, foram encontradas 52 reformas pontuais, iniciadas depois da promulgação da Constituição de 1988, a partir da década de 1990. Vinte e cinco delas na primeira década deste milênio e três mais na segunda; com o acréscimo, nesse tempo, da reformulação proposta com o projeto do Código de Processo Civil de 2015. Neste período, logo após a promulgação da Constituição Federal de 1988, a legislação esparsa relacionada ao Processo Civil inovou em 30 distintos diplomas processuais. Acresça-se, nesse levantamento, a Reforma do Judiciário, disciplinada na Emenda Constitucional 45/2004, para um amplo inventário quantitativo das modificações ao sistema do Processo Civil, todas elas voltadas, direta ou indiretamente, ao objetivo de ampliar as garantias de direitos para um processo mais célere e justo (GALVÃO FILHO, 2013).

Destacam-se, agora em análise qualitativa, os objetivos afirmados pela Comissão de juristas incumbidos de discutir e preparar o projeto do Código de 2015. Em larga medida, verifica-se que as inovações correspondem e compreendem esforços de respostas às críticas e postulações da doutrina, e da atividade jurisdicional, para o enfrentamento das inconsistências do sistema percebidas e anunciadas desde os primeiros anos de vigência do Código de Processo Civil de 1973.

Em primeiro plano, foram enunciados os princípios constitucionais do processo no corpo do Código de Processo Civil de 2015. Isso, logo em sua parte inicial, para deixar bem clara a necessidade de uma sintonia mais fina com a Constituição Federal na aplicação dos institutos novos, e dos tradicionais. Nas leis ordinárias, e em outras normas de escalão inferior, realiza-se a promessa dos valores consagrados nos princípios constitucionais. A preservação da forma sistemática das normas processuais é uma necessidade de caráter pragmático, não meramente acadêmica (FUX, 2015). Isso porque somente aparece na particularidade do caso, de modo mais visível, por assim dizer, a fisionomia dos institutos jurídicos processuais. O projeto de convivência justa e solidária inscrito na Constituição da República consagra valores e fins que devem nortear o intérprete na construção e aplicação do Direito. Mas figuram, nesse plano, ainda um tanto abstratos.

Se a sistematização ocorre nos Códigos, no plano de racionalidade formal, a concretização devida dos valores e princípios, em conflitos no mundo da vida, deve encontrar soluções em condições reais. Esse anseio de realização se torna viável tão somente no âmbito do devido processo, no campo jurisdicional ou administrativo, e também nos métodos alternativos de autocomposição. Nesse aspecto, encontra-se outro objetivo da Comissão de juristas, no sentido de criar condições para que o Juiz possa proferir sua decisão de modo mais rente à realidade fática que está subjacente à causa. Demarca-se a orientação de que as decisões jurisdicionais devem estar em compasso com a realidade, em conformidade com o contexto fático e objetivo em que são proferidas, assim mais sensíveis aos reclamos dos cidadãos. Esse é um passo largo rumo ao desejado resultado justo, mais adequado às singulares necessidades reveladas pelos próprios envolvidos, pois mais diretamente afetados pela decisão.

Em outro viés, a simplificação dos procedimentos, com a proposta de redução de complexidade dos subsistemas do Código, como por exemplo do recursal, resolve problemas concretos no que se relaciona à celeridade, e viabiliza uma participação maior e com mais qualidade. A padronização de prazos recursais, menor quantidade de recursos, possibilidade de adaptação de procedimentos, a promoção e abertura à mediação e conciliação, o incentivo às soluções negociadas; todas essas iniciativas viabilizam maior presteza na linha estratégica da simplificação.

O objetivo de otimizar o rendimento em cada processo prestigia o enfrentamento do mérito, com a devida primazia, superando questões processuais sanáveis, e possibilitando a superação de uma lógica meramente formal, sistêmica, razoável apenas no plano deontológico. O resultado célere e justo a ser buscado em cada decisão não prescinde de meios justos que assim o encaminhem, exigindo que o processo seja correto em cada ato e fase, preciso na expressão: processo justo em si mesmo.

Todos esses objetivos – expressamente informados na exposição de motivos do Código de Processo Civil de 2015 – congregam-se para dar maior organicidade ao sistema, permitindo mais harmonia, e o alcance de funcionalidade e coesão. As reformais pontuais em longo período foram, em medida gradativa, prejudicando a necessidade de estreita ligação e harmonia entre as várias partes. Coesão, nesse prumo, significa mais racionalidade do sistema, aferível empiricamente, na efetiva realização prática e conjunta dos objetivos.

Retomados os princípios que informaram a construção do Código de Processo Civil de 2015, na própria visão dos juristas incumbidos do projeto, passa-se às reflexões propostas pelos autores desta obra. Cada capítulo abrange uma contribuição, e a organização fez-se em conformidade com a ordenação sistemática do Código. A vigência iniciou em 2016, e a interpretação e consolidação das inovações abrem um espaço promissor a esta reflexão mais detida, com pontualidade temática. Antes de passar aos capítulos, como um aperitivo antes da leitura, registro como surgiu a ideia do livro.

A obra nasceu de um primeiro esforço de atualização, em 2015/2016, com a realização de um ciclo de palestras no âmbito da Escola Judicial desembargador Edésio Fernandez do TJMG, iniciativa junto ao Núcleo regional em Montes Claros. A princípio, e a propósito, as palestras foram direcionadas aos servidores e juízes, elaboradas por professores de Processo Civil, em abordagem prática das principais inovações. Reconhecido publicamente o alcance da iniciativa, houve a solicitação, principalmente por advogados e estudantes de Direito, para a realização de palestras abertas a um público maior, no mesmo foco mais pragmático. Foi proposto e realizado um seminário sobre o tema, em convenio com as faculdades de direito de Montes Claros e região, Escola Judicial e a OAB da 11ª Subseção, em Montes Claros (MG). O evento foi bem acolhido e prestigiado.

A realização conjunta mostrou-se profícua, fomentou a inquietação intelectual, trouxe muitos debates e discussões sobre questões de ordem prática. O encontro permitiu, com destaque, a ampliação da participação de juristas atuantes na segunda instância, advogados, professores de outras paragens, e de ilustres desembargadores do TJMG. Desse movimento, em clima de diálogo e de saudável confraternização, surgiu a proposta de um livro que documentasse os estudos. No processo de organização, produção dos textos, e revisão, decorreram quase três anos de vigência. Os estudos foram então adaptados e apresentados, nessa quadra, como revisão das principais inovações, em continuação ao esforço de compreensão, maturação e aperfeiçoamento. Adiante explicita-se, em resumo, cada abordagem.

O primeiro capítulo, *Premissas filosóficas para interpretação do devido processo no estado democrático de direito*, de minha singela autoria, contemplou um estudo mais filosófico e teórico sobre a tarefa de interpretação do devido processo legal no Estado democrático de direito. A fundamentação do texto busca nos dois pilares do Estado democrático, nas tradições liberal e republicana, uma chave de compreensão da complexa relação entre política, moral e direito no âmbito do devido processo. Apoia-se a pesquisa em valores e princípios democráticos: simplificação da linguagem, abertura ao diálogo, recusa ao arbítrio, na necessidade de se conciliar a indispensável atuação técnica com a autonomia da parte como cidadão soberano, e na indeclinável mudança de mentalidade para a assunção de uma postura horizontal entre operadores jurídicos e partes. O estudo atribui centralidade à participação com influência na formação da convicção do juízo e destaca a construção da decisão judicial como ponto de viragem hermenêutica para enfrentar o desafio de construção de um processo justo, célere e mais responsivo.

O salto para um modelo alternativo de justiça compositiva encontra no segundo capítulo, *A conciliação e a mediação na nova sistemática do processo civil*, o galardão de Juliano Carneiro Veiga, juiz de direito, professor e experiente instrutor em cursos de autocomposição. Em aproximação didática, trata primeiro do princípio da inafastabilidade da jurisdição, depois do amplo acesso à ordem jurídica justa, para tratar - em complemento - do incentivo à promoção dos meios de autocomposição, em substituição ao modelo tradicional de soluções adjudicadas. Considere-se que, no antigo e já caduco sistema adversarial, sobressaía a esgrima do contraditório, no foco principal atribuído ao litígio, o que traduzia o processo como luta sem tréguas entre as partes, em posições antagônicas. O promissor convite feito pelo autor ao conhecimento e à prática da autocomposição, entendido com uma das possibilidades de um sistema jurisdicional multiportas, mostra como a promoção da participação qualificada das partes, melhores conhecedores das relações sociais subjacentes à lide, legitima o processo e conduz a soluções construídas diretamente por elas. E sobretudo por isso mais consentâneas com a realidade e com a necessidade dos envolvidos. Pontuando cada situação processual que enseja a comparticipação para o alcance de soluções consensuais, contagia o ânimo do autor ao ponderar que a inovação pode reduzir a judicialização dos conflitos, edificar uma nova cultura na gestão e resolução das controvérsias, sem perder de vista o tributo do maior poder às partes. Ganham todos com mais participação, emancipação e a sabedoria em que - informando cada pequeno gesto de conciliação e mediação - está o ideal da tão sonhada pacificação com cooperação, justiça e equidade.

Em outro aporte aos princípios, no capítulo terceiro, *A aplicação da boa-fé objetiva ao novo modelo cooperativo do processo civil brasileiro*, a pesquisa acurada do jovem juiz de direito e professor Vitor Luís de Almeida. Inicia o estudioso do Processo Civil afirmando que o princípio em consideração guarda ligação direta com o modelo cooperativo de processo, servindo de base para uma decisão mais justa e adequada. Distingue o autor a boa-fé nos aspectos subjetivo e objetivo, para considerar que incumbe sua realização tanto às partes quanto ao Juiz, o que se concilia e aperfeiçoa a dignidade da justiça, encaminhando a boa solução do litígio. Em fecho ao alentado estudo, o autor esclarece que, a par de mais efetividade do sistema processual, destaca-se o ganho enorme na relação estabelecida no processo com a definição de um padrão ético de conduta.

O quarto capítulo, *A explicitação do princípio da cooperação no CPC 2015*, a valiosa contribuição de Evandro Cangussu Melo, juiz de direito e gestor público, mostra a importância da cooperação. Para ele, entendida como inovação ou apenas com expressão mais detalhada, deve sempre deve ser analisado e compreendido em conjunto com os princípios do contraditório, da eficiência processual, e da ampla participação, no desafio de superação de uma litigiosidade mais intensa. Figura o princípio para o autor como uma mitigação do sistema adversarial, exatamente porque pretende por meio da cooperação a superação de uma postura de combate e de oposição mais ferrenha, ainda que apenas dialética. Compreende-se, por isso, que o princípio guarda estreita ligação com os deveres recíprocos entre as partes e consistentes em posturas alinhadas em dupla via, e que traduzem: lealdade, respeito e esclarecimento mútuo, proteção, prevenção e consulta. Pondera o autor que todas essas condutas contribuem e se ajustam, em atuação com sinergia, para a construção de um processo substancialmente mais justo e mais ameno.

O capítulo quinto, *Suscitação de dúvida para revogação da concessão de gratuidade de justiça de atos notarias e registrais*, da fecunda lavra do professor e já consagrado escritor Waldir de Pinho Veloso, revisor desta obra, traz especial contribuição relativa aos serviços extrajudiciais. Cuida o autor de nova modalidade do procedimento de suscitação de dúvida, em benefício e por iniciativa do Oficial do Registro ou do Tabelião, para que seja analisada a extensão da gratuidade judiciária concedida judicialmente aos emolumentos do serviço extrajudicial. Sustenta o cultor de Direito Notarial e Registral, em primoroso estudo, a inconstitucionalidade da isenção heterotópica criada no Código de Processo Civil de 2015, por iniciativa legislativa da União. Fundamenta-se no argumento de que se trata de competência legislativa constitucionalmente atribuída aos Estados-membros da Federação. Expressamente, pondera o autor que a futura interpretação do dispositivo do art. 98, § 3º, do Estatuto Processual de 2015, deverá ter na devida conta a disciplina constitucional quanto à repartição de competências legislativas tributárias, e sobre quem deverá arcar com as consequências do reconhecimento da benesse.

O sexto capítulo, *Tutela provisória no CPC 2015*, reúne as contribuições do Professor, pesquisador e advogado Edmilson Araújo Rodrigues e de Cynara Silde Mesquita Veloso, advogada, professora e pesquisadora na área do Direito. Abordam os pesquisadores o tema das espécies de tutela de urgência, antecipatória e cautelar, e de evidência, para esclarecer ainda sobre lacunas existentes no procedimento disciplinado pelo Estatuto processual. Com o reconhecimento do desafio da celeridade, expressamente enfrentado na discussão do projeto e nesta pesquisa, ganha relevância considerável o tratamento das situações que exigem do Estado-juiz uma providência que evite os percalços da demora ou que assegure o resultado útil do processo. E ainda que atue para evitar que aquele que, claramente, não tem razão consiga protelar a solução final e as providências práticas tendentes à realização do Direito. Auguram os autores que o estudo das antinomias, lacunas, para a superação de decisões solipsistas (monológicas), possa servir ao debate e instigar, agora e no futuro, o aprimoramento dos institutos da tutela de urgência.

O capítulo sétimo, *A mitigação dos efeitos da revelia na sistemática do código de processo civil de 2015*, de autoria da jovem tabeliã Ianne Araújo Murta Mendes e Bispo, aborda as novidades no tratamento da revelia, mostrando a consolidação das tendências doutrinarias e jurisprudenciais quanto ao fortalecimento do princípio da verdade real possível. Esclarecimento que tem início, na legislação, desde a edição da Lei 9.099/1995, precisamente em seu art. 20, *caput*, parte final, em que constou a seguinte ressalva: "[...] *salvo se o contrário resultar da convicção do juiz*". Houve depois o espraiamento da atenuação dos efeitos da revelia para todo o campo do processo, como bem destacou a autora, e com isso ampliou-se o fortalecimento do contraditório substancial e se tornou mais efetiva a justa busca de satisfação do direito material.

O oitavo capítulo, *Distribuição do ônus da prova: dinamização e a posição do juiz*, de autoria de Eduardo Ferreira Costa, juiz de direito e professor, enaltece a relevância do estudo da prova no âmbito do Processo Civil, estabelecendo a diferença entre ônus e dever, para interligar o sistema estático ao dinâmico, e bem compreender o sistema híbrido criado no Código de Processo Civil de 2015. Invoca o autor os princípios da lealdade processual, da cooperação e do acesso à justiça, como fundamentos da teoria da dinamização. Sustenta, em desenvolvimento ao tema, que o Juiz deve agir de ofício, para determinar a inversão e o alcance do ônus da prova em análise dinâmica, mas sem atuar em suprimento à inércia ou desinteresse da parte na produção da prova. Para o articulista, a teoria possibilita também que a busca da verdade oriente a realização da instrução probatória e cumpra o desiderato de aproximar mais as decisões judiciais da realidade.

Sobre a parte de saneamento e instrução, *As audiências na Lei n. 13.105, de 16 de março de 2015*, no nono capítulo, traz a contribuição da professora e advogada Ana Lúcia Ribeiro Mól. Começa a reflexão da renomada docente da Unimontes, com o destaque da relevância das audiências para contato direto entre as partes, e destas com o Juiz, o que permite ampliar a compreensão do conflito que subjaz à demanda, e viabiliza caminhos para melhor solução do litígio. A autora explicita a previsão, no Estatuto Processual, de três modalidades de audiências: a) logo no início do processo, em oportunidade de mediação e/ou conciliação, na previsão do artigo 334; b) de saneamento e organização do processo, espaço de diálogo e horizontalidade, contemplada no art. 357; e c) de instrução e julgamento, já tradicional, disciplinada agora nos artigos 358 a 368 do CPC 2015. Detém-se a autora, em didática análise de cada previsão legal de audiência, para apontar a relevância da cooperação, do efetivo diálogo entre as partes e o Juiz, e da participação qualificada como aspectos que, em conjunto, beneficiam diretamente as próprias partes e logram propiciar um devido processo mais racional e democrático.

Fundamentação da sentença no código de processo civil de 2015, no décimo capítulo, traz outra contribuição de jurista atuante na segunda instância, o professor e desembargador Laílson Braga Baeta Neves. Em contribuição à questão tormentosa, conciliação entre duração razoável, formação da decisão judicial e fundamentação adequada, considera o autor que os fundamentos servem como forma de participação dos cidadãos para a legitimidade das decisões judiciais, sobretudo porque os juízes não são eleitos pelo voto popular. Cuida o autor de mostrar o princípio da persuasão racional motivada como mais adequado à formação da convicção do juízo no Estado Democrático de Direito. Trata dos dispositivos legais que indicam exemplos de decisões sem fundamentação, e colaciona decisões dos Tribunais Superiores sobre validade de decisões, sejam sentenças ou decisões interlocutórias, que, mesmo previamente a 2015, já consideravam a fundamentação sucinta como suficiente e adequada. Exatamente por aceitar a relevância e alcance prático da exigência atual de fundamentação mais completa e específica, reconhece o ilustre jurista a constitucionalidade da inovação no atual Código de Processo Civil. Baseia-se em Robert Alexy, *Teoria da Argumentação Jurídica* (2005), para indicar motivos de inconsistência de fundamentação judicial, correlacionando, em complemento, propostas de soluções. Em outro ponto, recorre a Klaus Gunther, *Teoria da Argumentação no Direito e na Moral* (2004), ao explicar a base do discurso de aplicação como adequado à fundamentação judicial: para que se tenha em conta o conjunto de normas que podem ser aplicadas a cada caso, e que somente são encontradas a partir do exame de todas as características a serem identificadas em cada situação concreta.

O undécimo capítulo, da lavra de Lilian Maciel Santos, professora e desembargadora atuante no Tribunal de Justiça em Minas Gerais, intitulado *Breves considerações sobre a cláusula geral de efetivação ou de atipicidade de medidas executivas, na execução por quantia certa*, traz reflexão sobre o processo de execução, indicando a trilha da desejada celeridade. Cuida a autora, especificamente, da novidade trazida pelo artigo 139, inciso IV, do atual Estatuto Processual, chamada cláusula geral de efetivação ou de atipicidade de medidas executivas. O estudo esclarece que as medidas podem ser determinadas inclusive quando a execução tiver por objeto prestação pecuniária, como alternativa ao procedimento tradicional constituído de atos típicos, prévia e exaustivamente preconizados no texto legal. O objetivo seria o de escolher o melhor modo de alcançar a realização da prestação do modo mais próximo àquele pretendido no ajuste contratual ou, depois de esgotados os meios, da busca alternativa de resultado prático equivalente ao adimplemento. A vinculação da execução apenas ao patrimônio do devedor, como consequência do princípio da responsabilidade patrimonial, deixa de ser a única orientação nas obrigações de cunho pecuniário. O estudo esclarece que - especificamente nas obrigações pecuniárias - as multas e outras medidas coercitivas visando ao devido cumprimento hão de ser conciliadas com o princípio da execução de forma menos gravosa para o devedor. Nessa óptica, a autora se posiciona no sentido de que a excepcionalidade e a estrita proporcionalidade das medidas assecuratórias, como princípios mediadores do exercício do poder de *imperium* do Estado, devem nortear sempre a formação das decisões judiciais. Assevera-se, com ênfase, que esse relevante desafio - em um processo cujo método seja atípico e aberto - não apresenta solução pronta e acabada. No empenho de entregar uma justiça rápida e eficaz, a tempo e modo útil, deve-se ter em conta que essas medidas não ostentam caráter punitivo, mas que deve prevalecer a busca de um caráter subsidiário e pedagógico.

O capítulo décimo segundo, *O novo código de processo civil e a prática nos tribunais: considerações acerca dos embargos à execução*, de Gabriela Durães Caldeira, advogada e atualmente na função de assessora judicial, começa realçando os motivos justificadores do Código de Processo Civil de 2015, para abordar duas inovações de destacada relevância prática. Primeiro, cuida da defesa do executado no processo de execução e no cumprimento de sentença, explicando minuciosamente as principais modificações cujo objetivo seria de tornar mais explícito o contraditório e o devido processo legal.

Em complemento, mostra os reflexos das alterações relativas a exigências de planilha de cálculo quando os embargos versarem sobre excesso de execução, quando deverá ser instruída petição de abertura com o demonstrativo atualizado do crédito. Em estreita correlação com o instituto anterior, esclarece a pesquisa outro meio de garantir maior explicitação do pedido, em favor do devido processo legal, e cuida então da exigência de especificação dos fundamentos de revisão contratual, sobretudo em petição de embargos à execução, para que seja feito o devido apontamento da cláusula nula, e para que expressamente seja indicado o alegado vício ou ilegalidade. Pondera a autora que esta exigência legal deve ser atendida, sob pena de violação do princípio da inércia do órgão jurisdicional, com a consequente e indeclinável sanção de não conhecimento e de extinção do processo.

Sobre o sistema recursal em tematização mais ampla, no décimo terceiro capítulo, *Os recursos no código de processo civil de 2015* traz a contribuição de Bárbara Livio, juíza de direito, e de Clemence Moreira Siketo, procurador público e advogado. Neste estudo dos recursos, em revisão da teoria recursal, encontra-se um levantamento dos institutos do sistema anterior que continuam a vigorar no sistema atual, exatamente aquilo que ficou preservado. Os autores cuidaram depois, a par da noticiada revisão, das inovações relativas aos recursos de Agravo, Apelação, Embargos de Declaração e da pioneira técnica do julgamento estendido. Cada uma das espécies recursais foi explicitada de modo a mostrar aquilo que precisa ser entendido, para bem situar o operador jurídico na aplicação do Código.

Acerca do recurso de agravo, no décimo quarto capítulo, o trabalho intitulado *O cabimento do agravo de instrumento no CPC 2015 a partir da abordagem crítica da tese de taxatividade mitigada*, do professor e advogado Eluiz Antônio Ribeiro Mendes e Bispo, assume nomeadamente um viés crítico. Inicia o autor mostrando a origem da tese da taxatividade mitigada decorrente da inutilidade do julgamento da questão debatida no Agravo no recurso de Apelação, orientação que surge no âmbito do Superior Tribunal de Justiça (STJ). Esclarece, no itinerário da pesquisa, que o sistema recursal anterior disciplinava de modo mais amplo as hipóteses do agravo, cujo cabimento teria como base os critérios do dano grave ou de difícil reparação. No sistema atual ficaram estabelecidas expressamente as hipóteses de cabimento do Agravo, tornando regra que a recorribilidade das interlocutórias seria exceção, de modo que – para todas as outras situações – o pedido de revisão da interlocutória seria aviado como preliminar de eventual recurso de Apelação. Propõe o autor uma revisita às bases do sistema recursal, passando pelo histórico percurso do recurso de Agravo no Brasil, até chegar de modo didático à discussão sobre a interpretação feita pelo STJ. Na opinião demonstrada pelo autor, posiciona-se este atual entendimento contra as diretrizes de simplificação e excepcionalidade postas pelo Código de Processo Civil de 2015.

Ainda cuidando do tema de recursos, no décimo quinto capítulo, *A técnica de julgamento estendido: alcance e polêmicas*, traz a contribuição do jurista Fernando de Vasconcelos Lins, desembargador do TJMG, também atuante no segundo grau de jurisdição. Mostra o autor que a modificação que sobrepôs o julgamento automático à hipótese recursal de Embargos Infringentes atendeu ao clamor de celeridade, para maior eficácia das decisões colegiadas não unânimes, com pronta eliminação do requisito da necessidade de reforma. Em revisão das críticas aos Embargos Infringentes, considerando-se o anacronismo e a pouca utilidade à efetividade do processo e à duração razoável do processo, repassa uma história de continuação de tradição isolada do Direito português, sem paralelos no Direito Comparado, e que – exatamente por essas características – já preconizara a doutrina desde muito sua abolição. Mostra que o procedimento em tela assume a natureza agora de incidente processual, e o prosseguimento do julgamento não unânime seria determinado de ofício, para revisão de Acórdão, em Apelação, Ação Rescisória ou no julgamento de Agravo. Explica o autor, ainda, a revogação dos entendimentos sedimentados em várias Súmulas do Superior Tribunal de Justiça relativas ao assunto, por seus conteúdos já superados. O núcleo do estudo evidencia os pontos controvertidos das alterações, sem deixar de enfrentar possíveis inconvenientes, principalmente o eventual atraso na resolução definitiva da demanda, exatamente na contramão do reforço da duração razoável.

No capítulo dezesseis, *Os juizados especiais e a (in) aplicação do código de processo civil de 2015*, a contribuição especial do professor e juiz de direito Famblo Santos Costa. Trata o estudo da inadequação da aplicação de institutos genéricos do Processo Civil ao específico sistema dos Juizados Especiais. Defende o distinto magistrado que os princípios e finalidades, destacadamente a celeridade, a razoável duração do processo, a simplicidade e a oralidade, não se coadunam com alguns dispositivos aplicáveis ao processo civil comum. Destaca sua posição, com ênfase na especialidade, de que há clara incompatibilidade entre referidos princípios dos Juizados Especiais e o CPC de 2015, principalmente no que se relaciona às regras de contagem de prazo e ao juízo de admissibilidade recursal.

Este plano de revisão do CPC 2015 foi elaborado com vistas a abordar as inovações mais impactantes, depois de um período razoável de vigência, sendo notável a constatação de que iniciativas deste caráter e abrangência padecem - quase sempre - de incompletude. Nesse ponto, abrem-se estas reflexões a outros estudos. Neste reconhecimento expresso do inacabamento, que venham diálogos, críticas e novas abordagens. Fica aqui o convite!

Finalizo, renovando minha alegria de organizar esta publicação conjunta, com o desejo ao leitor de proveitosa leitura!

REFERÊNCIAS

DWORKIN, Ronald. **O império do direito**. Tradução Jefferson Luiz Camargo. Revisão técnica Gido Sá Leitão Rios. São Paulo: Martins Fontes, 2003.

______. **Uma questão de princípio**. Tradução Luís Carlos Borges. Revisão técnica Gildo Sá Leitão Rios. São Paulo: Martins Fontes, 2005.

FUX, Luiz. Exposição dos motivos do código de processo civil. Disponível em: <https://www2.senado.leg.br/bdsf/bitstream/handle/id/512422/001041135.pdf>. Acesso em: 16 abr. 2020.

GALVÃO FILHO, Maurício Vasconcelos. As recentes reformas processuais civis contemporâneas: sintonia do direito processual e direito constitucional. In: FUX, Luiz (Coord.). **Processo constitucional**. Rio de Janeiro: Forense/Gen, 2013.

HONNETH, Axel. **A ideia de socialismo**: tentativa de atualização. Tradução de Marian Toldy e Teresa Toldy. Revisão Edmundo Vale Cruz. Lisboa (Portugal): Edições 70, 2017.

JOHNSTON, David. **Breve história da justiça**. Tradução de Fernando Santos. São Paulo: Martins Fontes, 2018.

CAPÍTULO I

PREMISSAS FILOSÓFICAS PARA INTERPRETAÇÃO DO DEVIDO PROCESSO NO ESTADO DEMOCRÁTICO DE DIREITO

***Richardson Xavier Brant*[1]**

Eu não recearia muito as más leis se elas fossem [porque elas são] aplicadas por bons juízes, pois não há texto de lei que não deixe campo à interpretação, a lei é morta, o magistrado vivo, eis a grande vantagem que ele tem sobre ela.

(Anatole France)

1 COLOCAÇÃO DO TEMA: DESAFIOS PARA UM PROCESSO JUSTO E DEMOCRÁTICO

A edição de um novo Código de Processo Civil permite retomar o desafio de um Processo Civil mais justo e democrático. Em medida menos ambiciosa, em diagnóstico mais realista, torna a animar o esforço para um processo menos assimétrico, que respeite a isonomia e proporcione o acesso de todos à construção de um sistema mais racional e inclusivo.

---

[1] O autor é Juiz de Direito no Estado de Minas Gerais, atualmente em exercício na Comarca de Montes Claros. Atua também como Professor Titular de Processo Constitucional e Processo Civil na Universidade Estadual de Montes Claros. Mestre e Doutorando em Desenvolvimento Social no PPGDS – UNIMONTES.

Este estudo se propõe a explicitar algumas premissas propostas como reflexões para uma interpretação democrática do Código de Processo Civil atual, em vigor desde o ano de 2015. Em sua expressão dialógica e dialética, destaca-se a estreita ligação da nova disciplina legal do Processo Civil ao projeto de convivência justa elaborado na Constituição da República, fortalecendo a afirmação do seu caráter participativo.

Este desiderato orienta a atuação de juristas atentos à demanda por um processo justo e pode ser encontrado como pano de fundo de variados estudos de Direito Processual que buscam aprofundar seu caráter democrático, promover a superação de uma lógica apenas formal, e articular os meios de combater a discricionariedade em demasia.

Em palavras mais diretas, pretende-se que a participação e a influência sobre a formação da decisão judicial seja o ambicioso propósito em torno do qual se mostra desejável um conjunto de inovações, no caminho do aperfeiçoamento institucional, para que se amplie a legitimidade do processo e propicie a formação de decisões judiciais mais próximas dos anseios dos jurisdicionados.

Historicamente, o devido processo legal tem como principal função limitar o arbítrio, condicionar o exercício do poder do Estado a parâmetros jurídicos, e permitir que sua construção se faça por meio de um diálogo horizontal, livre de imposições, salvo aquela que resultar da autoridade partilhada na convicção do melhor argumento, a ser encontrada no debate do que se considere relevante em cada espaço de interpretação.

O objetivo do devido processo - se não lograr impedir inteiramente o abuso, o uso inadequado do poder e a prepotência - deve ser ao menos de franquear o legítimo exercício de participação no poder ao cidadão soberano. Isso favorece a assunção e o desenvolvimento de uma postura de cidadão ativo e participante, proativo, que salta da condição de súdito a soberano popular, de espectador a protagonista da formação das decisões.

Lima (1999) considera que "[...] *submeter o Estado, como titular do poder, à garantia do devido processo legal, significa proteger o cidadão contra o seu arbítrio*". A submissão do poder do Estado, no âmbito do devido processo, põe a salvo o interesse público de participação e o coloca ao alcance de todos os cidadãos solidários. Essa diretriz teleológica encontra suas balizas na afirmação do caráter de garantia dos direitos fundamentais.

Nessa mesma linha, com inspiração em Jürgen Habermas (2003), na construção teórica da democracia deliberativa, o devido processo garante o objetivo de permitir aos cidadãos, compreendidos em sua condição de soberanos populares, como estatui a Constituição Federal do Brasil, logo em seu primeiro artigo, um duplo exercício cívico: a) participar ativamente da formação da norma da qual é destinatário; b) influenciar a formação da decisão investido da qualidade cívica de coautor (insista-se).

Este Capítulo se inscreve na iniciativa promissora de tratar a participação e a influência das partes no processo, na formação da decisão judicial, como elemento central de legitimidade democrática. O mote de radicalização do caráter democrático, dialógico e dialético do processo, permite um ambiente heurístico de reflexão acerca daquilo que é necessário mudar, na prática dos operadores jurídicos no âmbito do processo judicial, a partir de uma perspectiva de recusa anunciada ao arbítrio.

A desejável mudança de mentalidade dos operadores do sistema judicial não acontecerá em período curto de tempo. As transformações culturais, com a assimilação de valores novos e em compasso com as mudanças identificadas como inadiáveis, pedem postura inovadora e renovadora. Exigem mesmo que cada um deixe sua zona de conforto e se movimente na direção de uma atuação que torne realidade a ideia de processo justo:

> O Estado democrático de direito se projeta para impedir o exercício decisionista, abusivo e arbitrário da atividade jurisdicional, a jurisdição é uma função estatal sujeita a limites e controles materiais e processuais, os quais visam assegurar a fiscalização democrática do processo de produção de decisões judiciais. (FRANCO, 2016, p. 17).

Para além de um dirigismo estatal, para não ceder ao apelo do excesso de intervencionismo autoritário, e evitando-se o extremo oposto de uma postura liberal indiferente ao resultado prático e justo a ser buscado no processo, a efetiva participação em cooperação surge como elemento imprescindível ao pleno e efetivo contraditório. Funciona como elemento de equilíbrio e estabilidade institucional entre referidas posturas extremas.

A assunção declarada de uma postura ética de respeito ao outro propicia um fecundo campo de auxílio mútuo, com redução de uma litigiosidade mais intensa, abrindo sendas novas no que toca a superação do modelo exclusivo de competição e jogo. A preparação de um ambiente de rito, no qual prevaleça a isonomia e a busca republicana do melhor interesse de todos, favorece esse equilíbrio e eleva as vantagens da cooperação.

Essas considerações postas como introdução ao problema iniciam uma breve reflexão em torno da seguinte indagação: quais são as premissas filosóficas e jurídicas para uma interpretação adequada do devido processo legal na perspectiva de um novo Código de Processo Civil?

Inicia-se a reflexão com aproximação da interpretação constitucional e dos significados da Constituição da República em sua expressão de projeto ético-político de convivência justa. A figuração dos princípios constitucionais encontra na ponderação a possibilidade de harmonização e cedência recíproca, para que o conjunto dos princípios funcione como vetor de interpretação, sem declinar da juridicidade de todos eles como valores da comunidade nacional e de sua superior posição hierárquica, normativa e axiológica.

Destaca-se, em sequência, o viés histórico-evolutivo da interpretação jurídica, de índole não essencialista, voltado ao conhecimento do potencial transformador do processo hermenêutico para garantir o devido processo legal nesta quadra histórica de luta por afirmação democrática, firme no propósito de favorecer a emancipação do cidadão. Destacam-se as funções da linguagem comum e a compreensão filosófica que daí emerge para o devido processo em sua interligação com o Estado Democrático de Direito.

No plano seguinte, busca-se retomar a centralidade da participação com influência em abordagem mais prática. A compreensão de um contraditório atualizado, a consideração do cidadão como ativo participante na construção da soberania do Estado, ligam-se na formulação da decisão como expressão, a um só tempo, de limite e condição de possibilidade do exercício pleno da liberdade social. Em complemento indeclinável, a instituição da não surpresa, institui e exige o cuidado em dar ciência de tudo aquilo que for relevante no debate processual, em prazo suficiente para que as partes possam exercitar seu direito de manifestação em devida contraposição.

A arte de aperfeiçoamento da convivência justa, solidária, inclusiva, aparece no fenômeno do processo em cores vivas quando o intérprete está imbuído da convicção democrática, e busca, na simplicidade e transparência de sua atuação, deixar o protagonismo àqueles que são os titulares dos interesses em conflito.

Com essa proposta de mudança de mentalidade, valoriza-se a autonomia, fortalece-se o respeito ao direito de a parte encontrar a solução do conflito por seus próprios recursos intelectuais, afetivos e morais, com desejável empoderamento[2] do cidadão. Nesse canto, busca-se entonação na criação de um sistema multiportas, como imprescindível alternativa à imposição adjudicada de soluções pelo Estado-juiz.

Emerge daí o núcleo de uma compreensão do processo que supere o jugo, a imposição ainda que de melhores argumentos, e que inaugure e desenvolva a meta da efetividade e da simplicidade. Para além disso, surge a tarefa de viabilizar um espaço de crítica e autocrítica para cada posição dos operadores do processo, todos alimentando o sentimento de pertencimento a uma comunidade jurídica que deve se colocar, sem peias nem receio, a serviço da cidadania e da justiça.

2 CONSTITUIÇÃO COMO PROJETO ÉTICO-POLÍTICO DE CONVIVÊNCIA JUSTA E SOLIDÁRIA

A percepção da Constituição de um Estado-nação como um projeto ético-político de convivência justa e solidária pressupõe alguns fundamentos. O primeiro no sentido de que a soberania popular, a vontade constituinte do povo, na lição clássica de Rousseau[3], constitui o aspecto racional de um processo histórico de afirmação de objetivos e fins comuns que permitem a criação e a conservação de uma associação de parceiros livres e iguais que fortalecem, com a inclusão de todos, a autocompreensão de participarem de uma comunidade democrática.

Para isso, os fundamentos e objetivos da unidade comum (comunidade) política são expressos em enunciados normativos de maior hierarquia jurídica e axiológica. Esse conjunto de valores deve funcionar como elemento de ligação identitária, para permitir o abrigo de diferentes

2 A expressão empoderamento surge no campo da Sociologia como forma de compensar eventuais desequilíbrios nas relações sociais, principalmente na área de conflitos de gênero.

3 "*Encontrar uma forma de associação que defenda e proteja de toda a força comum a pessoa e os bens de cada associado, e pela qual, cada um, unindo-se a todos, não obedeça senão a si mesmo, e permaneça tão livre como anteriormente*". (ROUSSEAU, 2001, p. 24).

projetos de convivência e de vida boa, com a reconhecimento jurídico da pluralidade e da diversidade social.

Em outro fundamento, complementar àquele, emerge o significado de que esse conjunto de valores, de inegável conteúdo moral, ao aproximar e interligar as vontades individuais e coletivas, na diversidade, submete-as a direitos específicos que foram erigidos à categoria de normas protetoras de minorias contingentes. E que o ato fundador desse tipo de comunidade se plasma em um sentimento de constituição (HESSE, 1991), guardando também laços políticos e éticos. Constitui-se, por assim dizer, um guia de orientação para uma adequada interpretação das decisões futuras daquela coletividade mais abrangente.

Esse arranjo institucional aparece como Estado Democrático de Direito, constituído em tempos atuais sob a bandeira da solidariedade do Estado Nacional. O Judiciário, como guardião e intérprete autorizado da Constituição, assume função contramajoritária na proteção e defesa dos direitos fundamentais contra eventuais maiorias tirânicas. O processo judicial se desenvolve na realização dessa relevante função, evitando-se retrocessos institucionais, e buscando-se - ao contrário - reforçar, ampliar e aperfeiçoar um amplo catálogo de garantais fundamentais.

No Estado Democrático de Direito, conjugam-se liberdade e igualdade, para dissolver a oposição entre autonomia pública e privada. Essa aparente oposição aparece agora com uma recíproca e mútua dependência, acopladas estruturalmente[4]. A atuação do cidadão do Estado se constitui como fundante do campo do cidadão da sociedade. Em palavras diretas, a participação no campo da aplicação das normas - nos espaços de interpretação judicial e administrativa - abre caminho para a busca de realização plena da dignidade da pessoa. Mostram-se complementares a autonomia pública e a privada.

O uso do termo projeto aparece em Habermas (2003), em sua abordagem sobre Estado Democrático de Direito, nessa passagem:

---

4 Niklas Luhmann utiliza a expressão "acoplamento estrutural" para se referir ao modo como se interligam a política e o direito no arranjo institucional do sistema constitucional. Ambos os campos, embora fechados operacionalmente, manteriam abertura cognitiva, propiciando alguma abertura a influências recíprocas. Para melhor compreensão da analogia utilizada neste texto, remete-se o leitor à obra *Teoria dos Sistemas Sociais* de Niklas Luhmann.

> [...] a fim de mostrar que a relação aparentemente paradoxal entre democracia e Estado de direito pode ser diluída na história, quando entendemos a constituição como um projeto que pereniza o ato fundador constituinte no interior do processo evolutivo das gerações seguintes. (HABERMAS, 2003, p. 156).

A configuração deste projeto inaugura, então, um modo de convivência que tem como característica a abertura ao futuro, propícia à instituição de um aprendizado construtivo que orienta a ação e as relações sociais em um determinado rumo e compasso. Permite-se, nesse caminho de contínuo aperfeiçoamento, a autodeterminação e autorrealização dos cidadãos, nos aspectos individuais e coletivos. Além disso, conserva a pluralidade social que assegura o direito à diferença e fortalece a diversidade dos modos de ser, fazer e conviver. Viabiliza a convivência e a legitimidade dos diversos modos de vida.

Ao mesmo tempo, no exercício de direitos políticos de participação, oxigenando a crítica representação dos interesses, a busca de realização deste projeto de convivência autoriza e credencia o cidadão a sentir-se e buscar agir como coautor das leis que regulam a convivência e traça limites à liberdade social. O cidadão participa ativamente das condições e limites das relações de convivência, em medida crescente, quando permanece aberto o espaço de participação e influência. Somente assim se torna plena essa garantia.

Daí porque essa garantia institucional aparece na definição de parâmetros que servirão de mote e medida para todas as decisões sobre políticas públicas e sobre os meios de alcance dos fins sociais estabelecidos. Inclusive – e sobretudo – para determinar o alcance, significados e sentidos do devido processo legal. Essa cláusula se mostra relevante porque é constituinte de seminal defesa contra a intolerância, a opressão e o arbítrio. Isso porque assegura a construção, explicitação e afirmação de valores pelos próprios interessados, diretamente, no processo de comunicação próprio ao processo judicial, em fluxo institucional apropriado.

Essas são as razões que levaram, na edição do Código de Processo Civil de 2015, à figuração – logo nos primeiros artigos – dos princípios constitucionais do processo. A reafirmação dos princípios como valores de superior hierarquia normativa vem estabelecer uma prioridade hermenêutica. Devem cada um dos princípios passar por prévia verificação, para o exame de sua incidência em toda situação de interpretação dos dispositivos do Estatuto processual, como necessária e indeclinável marca de legitimidade. Com o destaque, para a devida prioridade, de que os princípios têm força normativa, ou seja, vinculam o intérprete, moldam sempre a interpretação.

Em busca retrospectiva, no intuito de forjar essa postura, a promulgação de uma Constituição reconstitui uma história social e coletiva de vulnerabilidades, para que se constitua em norma – com o intuito deliberado de se evitar a repetição daquelas situações indesejáveis no futuro – todas as condutas que macularam, no passado, valores sociais integradores da comunidade. E que, exatamente por isso, devem ter especial proteção. Não é por acaso, pois, que a Constituição Republicana de 1988 é analítica, tão minuciosa. As situações de vulnerabilidade são muitas, recorrentes, encontradas em repetição inglória em variados campos de convívio social, hoje e ontem.

Ao mencionar o caráter analítico da Constituição Republicana de 1988, não se cuidará da exposição detalhada de uma tipologia das constituições. As classificações devem ser consideradas tão somente como úteis ou inúteis[5]. O que se pretende é o resgate das promessas assumidas no palco prenhe de força e legitimidade de reunião, mobilização e articulação dos múltiplos interesses sociais, no seio da Assembleia Constituinte originária, fenômeno ocorrido no Brasil em 1987.

Para além da discussão de que a opção do Constituinte originário foi por um Estado mais intervencionista, a par de que o fundamento da ordem econômica se assenta mesmo na apropriação privada dos meios de produção e na livre iniciativa, interessa-se, neste estudo, o destaque de relevante escolha que atribuiu centralidade à sociedade civil:

> [...] a Constituição de 1988 não é uma carta híbrida, eclética nem dual, porque não se limita a conciliar interesses individuais e sociais. O que existe é algo novo, elevado a novo patamar, em que a sociedade é colocada no centro gravitacional do debate e os direitos individuais são exercidos para o bem da coletividade. Nela,

[5] [9] Considere-se, nesses exercícios classificatórios, em erudita citação de Genero Carrió, in: *Derecho y Lenguage*, Buenos Aires: Abeledo-Perrot, 1986, a seguinte lição: "*As classificações, como observa Carrió, não são verdadeiras nem falsas, mas, simplesmente, úteis ou inúteis. Suas vantagens ou desvantagens estão sujeitas ao interesse que orienta quem as formula e a sua fecundidade para representar um campo de conhecimento de uma maneira mais facilmente compreensível ou mais rica em consequências práticas desejáveis.*" (GRAU, 2004, p. 67).

> pode-se identificar um claro programa de construção de uma sociedade melhor, livre, justa e solidária [...] (CASTRO; MEZZAROBA, 2015, p. 141).

A instituição de fundamentos, valores e objetivos postos como fins republicanos consagra este projeto ético-político de convivência, no qual são colocados limites à atuação do poder político, fazendo-o atuar sob o império da juridicidade. Duas tradições diferentes se complementam na Constituição Republicana de 1988. A primeira encontra sua origem na tradição republicana, fundando-se a comunidade constituída na busca de realização do interesse público considerando cada cidadão como membro do Estado. Efetiva-se no direito de representação e na participação como meio de formação da vontade da maioria. A segunda, com nítida inspiração liberal, revela-se na conformação de direitos fundamentais que servem como um catálogo de conquistas/garantias que limitam as decisões da contingente maioria.

Conjugam-se, nessas tradições, as características do constitucionalismo com a democracia. Instituem-se, com isso, limites precisos ao exercício do poder, para que a força seja colocada a serviço do direito. Os valores que presidem a convivência aparecem, para superação do individualismo e do isolamento social. O poder, na feliz inspiração de Hannah Arendt, surge legítimo da reunião dos cidadãos livres que se consideram e se respeitam como iguais e agem juntos para e com os outros. Nesse ponto, sobressai a viabilidade de manifestação do soberano popular, constituído como elemento central, cujos anseios não podem ser negados nas escolhas dos agentes da ordem estabelecida.

Os direitos que configuram o devido processo aparecem como fundamentais, funcionando como uma ponte entre a atuação do Estado e as manifestações da sociedade civil organizada, na expressão de seus anseios, expectativas e demandas. Isso ocorre de modo específico quando as normas são testadas nos conflitos de interesses que surgem da convivência social. Os cidadãos devem dizer quais são, em cada caso, suas expectativas recíprocas de comportamento, para haja adequada solução dos conflitos.

As decisões proferidas, em sede judicial, devem uma resposta adequada a esse movimento da sociedade civil, no plano individual e também no plano coletivo, pois exatamente assim são explicitados com mais minúcia os anseios de realização que expressam e particularizam o projeto de convívio social. A participação viabiliza a expressão direta da vontade dos cidadãos.

A chamada responsividade[6] não pode ser vista apenas como responsabilidade jurídico-política, mas se liga ao direito cívico de escolha do cidadão para que as decisões do Estado guardem consonância com o projeto de convivência justa articulado como unidade comum na parceria dos cidadãos. Somente um devido processo animado por esses valores torna viável a utopia de liberdade com igualdade e justiça.

3 O CARÁTER PROVISÓRIO, DIALÓGICO E DIALÉTICO DA INTERPRETAÇÃO JURÍDICA

A interpretação do Código de Processo Civil, nesse rumo e prumo, exige compreensão hermenêutica adequada. Isso quer dizer que a abertura democrática do sistema processual, próprio do espaço de garantia dos direitos fundamentais, demanda considerar os desafios de uma interpretação que tornem efetivos os princípios constitucionais do processo. Postula-se uma exegese que promova o alcance das finalidades erigidas como cardeais pelos debates que levaram ao texto final do atual Código de Processo Civil em clima de participação, amplo debate e diálogo.

Como ponto de partida, nesse exercício de reflexão, cumpre ter em conta a ponderação de Câmara e Ribeiro (2015):

> [...] em consequência da retomada da facticidade e da preocupação com as peculiaridades do caso concreto, [a interpretação]

6 O termo responsividade significa, na formulação de Campilongo (2002), uma atuação em consonância com as demandas postas pelos jurisdicionados, compreendido como destinatário das decisões em sua condição de soberanos populares. Não reduz a participação à legitimação para acesso ao processo, mas considera as razões e ponderações no que se refere ao conteúdo da decisão judicial. Trata-se de análise qualitativa e não somente quantitativa como se costuma fazer mais frequentemente no Judiciário brasileiro. Considera, por assim dizer, o que efetivamente é entregue ao jurisdicionado.

> não se coaduna com tetos hermenêuticos. Do contrário, o texto e sua invariável aplicação apresentariam respostas prévias, sem que antes a especificidade do caso deduzisse as perguntas da causa. Ora, evidentemente não pode haver respostas sem que tenham sido feitas as perguntas[7].

Deve-se buscar a superação de algumas "expressões" que identificam que a finalidade da interpretação é buscar a "essência" do texto da norma ou a "substância", ou – ainda – o "real sentido da norma", "verdadeiro significado", "espírito do legislador", "espírito da lei", "interpretação verdadeira" *et cetera*. A norma somente pode ser encontrada depois de devidamente compreendida no exercício dialógico de interpretação desenvolvido no processo de aplicação. Parte-se da situação fática, no contexto do mundo da vida, no qual surgem e se renovam específicas indagações a exigir dos intérpretes adequadas e razoáveis respostas. O texto legal é apenas um enunciado normativo. Sempre demanda esclarecimento e interpretação, somente revelada no ânimo vivo dos intérpretes, em suas manifestações claras sobre o direito. A letra mata, mas o espírito vivifica, já dizia o Apóstolo Paulo (II Coríntios 3, 6).

Ainda com Câmara e Ribeiro (2015), assevera-se que os termos referidos e outros "jargões", utilizados até hoje com alguma frequência na prática forense, estão ligados a uma postura metodológica essencialista, reféns da filosofia da consciência, numa referência metafísica cuja superação ainda está em vias de se operar na prática dos juristas.

A norma é o resultado da interpretação, fruto de diálogo e debate no âmbito do processo, no espaço/tempo de um contexto fático próprio. A situação vivida pelos atores do drama processual enseja específicas questões levantadas pelas partes, por angústias, demandas e necessidades daqueles diretamente envolvidos no conflito. Dela participam, de modo necessário e indeclinável, os operadores jurídicos e as partes, todos com assegurada participação, como garantia do devido processo legal, resguardadas as condições que ensejam a plena e efetiva viabilidade de influir na formação da decisão.

Em busca da evolução do sentido da interpretação jurídica, para superação de uma compreensão cognitivista, como se o resultado da

[7] Artigo escrito na inauguração da coluna "Novo CPC", espaço no qual foram produzidos artigos discutindo as propostas e debates travados quando dos trabalhos legislativos e da Comissão encarregada de apresentar o projeto.

interpretação pudesse revelar um preexistente e verdadeiro significado da norma, a doutrina fez evoluir a tarefa hermenêutica a partir da distinção entre enunciado normativo (texto) e norma:

> Partindo abertamente da distinção entre texto e norma, a doutrina esclareceu que não se interpretam propriamente normas – o que se interpretam são textos dotados de autoridade jurídica. Consequentemente, é impreciso sustentar tanto que a interpretação judicial do direito é simples declaração quanto pura criação. [...] a interpretação consiste em uma reconstrução do sentido normativo. [...] Os significados normativos são adscritos aos textos. (MITIDIERO, 2016, p. 76).

Nas variadas relações de convívio social, os cidadãos soberanos apresentam as perguntas que emergem de cada contexto fático de experiências individuais, singulares, que se entrecruzam e se interligam no convívio. Pois são exatamente essas questões, pretextos e razões, que orientam a busca do sentido e do significado razoáveis em cada contexto interpretativo. Supera-se a visão semântica de verdade como correspondência.

A postura filosófica há de ser pós-metafísica, sem apego a essências, ou a interpretações que tenham a pretensão ilusória, mesmo ingênua, de encontrar – de forma definitiva e/ou absoluta – um determinado sentido e alcance. A postura há de ser pragmática[8], tendo em conta devida as limitações próprias da tarefa hermenêutica. Sobretudo, os limites do próprio tempo necessário à preparação de uma decisão, as dificuldades próprias da comunicação e a distribuição não equânime de recursos e oportunidades.

Nessa orientação, a aplicação do direito se faz, admitindo-se um caráter provisório, com a assunção prévia de que as respostas que se mostram justas e razoáveis em um determinado momento, num contexto posto, podem ser diferentes em outro tempo histórico, no qual as indagações sejam diversas. Isso

[8] A pragmática, com muitos significados na Filosofia, é compreendida aqui como a busca em que a "*verdade é uma relação inteiramente imanente à experiência humana; o conhecimento é um instrumento a serviço da atividade, o pensamento tem um caráter* [eminentemente] *teleológico*". Anota-se ainda que "*os efeitos práticos a que visa são a existência de uma experiência possível que será ou não conforme a antecipação do espírito*". (LALANDE, 1999, p. 838).

significa uma democrática abertura ao futuro, tornando fecunda a interpretação do projeto de convivência justa, inacabado, a exigir a devida inovação e renovação quando forem identificadas injustiças, pontos a corrigir.

Na inelutável alteração da realidade fática, compreende-se que a sociedade muda em uma complexidade cambiante, que se constrói nas combinações das circunstâncias que envolvem as partes. Aí, nessas interações, encontram-se os elementos e fatores que influenciarão de modo distinto o resultado da interpretação. O fenômeno da mutação constitucional[9], por exemplo, surge desse movimento, quando o aprendizado construtivo busca renovar-se a si mesmo, e propicia a inovação desejável. A voz dos cidadãos funciona como caixa de ressonância na busca de aperfeiçoamento da convivência, na indicação de seus anseios de evolução e justiça do convívio social.

A superação da relação sujeito-objeto, e de suas idealizações solipsistas[10], aponta a necessidade de compreender que a situação concreta varia conforme cada caso, em devir histórico sempre diferente. Emerge cada contexto da interpretação das posições, das pré-compreensões e dos pretextos dos intérpretes. A relação de diálogo se faz entre pessoas, consideradas em sua dignidade, como um fim em si mesmas, sempre sobre um objeto específico por elas construído em diálogo sobre suas singulares experiências, expressões de diferentes modos de sentir, pensar e agir.

Essa modificação traz um paradigma de consideração e respeito à pessoa que participa do diálogo, impedindo que seja tratada como uma estranha ao processo. As posições estratégicas que não consideram os fins propostos pelo outro no diálogo, com vistas apenas ao alcance de objetivos de apenas de uma parte dos envolvidos, devem ser identificadas e

---

9 Esse fenômeno pode ser caracterizado quando uma interpretação admitida como precedente se mostra inaplicável em razão da modificação relevante da situação fática que serviu de contexto a sua formulação.

10 O solipsismo de origem cartesiana mostra um sujeito isolado do mundo, ensimesmado em sua consciência individual, tanto em relação ao mundo externo quanto em relação às outras consciências. Essa posição parte da certeza do "cogito" cartesiano e como consequência chega-se ao isolamento. Encontra-se, também, a concepção de que a aceitação da tese de que "*só eu existo e de que todos os outros entes* (homens e coisas) *são apenas ideias minhas*" que levaram a "*adotar o sujeito,* [e suas reflexões isoladas] *como ponto de partida obrigatório da teoria do conhecimento*" (ABBAGNANO, 2007, p. 1.087).

devidamente tratadas. A consideração do outro, de suas posições e interesses, aparece e figura em destaque como pressuposto ético do discurso.

Deve-se ter em mira a ponderação de Barroso (2008) no sentido de que o constitucionalismo torna jurídicos os valores principais da comunidade revelados em cada contexto:

> Em uma cultura pós-positivista, o Direito se aproxima da Ética, tornando-se instrumento da legitimidade, da justiça e da realização da dignidade da pessoa humana. [...] Mesmo nas situações que, em tese, comportam mais de uma solução plausível, o juiz deverá buscar a que seja mais correta, mais justa, à luz dos elementos do caso concreto.

Cada situação vivenciada pelas pessoas que participam dos conflitos se mostra com especificidades. Por isso, quando se modificam as indagações dos sujeitos participantes do diálogo, outros elementos diferentes se integram. Os sujeitos que participam da formação da norma dialogam sobre um objeto por eles construído singularmente a partir das perguntas (problemas) que são levantadas em cada contexto encontrado, sempre cambiante.

O salto para a compreensão de que se trata de relação intersubjetiva, com as implicações próprias das posições diferentes que marcam o ponto de vista de cada um dos interlocutores, torna central um encontro de horizontes[11]. Sob esse aspecto, a perspectiva entre sujeitos se amplia, e a norma a ser buscada deve ser encontrada nas condições de possiblidade do diálogo no qual aparecem compartilhadas as responsabilidades e ponderadas as consequências decorrentes da decisão, para todos os que poderão ser afetados, direta ou indiretamente.

A centralidade da linguagem, como forma de veiculação de todo conhecimento e pensamento, aparece no processo de interpretação jurídica. Essa aparição informa toda forma humana de conhecimento e inaugura um conjunto de relações, fundante de uma comunidade de intérpretes. Para o jurista, o uso da palavra, falada ou escrita, constitui a base principal e visível de sua atividade profissional. O diálogo entre pessoas é o que torna a vida propriamente humana e viabiliza, em medida crescente, a superação do tecnicismo.

---

11 Para uma melhor compreensão da expressão remete-se ao conceito de "fusão de horizontes", da obra "Verdade e método", de Hans G. Gadamer.

Todo conhecimento humano seria perdido na finitude de seu portador, se não fosse possível sua comunicação com clareza. Então a comunicação, para todas as áreas da ciência, entendida como arte e presença do modo de ser humano, passa pela fala e escrita como forma constitutiva de enunciação, expressão e explicitação das relações.

Em Heidegger, essa condição e possibilidade constituem fundamento de existência e da abertura à compreensão do mundo que circunda o ser humano:

> Do ponto de vista existencial, a fala é igualmente originária à disposição e ao compreender. A compreensibilidade já está sempre articulada, antes mesmo de qualquer interpretação apropriadora. A fala é a articulação da compreensibilidade. Por isso, a fala se acha à base de toda interpretação e enunciado. (HEIDEGGER, 2011, p. 223).

A viragem linguística deu centralidade a outras funções, ampliando a compreensão e superando a função apenas instrumental da linguagem. Não se separa o processo de interpretação do fenômeno da compreensão e da aplicação. O sentido aparece como *aquilo que pode ser articulado na interpretação*. E a partilha possibilitada pelo agir em conjunto, sempre presente no diálogo, consagra a intersubjetividade que funda e viabiliza a percepção objetiva dos sentidos e significados.

No âmbito da filosofia da linguagem, figura seminal é a de Ludwig Wittegenstein. Este autor, um dos cientistas do Círculo de Viena, reformula sua visão de linguagem, e inaugura importante mudança no âmbito da ciência e do conhecimento humano. Nas *Investigações filosóficas* (1953), obra de maturidade, o autor faz importante revisão de sua própria concepção de código linguístico. Alterou-se uma visão inicial de que seria razoável a formulação de um código completo, logicamente perfeito, sem incoerências.

O autor em comentário encontra, na superação desse entendimento mais idealizado, o interesse pela fecundidade e maior riqueza da linguagem comum, em um contexto pragmático, na intersubjetividade concreta de interações e relações. Aparecem bem claras aqui as similitudes dessa ruptura com o desafio de superar a busca, no campo do Direito, de um código formalmente perfeito, completo, coerente, com base puramente jurídica.

A lógica do sistema do direito é apenas formal e própria do campo deontológico. A fecundidade da abertura ao futuro, sensível à crítica sociológica, revela que o projeto positivado pelos direitos fundamentais estabelecidos em um determinado momento histórico permite, atento ao campo da realidade do ser, novas possibilidades de superação do défice de legitimidade e justiça.

Nesse esforço apaga-se, em larga medida, a ingênua suposição de um marco zero revolucionário, no horizonte do constituinte originário, o qual aparece como figura de uma retórica obsoleta, em alguma medida caduca. Forças sociais articuladas, hegemônicas no momento da mobilização e articulação, impõem uma positividade específica. Como dito por Lassale (1980), fatores reais de poder, para além apenas do jurídico e do político – sempre aparecem subjacentes em indicativos, apontamentos e até evidências na história – expondo a hegemonia de condicionamentos ideológicos próprios e inelutáveis.

O deslocamento na análise sugere importante mudança de foco. As relações que se estabelecem entre participantes do diálogo ganham relevância. Os jogos de linguagem figuram mais bem esclarecidos na pragmática, sem descuidar de aspectos sintáticos e semânticos, mas acrescendo um terceiro campo eminentemente relacional, intersubjetivo. O uso da linguagem comum surge, para compreensão do processo judicial, como um campo promissor a ser explorado.

O contexto abre-se como horizonte de interpretação – necessária e em gradação contínua – e que permite a construção de significados específicos afinados com as relações que os intérpretes alimentam na medida correspondente que cuidem do respeito e consideração mútua como cidadãos. A lição de Palmer clareia essa perspectiva:

> O significado tem a ver com o contexto; o processo explicativo fornece o palco da compreensão. Um acontecimento só se torna significativo dentro de um contexto específico. [...] o significado está numa relação com os próprios projectos e intenções dos ouvintes. [...] Podemos dizer que um objeto não tem sentido fora de uma relação com alguém e que a relação determina o significado. (PALMER, 2006, p. 34).

Considere-se, nessa passagem, que não há valores *a priori* que condicionam de modo absoluto a interpretação. Nem interpretações definitivas, dada a abertura do sistema às necessárias alterações que se mostrarem desejáveis a partir dos pontos de vista e do contexto mostrado pelos cidadãos soberanos. O intérprete deve relativizar suas próprias posições e valores, evitar o apelo da imposição.

Havendo a devida mobilização e articulação para demonstrar a necessidade de inovação, as modificações devem ser viáveis, sob pena de se configurar impedimento à abertura democrática[12] e consistir em bloqueio da comunicação e de viabilidade da mudança. Isso contraria frontalmente o núcleo da ideia atual de Constituição como projeto perene e aberto de construção e aperfeiçoamento de uma convivência justa e solidária.

Nessa configuração do devido processo, tudo se alinha, em concerto, para que os cidadãos, no diálogo horizontal, possam ser considerados e para que se considerem coautores das normas que imporão condições e limites em seus espaços de liberdade e ação, cuja expressão se revela na busca adequada de interpretação do direito.

O projeto ético-político de convivência justa se desenvolve em constituição permanente. Atualiza-se em cada novo contexto interpretativo, a partir da participação dos cidadãos. Essa margem de atuação proativa encontra seus parâmetros no próprio projeto ético-político que tomou forma jurídica, em acoplamento estrutural revelado no arranjo institucional legitimado pelas escolhas do poder constituinte originário.

O exercício de poder judicial encontra, na recepção direta de suas funções pelo poder constituinte, uma pujante fonte originária de legitimidade. O poder constituinte está no plano mais alto de legitimidade em razão da mais ampla articulação e mobilização da sociedade civil. Essa característica se alinha, para a busca de uma atuação legítima, com a observância rigorosa do procedimento e do pleno contraditório como específica garantia de efetiva participação e influência pelo cidadão. Esses dois pontos se unem para a afirmação democrática de legitimidade do exercício do poder judicial, na permanente abertura às vozes dos cidadãos, na busca comum de encontrar soluções justas.

---

12 O sentido de sociedade aberta deve ser defendido contra posições conservadoras e reacionárias que impedem mudanças e reformas necessárias, manifestadas pelo cidadão soberano no espaço da esfera pública geral. Ao contrário disso, os obstáculos que se opõem às mudanças constituem clivagem do processo democrático, como se grupos em posição de privilégios pudessem manter o *status quo*, com a não alteração de situações cristalizadas, fruto do *establishment* possível em cada contexto histórico.

Nesse ponto, ao bem acolher e responder ao cidadão no exercício de sua função de garante, o Judiciário pode apresentar uma resposta consistente ao défice de legitimidade. É que, muitas vezes, aparece a crítica ao Judiciário pelo fato de que não serem os juízes escolhidos diretamente pelo voto popular. O critério de eleição popular não se coaduna com o exercício equidistante, isento, da função contramajoritária. A garantia dos direitos de minorias constitui pressuposto indeclinável das regras que permitem o jogo democrático[13] (BOBBIO, 1992).

Não configuram ainda o jogo, mas são regras que o permitem, que tornam possível uma razoável cooperação, quando todos permanecem abertos à manifestação do outro, dispostos a convencer, mas também abertos a admitir que podem ser convencidos.

4 CONSIDERAÇÕES FINAIS: O EMPODERAMENTO DO JURISDICIONADO NA EFETIVIDADE DA PARTICIPAÇÃO E DA INFLUÊNCIA

Quando se trata de viabilizar a pessoa em sua dignidade, no âmbito do processo de interpretação judicial, o vetor interpretativo do devido processo assume papel relevante, sobretudo no exercício do direito de atuar com proeminência na formação da decisão que delibera sobre seus bens ou direitos:

> A dignidade humana é parte do núcleo essencial dos direitos fundamentais, com a igualdade, a liberdade ou o direito de voto [destaque-se o direito ao devido processo] ... Sendo assim, ela vai necessariamente informar a interpretação de tais direitos constitucionais, ajudando a definir o seu sentido nos casos concretos. [...] Mais ainda, qualquer lei [interpretação] que viole a dignidade, seja em abstrato ou em concreto, será nula. (BARROSO, 2016, p. 66).

O contraditório e a ampla defesa devem ser compreendidos, nesse pano de fundo, sob quatro inseparáveis premissas: a) ciência da demanda necessária em todos os atos e termos do procedimento; b) oportunidade de

[13] Bobbio considera que o respeito às minorias constitui pressuposto que permite o jogo democrático, que o torna possível, sem constituir ainda propriamente o jogo.

contestação e contraposição em todos os pontos, e situações de divergência que forem relevantes a critério do juízo[14]; c) participação com influência entendida como garantia fundamental de manifestação cívica do cidadão soberano; d) vedação da não surpresa como reforço de seu intransigível caráter dialético. A doutrina brasileira tem amadurecido razoavelmente esta compreensão. Notam-se significativos avanços na prática de juízes e tribunais no mesmo caminho.

Em outro esforço, enfatiza-se a necessária horizontalidade dos sujeitos, para que sejam considerados – em isonomia – todos os intérpretes que participam do devido processo. Superam-se, com isso, hierarquias desnecessárias, tornando viável que a autoridade do argumento prevaleça sobre o argumento de pretensa autoridade, intelectual ou social. Evidencia-se o objetivo explícito de evitar o arbítrio judicial ou a recusa, ainda que velada, mesmo de alguma das partes, à plena participação.

Resgata-se a função simbólica da interpretação como chave explicativa, não chave-mestra, mas como uma escolha de superação da exclusão e do inacessível da lei, que traduz:

> [...] a aptidão a produzir, especialmente pela linguagem, um sentido partilhado. É a capacidade de chegar ao senso comum, nele participando e ocupando um lugar, e, se necessário, fazendo-o evoluir. É assim a possibilidade de significarmos nosso mundo e nosso eu, de chegarmos à interlocução e à interação, de nos referirmos a verdades partilhadas e normas aceitas. Por esse registro simbólico, o homem sai da animalidade e tem acesso comum à humanidade. (OST, 2004, p. 387).

A viabilidade de uma participação mais qualificada e efetiva, inclusive das próprias partes titulares dos interesses em conflito, exige que a linguagem possa ter como base o uso comum. Evita-se, nesse propósito, o

---

14 O Juízo difere da figura do juiz como destinatário dos argumentos e do convencimento. Traduz, por isso, o reconhecimento de uma comunidade de intérpretes em diálogo e debate no âmbito do processo. Delimita, por assim dizer, um espaço aberto ao discurso, regras próprias de participação definidas pelo procedimento, e um sentido horizontal de convencimento mútuo, com vinculação a um sistema de precedentes e a uma comunidade de juristas como uma forma de comunicação com suas especificidades e peculiaridades.

uso excessivo de termos técnicos, e até mesmo uma linguagem gongórica, figurada, inacessível ao cidadão comum. Nesse ponto, o menor tecnicismo se torna mais clareza na comunicação, em benefício da ampliação da informação e do entendimento mútuo que daí surge como viável.

Essa busca de simplicidade tem como eixo central o emprego de uma linguagem comum, como meio que permita o diálogo sobre o objeto do processo, sem apego demasiado ao caráter dogmático da ciência jurídica. Elimina-se o excessivamente sofisticado, estabelecendo-se – previamente – o caráter provisório da verdade real possível de ser encontrada no processo. Para isso, parte-se da compreensão de que a lei, o direito e a justiça que se constituem, no âmbito da interpretação jurídica, emergem das versões dos diálogos entre as partes, e que sua formação completa se dá tão somente depois de exaurido o debate. Pelo devido processo, então, ocorre a produção do direito material objeto dos diálogos que versam sobre o bem da vida e sua proteção na lei versados no âmbito do processo.

Repete-se que se deve ter na devida conta as exigências no Estado Democrático de Direito de posturas mais horizontais na relação estabelecida entre pares, o combate de uma hierarquia no âmbito do processo que seja castradora do diálogo livre, respeitado o procedimento como forma e medida do tempo limite para a adequada formação da decisão e para as manifestações do contraditório.

Exige-se também, tanto quanto possível, a participação direta da parte interessada, em genuíno exercício de cidadania, sem prejuízo – que isso fique claro – da atuação técnica indispensável modulando os interesses e filtrando as impertinências, indicando o caminho mais adequado à realização do interesse das partes, leigas em direito.

Os operadores jurídicos, a par de uma atuação técnica indeclinável em sua posição autorizada, no exercício de funções essenciais à administração da Justiça, devem permitir, propiciar, estimular que as partes possam participar ativamente dos debates e diálogos. Elas próprias são – e devem ser – os artífices de sua autonomia, porque conhecem, melhor que qualquer outro, seus próprios anseios, desejos e interesses ligados às questões de Direito material e pretensões deduzidas no processo.

As soluções viáveis para o tratamento do conflito devem advir – tanto quanto possível – das manifestações das partes quanto ao conteúdo do direito, secundadas, orientadas, filtradas – sobretudo, apoiadas – pelos operadores jurídicos.

Para um fecho intencional, com mais poder ao jurisdicionado, mostra-se desejável que isso possa se expandir para além do campo da autocomposição. O propósito de que se amplie para todo o processo civil como um sistema único, carente de mais legitimidade e justiça, pode tornar viável o pleno acesso, maior participação e influência dos cidadãos. Tudo isso para que seja reconhecida – ainda que de modo um tanto tardio – sua legitimidade.

REFERÊNCIAS

ABBAGNANO, Nicola. **Dicionário de filosofia.** Tradução de Alfredo Bosi. Revisão da tradução de Ivone Castilho Benedetti. São Paulo: Martins Fontes, 2007.

ARENDT, Hannah. **A condição humana.** 9. ed. Rio de Janeiro: Forense Universitária, 1999.

BARROSO, Luís Roberto. **A dignidade da pessoa humana no direito constitucional contemporâneo:** a construção de um conceito jurídico à luz da jurisprudência mundial. Belo Horizonte: Fórum, 2016.

______. Ano do STF: judicialização, ativismo e legitimidade democrática. 2008. Disponível em: <https://www.conjur.com.br/2008-dez-22/judicializacao_ativismo_legitimidade_democratica?pagina=7>. Acesso em: 20 mar. 2018.

BOBBIO, Norberto. **O futuro da democracia:** uma defesa das regras do jogo. 5. ed. Rio de Janeiro: Paz e Terra, 1992.

BRASIL. (Constituição). Constituição da República Federativa do Brasil de 1988. Brasília, DF: Senado, 1988.

CÂMARA, Alexandre Freitas; RIBEIRO, Marcelo. Por uma interpretação democrática do novo CPC. Disponível em: <http://www.justificando.com/2015/02/13/por-uma-interpretacao-democratica-do-novo-cpc/>.

CAMPILONGO, Celso Fernandes. **Política, sistema jurídico e decisão judicial.** São Paulo: Max Limonad, 2002.

CASTRO, Matheus Felipe de; MEZZAROBA, Orides. **História ideológica e econômica das constituições brasileiras.** Belo Horizonte: Arraes, 2015.

FRANCO, Marcelo Veiga. **Processo justo:** entre efetividade e legitimidade da jurisdição. Belo Horizonte: Del Rey, 2016.

GRAU, Eros Roberto. **A ordem econômica na Constituição de 1988.** São Paulo: Malheiros, 2004.

HABERMAS, Jürgen. **Direito e democracia:** entre facticidade e validade. Rio de Janeiro: Tempo Brasileiro, 2003.

HEIDEGGER, Martin. **Ser e tempo.** Tradução de Márcia S. Cavalcanti. 5. ed. Petrópolis: Vozes, 2011.

HESSE, Konrad. **A força normativa da constituição.** Tradução Gilmar Ferreira Mendes. Porto Alegre: SAFE, 1991.

JAPIASSU, Hilton; MARCONDES, Danilo. **Dicionário de filosofia.** 5. ed. Rio de Janeiro: Jorge Zahar, 2008.

LALANDE, André. **Vocabulário técnico e crítico da filosofia.** Tradução de Fátima Sá Correia, Maria Emília V. Aguiar, José Eduardo Torres e Maria Gorete de Souza. São Paulo: Martins Fontes, 1999.

LASSALLE, Ferdinand. **Que é uma constituição?** Porto Alegre: Villa Martha, 1980.

LIMA, Maria Rosynete Oliveira. **Devido processo legal.** Porto Alegre: SAFE, 1999.

LUHMANN, Niklas. **Introdução à teoria dos sistemas** (Aulas publicadas por J. T. Nafarrate). Petrópolis: Vozes, 2009.

MITIDIERO, Daniel. **Precedentes**: da persuasão à vinculação. São Paulo: Revista dos Tribunais, 2016.

OST, François. **Contar a lei:** as fontes do imaginário jurídico. Tradução de Paulo Neves. São Leopoldo (RS): Ed. Unisimos, 2004. (Coleção Díke).

PALMER, Richard E. **Hermenêutica.** Tradução Maria Luísa Ribeiro Ferreira. Lisboa: Edições 70, 2006.

ROUSSEAU, Jean-Jacques. Do contrato social (e-book). Tradução de Rolando Roque da Silva. São Paulo: Ridendo Castigat Mores, 2001. Disponível em: <http://www.ebooksbrasil.org/adobeebook/contratosocial.pdf>.

WITTGENSTEIN, Ludwig. **Investigações filosóficas.** Tradução de José Carlos Bruni. São Paulo: Nova Cultural, 1999 (Coleção *Os Pensadores: Wittgenstein*).

CAPÍTULO 2

A CONCILIAÇÃO E A MEDIAÇÃO NA ATUAL SISTEMÁTICA PROCESSUAL CIVIL

***Juliano Carneiro Veiga*[2]**

1 INTRODUÇÃO

De início, cumpre destacar que o Código de Processo Civil de 2015 (CPC/2015) trata, já em seu primeiro capítulo, acerca das normas fundamentais que regem o processo civil brasileiro. Em rol não exaustivo, apresenta uma série de princípios e regras nos primeiros doze artigos que alinham o processo civil ao modelo constitucional de processo (art. 1º do CPC/2015). Dentre eles, encontra-se princípio da inafastabilidade da jurisdição, previsto no artigo 3º do CPC/2015, estabelecendo que "*não se excluirá da apreciação jurisdicional ameaça ou lesão a direito*".

Por sua vez, o próprio artigo 3º do CPC/2015, que assegura o amplo acesso ao Poder Judiciário, inova ao normatizar o princípio da Promoção pelo Estado da Autocomposição, prevendo que "*o Estado promoverá, sempre que possível, a solução consensual dos conflitos*", bem como que "*a conciliação, a mediação e outros métodos de solução consensual de conflitos deverão*

---

[1] Juiz de Direito do Tribunal de Justiça do Estado de Minas Gerais. Formado em Filosofia, Direito e pós-graduado em Processo Civil e Gestão de Negócios. Instrutor dos Cursos de Capacitação em Conciliação e Mediação pelo CNJ/EJEF/TJMG. Professor de Direito Processual Civil.

ser estimulados por juízes, advogados, defensores públicos e membros do Ministério Público, inclusive no curso do processo judicial" (art. 3º, §§ 2º e 3º, do CPC/2015). Da análise do artigo 3º do CPC/2015, verifica-se uma tendência de adoção do modelo multiportas de solução de conflitos, com a integração da solução jurisdicional tradicional a outros métodos de solução de litígios.

Desse modo, embora se garanta, como regra, a incondicionalidade do direito de acesso ao Judiciário, a nova sistemática processual reforça o caráter substitutivo da solução adjudicada dos conflitos, incentivando, sempre que possível, que as próprias partes construam, com efetiva participação em procedimento mediado pelo contraditório, a solução mais adequada para o conflito por elas vivenciado.

A propósito, vale destacar que a Resolução 125/2010 do Conselho Nacional de Justiça, que serviu de referência na elaboração da sistemática autocompositiva do CPC/2015, já trazia diretrizes para a implementação no Brasil de uma Política Judiciária Nacional de Tratamento Adequado dos Conflitos de Interesses. Nesse contexto, o critério orientador da escolha pelo método que será utilizado na resolução dos conflitos passa a ser o da adequabilidade, indicando que deve ser ofertado e assegurado aos envolvidos no conflito o mecanismo de solução mais adequado à natureza e à peculiaridade do conflito por eles vivenciado (art. 1º da Res. 125/2010/CNJ).

Com efeito, verifica-se que, em diversas situações, as soluções consensuais, precedidas da negociação integrativa de interesses e necessidades, garante a efetiva satisfação dos interessados e a resolução do conflito por eles vivenciado, sendo mais adequadas do que a imposição jurisdicional de uma decisão, ainda que bem fundamentada e em observância aos princípios consubstanciadores do modelo constitucional do processo. É o que se percebe, por exemplo, nos conflitos familiares, nos quais os vínculos intersubjetivos e interesses subjacentes ao conflito judicializado dificilmente serão adequadamente tratados com soluções impositivas, sem o devido empoderamento dos envolvidos, que melhor conhecem seus interesses e necessidades (CÂMARA, 2016, p. 7-8).

Ademais, vale ressaltar que a adoção do modelo constitucional de processo impõe a observância de um processo comparticipativo, no qual os sujeitos do processo devem trabalhar juntos, com lealdade e equilíbrio, na construção de um resultado efetivo e legítimo para o conflito processualizado. A propósito, o artigo 6º do CPC/2015 consagra o princípio da cooperação, dispondo que "*todos os sujeitos do processo devem cooperar entre si para que se obtenha, em tempo razoável, decisão de mérito justa e efetiva*".

Nesse aspecto, ao exigir que a construção da decisão para o conflito se dê de maneira comparticipativa, o modelo processual dá concretude aos postulados do modelo de Estado Democrático de Direito, que requer uma maior participação dos afetados nos processos de tomada de decisões como condição de legitimidade das próprias decisões.

A propósito, vale ressaltar que o princípio norteador dos métodos consensuais de solução de conflitos é a autonomia privada, exigindo que os próprios envolvidos conduzam processos de tomada de decisões. Com isso, promove-se o empoderamento e se evita a indevida transferência do poder decisório, das próprias partes, para um terceiro estranho à relação conflituosa.

2 DA AUDIÊNCIA DE CONCILIAÇÃO OU MEDIAÇÃO

Dentre as principais inovações da atual sistemática processual civil, o artigo 334 do CPC/2015 prevê a realização de uma audiência inaugural de conciliação ou mediação, antes mesmo do oferecimento da contestação. Desse modo, se a petição inicial preencher os requisitos essenciais e não for o caso de improcedência liminar do pedido, o réu será citado, com pelo menos vinte dias de antecedência, para comparecer a uma audiência de conciliação ou de mediação, devendo a intimação do autor para referida audiência ser realizada na pessoa de seu advogado. Com isso, oportuniza-se que as partes possam adotar um comportamento cooperativo desde o início do desenvolvimento do processo.

Nesse sentido, na própria elaboração da petição inicial, a parte autora deverá atentar para que a redação dos argumentos apresentados seja propícia a uma possível negociação despida de agressividade e mais colaborativa. Ademais, consoante previsão do artigo 334 do CPC/2015, essa audiência inaugural de conciliação e mediação somente não será realizada, além dos casos em que não se admite a autocomposição, se ambas as partes manifestarem o desinteresse em sua realização (art. 334, § 4º, do CPC/2015). Cabe à parte autora declarar na exordial seu desinteresse (art. 319, inciso VII, do CPC/2015) e à parte requerida se manifestar com até dez dias de antecedência da data da audiência, mediante simples petição (art. 334, § 5º do CPC/2015). Nesse ponto, extrapola a previsão legal a interpretação de que bastaria que uma das partes manifestasse desinteresse para que referida audiência não fosse realizada.

Ademais, vale destacar que "*o não comparecimento injustificado do autor ou do réu à audiência de conciliação é considerado ato atentatório à dignidade da justiça e será sancionado com multa de até dois por cento da vantagem econômica pretendida ou do valor da causa, revertida em favor da União ou do Estado.*" (art. 334, § 8º, do CPC/2015).

Cabe ressaltar, entretanto, que a obrigatoriedade de comparecimento à audiência inaugural não compromete o princípio da autonomia na celebração ou não de acordos, uma vez que não se impõe que as partes resolvam consensualmente o conflito. Todavia, urge lembrar que os enunciados 45 e 53 do Fórum Nacional da Mediação e Conciliação (FONAMEC), integrantes da Res. 125/2010/CNJ para fins de vinculatividade, estabelecem que:

> ***Enunciado 45***: Somente a recusa expressa de ambas as partes impedirá a realização da audiência de conciliação ou mediação prevista no art. 334 do CPC/2015, não sendo a manifestação de desinteresse externada por uma das partes justificativa para afastar a multa de que trata o art. 334, parágrafo 8º.
>
> [...]
>
> ***Enunciado 53***: As pessoas jurídicas deverão indicar prepostos ou procuradores com reais condições de apresentar propostas de autocomposição do litígio, sob pena de incidirem na multa de que trata o § 8º do art. 334 do CPC.

Observe-se que, ainda que não haja a resolução do mérito do conflito na audiência inaugural, é possível utilizar essa primeira audiência para a formulação de negociação processual entre os sujeitos processuais, no intuito de estipular mudanças no procedimento para ajustá-lo às especificidades do caso concreto e convencionar sobre os seus ônus, poderes, faculdades e deveres processuais, além de fixar a calendarização do procedimento, consoante permitem os artigos 190 e 191, ambos do CPC/2015 (THEODORO JÚNIOR; NUNES; BAHIA; PEDRON, 2016, p. 261-326, *passim*).

Vale salientar que a nova sistemática processual trouxe um capítulo específico para as ações de família, dispondo que em tais demandas serão empreendidos todos os esforços para a solução consensual da controvérsia, devendo o Juiz dispor do auxílio de profissionais com conhecimentos específicos para a realização da mediação e da conciliação (art. 694 do CPC). Ademais, nesses casos, a requerimento das partes, o processo pode ficar suspenso enquanto elas se submetem à mediação ou ao atendimento multidisciplinar.

Com grande acerto, o legislador estabeleceu que, nas ações de família, após o recebimento da petição inicial e análise do pedido e tutela provisória, se for o caso, será expedido mandado de citação para o réu apenas com os dados necessários ao seu comparecimento à audiência de conciliação e mediação, indicando a data, horário, local, desacompanhado de cópia da petição inicial (art. 695, § 1º, do CPC/2015). Com isso, evita-se o incremento da litigiosidade, contribuindo para uma melhor negociação entre as partes, tendo em vista que em alguns casos o contato com os termos e argumentos da petição inicial acirra as animosidades.

A propósito, nas ações de família não se aplica a possibilidade de renúncia prévia à audiência de conciliação e mediação, conforme prevista no artigo 334, § 5º, do CPC, sendo sempre necessária e obrigatória a tentativa prévia de autocomposição. Além do mais, vale destacar que, havendo acordo nas ações de família, antes de sua homologação, deve haver a oitiva do Ministério Público somente nos casos em que houver interesse de incapaz (art. 698 do CPC/2015).

Consoante previsão do § 9º do artigo 334, e do § 4º do artigo 695, ambos do CPC/2015, as partes deverão estar acompanhadas em referidas audiências por seus advogados ou defensores públicos, no intuito de que tenham o devido esclarecimento sobre os aspectos legais atinentes à negociação, além de evitar desiquilíbrios de forças. Nesse ponto, deve constar no mandado de citação do réu a indicação de que deverá comparecer à audiência acompanhado de advogado.

Havendo acordo entre as partes, será reduzido a termo o que ficou combinado, e será homologado por Sentença, extinguindo-se o processo com resolução do mérito, com fundamento no artigo 487, inciso III, alínea "b", do CPC. Por sua vez, caso as partes não cheguem a uma resolução consensual nessa primeira audiência, e não sejam designadas outras sessões de conciliação ou mediação (art. 334, § 2º, do CPC), começará a correr o prazo de quinze dias úteis para o réu apresentar a contestação, nos termos do artigo 335, inciso I, do CPC.

Por fim, cabe ressaltar que o artigo 90, § 3º do CPC, prevê que, caso as partes entrem em acordo antes da Sentença, ficarão dispensadas do pagamento das custas processuais remanescentes.

3 DOS CONCILIADORES E MEDIADORES E DOS CENTROS JUDICIÁRIOS DE SOLUÇÃO DE CONFLITOS E CIDADANIA (CEJUSC)

Inspirado nas disposições trazidas pela Resolução 125/2010/CNJ, o CPC determina a criação dos Centros Judiciários de Solução Consensual de Conflitos (art. 165), responsáveis pela realização de sessões e audiências de conciliação e mediação e pelo desenvolvimento de programas destinados a auxiliar, orientar e estimular a autocomposição.

Vale lembrar que o artigo 334, § 1º, do CPC, determina que os conciliadores e mediadores, onde houver, atuarão necessariamente na audiência de conciliação e mediação. Ademais, o artigo 139, inciso V, do CPC, estabelece que incumbe ao Juiz "*promover, a qualquer tempo, a autocomposição, preferencialmente com auxílio de conciliadores e mediadores judiciais*.".

A escolha normativa do CPC não pretendeu afastar o Juiz da função de também atuar como conciliador ou mediador, inclusive o próprio artigo 359 do CPC, que trata da audiência de instrução e julgamento, estabelece que o juiz tentará inicialmente conciliar as partes, independentemente do emprego anterior de outros métodos consensuais de solução de conflitos. Entretanto, a orientação trazida pela Resolução 125/2010/CNJ é no sentido de que os Magistrados assumam cada vez mais uma função de gestão de processos de resolução de disputas, impondo-lhes a função de acompanhar e fiscalizar os conciliadores e mediadores (PELUSO; RICHA, 2011, p. 16-17).

Isso se justifica no sentido de racionalizar o tempo e o trabalho do Magistrado que, assoberbado de processos, precisa priorizar pautas de instrução e julgamento e outras funções que lhe são precípuas.

Verifica-se, assim, que o CEJUSC precisa contar com corpo próprio de conciliadores e mediadores, devidamente capacitados, para atuarem profissionalmente na condução das audiências de conciliação e mediação. A propósito, o CPC inova ao elencar os conciliadores e mediadores como auxiliares da Justiça (art. 149 do CPC). Cabe ressaltar, todavia, que a utilização da estrutura do CEJUSC para a realização da autocomposição não obsta o uso de câmaras privadas de conciliação e mediação, devidamente cadastradas nos termos do artigo 167 do CPC.

Após preencher o requisito da capacitação mínima, o conciliador ou mediador, de posse de seu certificado, poderá requerer sua inscrição no cadastro nacional e no cadastro de Tribunal de Justiça ou de Tribunal Regional Federal, passando a figurar na lista de conciliadores e mediadores aptos a receber os processos encaminhados para a realização da audiência de conciliação ou mediação.

Importante inovação diz respeito à previsão de remuneração para os conciliadores e mediadores. O artigo 169 do CPC estabelece que, ressalvados os casos dos Tribunais possuírem quadro próprio de conciliadores e mediadores, preenchido mediante concurso público de provas e títulos, bem como nas hipóteses de trabalho voluntário, o conciliador e o mediador receberão pelo seu trabalho remuneração prevista em tabela fixada pelo Tribunal, conforme parâmetros estabelecidos pelo Conselho Nacional de Justiça. Nesse ponto, urge salientar que a Lei 13.140/2015 (Lei de Mediação) trouxe previsão expressa em seu artigo 13 de que, ressalvado os casos de gratuidade de mediação aos necessitados, "*a remuneração devida aos mediadores judiciais será fixada pelos tribunais e custeada pelas partes*". Não há dúvidas de que o investimento em capacitação contínua e a devida profissionalização das funções de conciliador e mediador exigem a devida remuneração pelo trabalho prestado.

Por sua vez, vale destacar que o artigo 167, § 5º, do CPC, prevê que "*os conciliadores e mediadores judiciais cadastrados na forma do* caput, *se advogados, estarão impedidos de exercer a advocacia nos juízos em que desempenhem suas funções*". Atento à realidade de diversas Comarcas de Vara Única, bem como que o CEJUSC possui estruturação diversa do juízo do processo, o FONAMEC editou o Enunciado 47, dispondo que "*não se aplica aos advogados que atuam como conciliadores ou mediadores, vinculados aos CEJUSC's, o impedimento do artigo 167, § 5º, do CPC*".

Outrossim, o artigo 172 do CPC prescreve que "*o conciliador e o mediador ficam impedidos, pelo prazo de 1 (um) ano, contado do término da última audiência em que atuaram, de assessorar, representar ou patrocinar qualquer das partes*". Essa quarentena anual também é prevista para os mediadores no artigo 6º da Lei de Mediação.

No que diz respeito à atuação dos conciliadores e mediadores, embora a mediação e a conciliação possuam características assemelhadas, a doutrina brasileira costuma diferenciá-las em razão da postura do conciliador e do mediador na condução do procedimento e da natureza dos conflitos submetidos a tais métodos. A propósito, assim prevê o artigo 165, §§ 2º e 3º, do CPC:

> *Art. 165.* [...]
>
> *§ 2º* O conciliador, que atuará preferencialmente nos casos em que não houver vínculo anterior entre as partes, poderá sugerir soluções para o litígio, sendo vedada a utilização de qualquer tipo de constrangimento ou intimidação para que as partes conciliem.
>
> *§ 3º* O mediador, que atuará preferencialmente nos casos em que houver vínculo anterior entre as partes, auxiliará aos interessados a compreender as questões e os interesses em conflito, de modo que eles possam, pelo restabelecimento da comunicação, identificar, por si próprios, soluções consensuais que gerem benefícios mútuos.

Desse modo, o mediador, na mediação, atuaria apenas como um facilitador da comunicação entre as partes, sem sugerir ou apresentar qualquer solução para o conflito, uma vez que essa deve ser construída exclusivamente pelas partes (SALES, 2004, p. 23).

Por outro lado, o conciliador, na audiência de conciliação, além de facilitar a comunicação e a negociação entre as partes, poderia sugerir possíveis soluções para o conflito, sendo facultado às partes aceitá-las ou não.

Ademais, além dessa diferenciação em razão da postura do conciliador e do mediador, a utilização da técnica conciliatória, por ser objetiva e direcionada para a obtenção de acordos, mostra-se mais indicada para os conflitos nos quais as partes envolvidas mantenham relações mais pontuais, com fluidez no diálogo e na negociação integrativa, como normalmente ocorre nos casos de conflitos atinentes às relações de consumo.

Por sua vez, a técnica da mediação se revela mais indicada para os conflitos de natureza complexa, nos quais há laços intensos de relacionamento entre os envolvidos, sejam eles familiares, por amizade, sociedade ou vizinhança, sendo difícil trabalhar o conflito de maneira superficial sem um adentramento nas causas que deram origem à situação conflituosa (PELUSO; RICHA, 2011, p. 35-36, *passim*).

4 CONCLUSÃO

Do que foi exposto, pode-se aferir que a nova sistemática processual civil elegeu a adoção dos métodos consensuais de solução de conflitos como um dos seus pilares, oportunizando a participação direta das partes na construção da solução para o seu caso, incentivando a cooperação na investigação dos reais interesses por detrás do pedido deduzido em juízo, promovendo a satisfação, a redução da conflituosidade e a harmonia social.

Ademais, em conformidade com o modelo processual democrático, a conciliação e a mediação cumprem as diretrizes paradigmáticas do Estado Democrático de Direito na reconstrução e aplicação do Direito, uma vez que as partes gozam de autonomia na construção participada da decisão das quais são destinatárias, deixando de transferir o poder decisório para os Juízes representantes do Estado, assumindo, portanto, a condição de cidadãos na autoria e condução de suas próprias decisões.

Assim, com a utilização desses mecanismos consensuais, afigura-se possível reduzir a judicialização das relações sociais e edificar uma nova cultura na forma de gestão e resolução dos conflitos de interesses, mais participativa, emancipadora e pacificadora.

REFERÊNCIAS

AZEVEDO, André Gomma de (Org.). **Manual de mediação judicial.** Brasília: Ministério da Justiça / Programa das Nações Unidas para o Desenvolvimento – PNUD, 2015.

BARBOSA, Oriana Piske de Azevedo; SILVA, Cristiano Alves da. Os métodos consensuais de solução de conflitos no âmbito do novo código de processo civil brasileiro (Lei 12.105/15). In: **Revista Bonijuris**, ano XXVII, n. 621, v. 7, n. 8, ago. 2015.

BRASIL. Conselho Nacional de Justiça. Resolução n. 125/2010. Dispõe sobre a Política Judiciária Nacional de tratamento adequado dos conflitos de interesses no âmbito do Poder Judiciário e dá outras providências. **Diário Oficial [da] República Federativa do Brasil**, Diário da Justiça Eletrônico n.º 219/2010, Brasília, DF, 01 dez. 2010, p. 2-14, e republicada no **Diário Oficial [da] República Federativa do Brasil**, Diário da Justiça Eletrônico n.º 39/2011, Brasília, DF, 1º mar. 2011, p. 2-15.

BRASIL. (Constituição). Constituição da República Federativa do Brasil de 1988. Brasília, DF: Senado, 1988.

BRASIL. Lei 13.105, de 16 de março de 2015. Código de Processo Civil. **Diário Oficial [da] República Federativa do Brasil**, Brasília, DF, 17 mar. 2015.

BRASIL. Lei 13.140, de 26 de junho de 2015. Dispõe sobre a mediação entre particulares como meio de solução de controvérsias e sobre a autocomposição de conflitos no âmbito da administração pública; altera a Lei nº 9.469, de 10 de julho de 1997, e o Decreto nº 70.235, de 6 de março de 1972; e revoga o § 2º do art. 6º da Lei nº 9.469, de 10 de julho de 1997. **Diário Oficial [da] República Federativa do Brasil**, Brasília, DF, 29 jun. 2015.

CÂMARA, Alexandre Freitas. **O novo processo civil brasileiro**. 2. ed. São Paulo: Atlas, 2016.

GARCIA, Gustavo Filipe Barbosa. Mediação e autocomposição: considerações sobre a Lei n. 13.140/2015 e o novo CPC. In: **Revista Magister de Direito Civil e Processo Civil**, n. 66, maio / jun. 2015.

HABERMAS, Jürgen. **Direito e democracia**: entre facticidade e validade. Tradução de Flávio Beno Siebeneichler. v. 1. 2. ed. Rio de Janeiro: Tempo Brasileiro, 2003.

MARINONI, Luiz Guilherme; ARENHART, Sérgio Cruz; MITIDIERO, Daniel. **Novo código de processo civil comentado**. 2. ed. rev. atual. e ampl. São Paulo: Revista dos Tribunais, 2016.

PASSOS, José Joaquim Calmom de. Cidadania e efetividade do processo. In: Revista Síntese de Direito Civil e Processual Civil, Porto Alegre, Ed. Síntese, n. 7, set./out. 1999, p. 30-35,

PELUSO, Antônio Cezar; RICHA, Morgana de Almeida (Coord.). **Conciliação e mediação**: estruturação da política judiciária nacional. Rio de Janeiro: Forense, 2011.

SALES, Lília Maia de Morais. **Justiça e mediação de conflitos**. Belo Horizonte: Del Rey, 2004.

THEODORO JÚNIOR, Humberto; NUNES, Dierle; BAHIA, Alexandre Melo Franco; PEDRON, Flávio Quinaud. **Novo CPC**: fundamentos e sistematização. 3. ed. rev., atual. e amp. Rio de Janeiro: Forense, 2016.

CAPÍTULO 3

A APLICAÇÃO DA BOA-FÉ OBJETIVA AO NOVO MODELO COOPERATIVO DO PROCESSO CIVIL BRASILEIRO

Vitor Luís de Almeida [1]

1 NOTAS INTRODUTÓRIAS

Todo e qualquer Estado que se intitule e pretenda ser tido como um Estado Democrático de Direito deve ter como base pilares suficientemente fortes para tornar possível a construção de uma sociedade sempre livre, justa e solidária (THAMAY; RODRIGUES, 2015, p. 61). Estes são, inclusive, objetivos fundamentais da República Federativa do Brasil, conforme a norma disposta no artigo 3º, inciso I, da Constituição Federal de 1988.

A Constituição da República prevê a existência destas bases no ordenamento jurídico pátrio por meio de seus princípios, dentre os quais aqueles que versam sobre o direito processual. A concretização e o respeito aos princípios constitucionais acarretam a preservação incondicional das bases do Estado Democrático de Direito.

---

[1] Juiz de Direito do Estado de Minas Gerais; Doutorando em Ciências Jurídico-Processuais na Faculdade de Direito da Universidade de Coimbra/PT; Mestre em Ciências Jurídicas pela Faculdade de Direito da Universidade de Lisboa/PT; Especialista em Direito Público Municipal e Graduado em Direito pela Universidade Estadual de Montes Claros – UMIMONTES/MG; Professor em cursos de graduação e pós-graduação em Direito. Colaborador na Escola Judicial Desembargador Edésio Fernandes – EJEF/TJMG.

De acordo com as lições de Capelletti (1984, p. 130), "*não é novidade que nas Constituições modernas o movimento de positivação dos princípios se tornou comum, passando a constituir matéria legislada, perdendo seu caráter subsidiário ou residual*"[2]. Com efeito, os princípios são fontes primárias (BOBBIO, 1957, p. 890-892, *passim*) do Direito e do Estado de Direito, efetivamente necessários para que não se engesse a sociedade volátil, que muda a cada instante em razão da força derivada de sua evolução e desenvolvimento naturais.

De fato, os princípios são noções fundamentais e informadoras de qualquer sistema jurídico, tidos como elementos que dão, efetivamente, racionalidade e lógica ao ordenamento normativo, visto que atribuem sentido de coesão e unidade às normas. Em verdade, os princípios acabam por dar coerência, lógica e ordem ao todo, servindo como instrumentos para a construção de um sistema, bem como de elo para a coordenação em sua ordem e unidade (THAMAY; RODRIGUES, 2015, p. 62).

Os princípios constitucionais processuais se prestam a limitar o poder do Estado-Juiz e a atuação das partes processuais, originando as bases que asseguram a correta aplicação do Direito Material, além de informarem e nortearem o sistema processual.

Em razão da influência da "Constituição Cidadã", no âmbito infraconstitucional, o novo Código de Processo Civil de 2015 tratou de positivar em seu texto muitos princípios e fundamentos que já eram reconhecidos no meio constitucional, buscando reforçar o sistema processual de respeitabilidade às normas fundamentais.

Parece que, embora desnecessária tal positivação, em face da lógica dependência de todas as normas perante a Constituição, atuou bem o legislador ordinário ao resolver deixar evidente a interligação entre o Direito Constitucional e o Direito Processual Civil[3], bem como da Constituição da República com o novo estatuto processual civil brasileiro.

2 Sobre a função diretiva dos princípios vide Bobbio (1957, p. 130).

3 Definido, em linhas gerais, como ramo do Direito que expressa o conjunto de normas reguladoras dos tipos, formas e requisitos da ação civil, bem como das formalidades que devem ser observadas em juízo na propositura e desenvolvimento dela. Ou, em outra acepção, já não como ramo do direito, o processo civil pode ser visto como capítulo da ciência jurídica que tem por objeto o estudo, com os métodos e fins próprios, das soluções facultadas pelo processo. (VARELA; BEZERRA; NORA, 1985, p. 6-7).

Essa ligação, fruto efetivo do diálogo das fontes (MARQUES, 2012) de um sistema jurídico, foi afirmada categoricamente pelo artigo 1º do Código de Processo Civil de 2015, quando expressamente determinou que "*o processo civil será ordenado, disciplinado e interpretado conforme os valores e as normas fundamentais estabelecidos na Constituição da República Federativa do Brasil, observando-se as disposições deste Código*.".

A referida norma evidencia, portanto, a constitucionalização do processo civil, movimento que já se efetivou em relação ao Direito Civil, pois, evidentemente, por ser a Constituição a norma hierarquicamente superior da estrutura normativa[4], natural é que seja esse o movimento de releitura das normas.

Consoante os ensinamentos de Borges (2015, p. 254), diante dessa disposição, vem à tona imediatamente a centralidade do devido processo legal no sistema processual, enquanto princípio fulcral do processo, verdadeiro postulado processual fundamental do qual emanam todos os demais.

Para além do contraditório e da ampla defesa, também consectário do devido processo legal é o princípio da cooperação. O caldo cultural da pós-modernidade desafia um novo modelo de processo[5]. O que se tem, portanto, é um processo voltado à superação, em regime de cooperação, dos conflitos com pacificação social, sempre na busca de uma justiça adequada. É o processo como um espaço democrático de encaminhamento e construção da justa solução do caso concreto[6].

Nesta seara de constitucionalização do processo, a boa-fé apresenta-se como um importante princípio que possui direta ligação com o modelo cooperativo de processo, servindo, também, de base jurídica para a

4 A teor da teoria da pirâmide normativa disposta por Kelsen (1995).

5 Sobre a pós-modernidade e seus reflexos econômicos, sociais, políticos e jurídicos vide Barroso (2000, p. 32-33). Sobre o processo civil e a pós-modernidade vide Macedo e Macedo (2012, p. 351-367).

6 Ressaltando a necessidade da construção de um novo paradigma jurídico-decisório, próprio de uma jurisdição que atenda às necessidades da sociedade contemporânea, em que o processo, integrativo e coerente com a prática político-jurídica-social, possibilite, para além da mera resolução do conflito, o encontro do intérprete com a resposta constitucionalmente adequada ao caso concreto, consubstanciada na concretização e garantia dos direitos vide Saldanha et al (2013, p. 194-210).

construção de uma decisão mais justa e efetiva, que melhor contemple os anseios da sociedade contemporânea.

2 A INSERÇÃO DO PRINCÍPIO DA BOA-FÉ OBJETIVA NO ARTIGO 5º DO CÓDIGO DE PROCESSO CIVIL DE 2015

Na mesma linha de inclusões principiológicas expressas pelo devido processo legal, contraditório, igualdade e cooperação, a inserção do princípio da boa-fé (ALEXANDRE, 1998, p. 87-101), como dever de conduta, no texto do Código de Processo Civil de 2015, também merece ser exaltada, conforme a dicção de seu artigo 5º. Os valores trazidos no dispositivo já permeavam a atividade cognitiva exercida pelos Juízes e Tribunais e, muitas vezes, serviam de fundamento valioso na solução de conflitos levados à apreciação do Poder Judiciário (SANTANA, 2015, p. 57).

O conceito de boa-fé permite adaptar os valores éticos da sociedade aos valores normativos do ordenamento, segundo as particularidades do caso. A boa-fé objetiva permite extrair a essência do conteúdo da norma para aplicá-la ao caso concreto. No que se refere à sua adoção no novo Código é importante destacar que a compreensão deve se dar, justamente, na acepção objetiva, uma vez que o artigo 5º aponta expressamente para um dever de conduta que se espera dos sujeitos processuais, ao dispor que todos que de alguma forma participem do processo devem se comportar de acordo com a boa-fé.

Lecionando sobre a diferença entre a boa-fé objetiva e subjetiva, Cramer (2016, p. 197) afirma que as duas previsões têm, em comum, a preocupação de exigir boa-fé do indivíduo em seu agir numa relação jurídica. Ocorre que os dois institutos reclamam a boa-fé de forma distinta. A subjetiva identifica essa qualidade através da intenção do indivíduo, perquirindo a motivação dele na prática de seus atos na relação jurídica. A objetiva, por sua vez, já se preocupa com o comportamento do sujeito na relação jurídica, com seus atos em si e isoladamente considerados, pouco importando a sua intenção em praticá-los.

A boa-fé objetiva é uma norma de conduta que se espera que seja observada por todas as pessoas nas suas relações com os demais indivíduos, tendo como parâmetro o homem médio. No campo dos Direitos Contratual, Administrativo ou Processual Civil é imprescindível que os sujeitos se comportem, a todo o tempo, com a mais estrita boa-fé, sob pena de sofrerem as penalidades previstas em lei. O princípio da boa-fé objetiva possui três funções: interpretativa, integradora e limitadora. A que mais interessa é a integradora que cria uma série de deveres de conduta para as partes. Deveres que não estão previstos em lei ou no contrato. São os chamados deveres anexos ou laterais de conduta. Dentre eles está o de cooperação, o qual, no âmbito processual, tem também aplicação no novo modelo processual civil brasileiro.

Nota-se que a boa-fé objetiva produz um dever de conduta, relacionado com o comportamento que se espera nas relações jurídicas, não se preocupando apenas com a análise do estado mental subjetivo, ou seja, com a existência ou não de boa intenção das partes. Nessa seara, defende-se, portanto, que essa boa-fé é tida por comportamental, baseada na probidade e lealdade que devem nortear a atuação das partes na relação processual, ultrapassando os meros aspectos anímicos compreendidos na boa-fé subjetiva, na qual a análise fica limitada ao âmbito da intenção das partes (SANTANA, 2015, p. 57)[7].

Neste sentido, em sede da doutrina portuguesa, Sousa (2012, p. 32-33) leciona que na vertente processual, a regra da boa-fé se impõe como expressão da necessidade de convivência ética, tendo também como cerne um conteúdo ético-social fundado na honestidade, probidade e lealdade que devem estar presentes em todas as relações jurídicas. Defende o mencionado autor que a regra da boa-fé seja tida como uma norma cogente, de ordem pública, no sentido de que atua independentemente da vontade dos interessados e mesmo contra a vontade destes, que não podem impedir sua aplicação. Por consequência, a regra da boa-fé impõe um comportamento probo e leal para o desenrolar do processo que tem por escopo a pacificação social materializada na entrega de uma prestação jurisdicional justa. Afinal, o dever de boa-fé (e o subsequente dever de lealdade) visa atender a um interesse que excede o das partes, qual seja, o interesse público do Estado na prestação da tutela jurisdicional. E o interesse público não é o de obter a paz a qualquer custo, mas sim de dar razão a quem efetivamente a tem, segundo os ideais de justiça reconhecidos pela norma.

Na esteira deste posicionamento, no Brasil, Neves (2015, p. 19-21) ensina que o artigo 5º do novo Código de Processo Civil brasileiro consagra os

[7] Defendendo que o mencionado art. 5º exige tanto a boa-fé objetiva como também a subjetiva, vide Marinoni; Arenhart; Mitidiero (2015, p. 99).

princípios da lealdade e boa-fé processual ao prever que "*aquele que de qualquer forma participa do processo deve se comportar de acordo com a boa-fé*." O dispositivo é interessante, pois não se limita a exigir conduta proba somente das partes, mas de todos que de alguma forma participem do processo. Não conceitua a boa-fé, de modo que o vigente estatuto processual civil segue a tradição do Código de Processo Civil de 1973, no sentido de se limitar a tipificar os atos que atentam contra tal princípio, prevendo a devida sanção[8].

Por conseguinte, como a segurança jurídica apresenta-se como um dos primeiros fundamentos do Estado Democrático de Direito, forçoso concluir que a aplicação do princípio da boa-fé objetiva não se limita ao campo do direito privado, expandindo-se, inclusive, ao direito público (THEODORO JÚNIOR et al., 2015, p. 160). Por tal razão, mostra-se louvável a inserção da boa-fé entre as normas fundamentais do novo Código de Processo Civil brasileiro, seguindo a posição dominante da evolução jurisprudencial, que assim já se manifestava, mesmo antes da existência de texto normativo expresso (THEODORO JÚNIOR et al., 2015, p. 161).

Ainda nos dizeres de Theodoro Júnior et al (2015, p. 163), o princípio, no campo processual, tem como destinatários os sujeitos do processo, alcançado as partes e o próprio Poder Judiciário, o que o torna, também, integrante das premissas do processo cooperativo/comparticipativo, estabelecendo efetivo e transparente diálogo entre todos os integrantes do processo, com assunção responsabilidades e vedação de comportamentos que venham a ferir os objetivos do processo. Como pontua Cabral (2013, p. 127) "*uma das consequências mais importantes de se admitir o aspecto participativo e cooperativo do processo é incluir-se a boa-fé no debate sobre os atos processuais*.". Lado outro, o princípio que impõe esses deveres de moralidade e probidade a todos aqueles que participam do processo denomina-se princípio da lealdade processual, intimamente ligado à boa-fé.

Registre-se que, segundo os ensinamentos de Cintra (CINTRA; GRINOVER; DINAMARCO, 1997, p. 72), parte da doutrina tradicionalista apresenta posicionamento contrário à incidência do princípio da lealdade, especialmente no processo civil, por considerá-lo um instituto de natureza inquisitiva e contrário à livre disponibilidade das partes. Não obstante, referido processualista assevera também que, contemporaneamente,

---

8 A multa pelo descumprimento de tais deveres está prevista, atualmente, no art. 77, do Código de Processo Civil brasileiro de 2015.

> a doutrina tende a considerar essa concepção como um reflexo processual da ideologia individualista do laissez-faire, afirmando a oportunidade de um dever de veracidade das partes no processo civil, diante de todas as conotações publicistas agora reconhecidas ao processo, e negando assim, a contradição entre a exigência de lealdade e qualquer princípio ou garantia constitucional (CINTRA; GRINOVER; DINAMARCO, 1997, p. 72-73).

Retornando à boa-fé objetiva e analisando seu sentido histórico, Beraldo (2016, p. 359-364) defende que este princípio vem sendo bastante propagado no Brasil em decorrência de sua positivação no artigo 422 do Código Civil de 2002, inclusive com doutrina e jurisprudência defendendo a sua aplicação nos mais diversos ramos do Direito, dentre eles, o do processo civil. No entanto, sua existência não é novidade entre nós, eis que o Código Civil de 1916 e o Código Comercial de 1850 já continham regramentos da boa-fé. No próprio Direito Processual Civil é possível afirmar que desde o Código de Processo Civil de 1939 já se falava em multas e sanções para os atos praticados de má-fé. Registre-se que o artigo 14, inciso II, do Código de Processo Civil de 1973 já dispunha que são deveres de todos aqueles que de qualquer forma participam do processo "*proceder com lealdade e boa-fé*". No entanto, essa previsão, conquanto com redação parecida com o artigo 5º, do Código de Processo Civil de 2015, refere-se à boa-fé subjetiva, o que resta demonstrado por sua inserção no capítulo dos deveres das partes e de seus procuradores (CRAMER, 2016, p. 200).

Já o artigo 5º do Código de Processo Civil de 2015 se encontra no capítulo das normas fundamentais do processo civil, junto com a previsão de garantias processuais importantes, como a inafastabilidade do controle jurisdicional, a isonomia, a duração razoável do processo, a cooperação, dando a entender que a boa-fé ali disposta configura-se um princípio e, por conseguinte, corresponde à boa-fé objetiva. Além disso, o princípio da boa-fé objetiva relaciona-se com o princípio da cooperação, uma vez que a pretendida colaboração entre os sujeitos do processo somente se alcança se deles for exigido um modelo de comportamento (CRAMER, 2016, p. 200) que fomente a verdadeira "comunidade de trabalho".

Muito embora se encontre previsto expressamente na legislação infraconstitucional, o princípio da boa-fé objetiva tem também fundamento na Constituição Federal de 1988 eis que, com acerto, sustenta-se que a exigência de não exercer comportamentos desonestos constitui um dos conteúdos do devido processo legal, que para ser tido como justo precisa ser ético e leal (DIDIER JÚNIOR, 2012, p. 109).

Também de forma correta, Cabral (2005, p. 62-63) identifica o princípio da boa-fé objetiva como decorrência do princípio do contraditório, o qual não assegura apenas direitos para as partes, mas igualmente o dever de agir de forma ética.

As duas posições não são excludentes. Pode-se afirmar que o imperativo de atuar de forma leal no processo constitui decorrência do princípio do contraditório, na perspectiva dos deveres que esta garantia impõe, bem como do devido processo legal, que, como se sabe, alberga todas as demais garantias processuais. Afinal, se são exigidos comportamentos previsíveis e colaborativos dos integrantes de uma relação privada, com mais razão, deve-se reclamar esta postura dos sujeitos da relação processual[9], já que essa, além de seu caráter público, tem o propósito de por fim a um litígio.

3 A INTERLIGAÇÃO ENTRE A BOA-FÉ OBJETIVA E O SISTEMA COOPERATIVO

No Direito português (PEREIRA, 2013, p. 49-51), consoante os ensinamentos de José Lebre de Freitas et al (2008, p. 439-440), "*o dever de cooperação para a descoberta da verdade constitui, enquanto radicado nas próprias partes, emanação do dever geral de cooperação*". Na esteira deste entendimento, o novo Código de Processo Civil brasileiro institui um sistema comparticipativo ou cooperativo de processo, moldado à luz da Constituição Federal,

---

9 Nesta seara, registre-se o posicionamento de Santos (2008, p. 160-161), para quem "*A vigência da boa-fé objetiva nos meandros do Direito Processual Civil requer o predomínio do 'jogo limpo'* (flair play) *que não condena a habilidade, mas repudia as manobras desleais, as trapaças e todo e qualquer artifício que impeça à contra-parte o exercício das suas faculdades processuais ou que dificulte, ou torne mais gravoso, ou oneroso o exercício dessas faculdades.*" [...] "*A boa-fé objetiva como pauta de conduta a guiar os ligantes impõe que no curso do processo, de forma cooperativa, todos os fatos e provas relevantes ao deslinde da questão sejam apresentados integralmente para a justa solução do litígio. O processo não pode mais ser visto como uma arena de gladiadores. Existem regras preestabelecidas para o exercício da defesa, sendo essas limitadas pela lealdade e boa-fé, inclusive para assegurar a paridade de armas.*".

especialmente sob a inspiração do Estado Democrático de Direito, cujo perfil afasta a ideia de protagonismo processual, seja das partes, dos Advogados ou dos Juízes. Todos têm igual importância. E todos têm igualmente deveres. O reconhecimento da existência também de deveres das partes com o Juiz e reciprocamente entre si, ou mais propriamente, de seu compromisso também com o resultado útil do processo, e não somente com seu êxito, em nada se liga a uma premissa ou a um discurso estatalista ou estatizante de processo. O redimensionamento das relações dos sujeitos envolvidos no processo assume especial relevância na formatação do novo sistema instituído pelo Código de Processo Civil de 2015. Um sistema que não é meramente dispositivo e muito menos simplesmente inquisitório. Um sistema fulcrado na ideia de que a função do processo não é somente a solução das controvérsias levadas a juízo, mas a sua resolução com justiça, revelada em uma opção ideológica baseada na busca de uma decisão judicial de qualidade e na aplicação correta e racionalmente justificada do direito, sem nenhum ranço de autoritarismo. Sob essa óptica, que evidentemente não é valorativamente neutra, o processo não é uma mera contenda entre indivíduos privados, orientando-se também pela obtenção de decisões justas no plano material. A busca da resolução do conflito através da cooperação recíproca das partes e do juiz, culminando com uma decisão de qualidade – justa – é possível. Isso não significa que as partes sejam tidas como imparciais e desinteressadas. Elas têm o legítimo interesse de vencer a demanda, o legítimo interesse na prevalência da versão que apresentam em juízo. Mas, daí a eximi-las de deveres cooperativos, transformando a colaboração processual em uma via de mão única, vai uma distância muito grande.

Afinal, inspirado pela ideia de uma organização social democrática e solidária, o sistema cooperativo de processo se realiza pelo diálogo inspirado pelo contraditório, implicando deveres de conduta para as partes e para o Juiz. É o estreitamento da ligação entre processo e democracia sob o viés da solidariedade. Além do devido processo legal, no Brasil, o princípio da cooperação se apoia em outras bases de cunho constitucional, quais sejam, o Estado Democrático de Direito (artigo 1º, *caput*) e o princípio da solidariedade (artigo 3º, inciso I)[10]. A ideia é que a sociedade pressupõe organização e cooperação entre os indivíduos que a compõe, de onde, sem dúvida, podem emanar conflitos, surgindo daí o papel do Estado de promover a harmonia social, o que certamente dependerá da efetiva participação dos envolvidos (SANTANA, 2015, p. 53).

---

[10] Sobre a relação entre cooperação, democracia e solidariedade vide Bonna (2014, p. 75-88).

Segundo as lições de Borges (2015, p. 259-266, *passim*), o princípio da cooperação deve também ser interpretado como uma linha orientadora da instrução processual. Afinal, o artigo 6º do novo Código de Processo Civil brasileiro liga a cooperação a um fim específico, qual seja, a obtenção de decisões de mérito justas e eficazes em tempo razoável. A menção à justa e eficaz solução do litígio insere a cooperação, em toda sua plenitude, também na instrução processual. É que, para a solução justa e eficaz do litígio é indispensável à instrução do processo. Só se chega a um resultado processual justo e eficaz caso as questões de fato deduzidas em juízo pelas partes, à luz da qual será aplicado o direito, sejam suficientemente esclarecidas no plano probatório.

Para que haja a atuação da norma de direito material através do processo, é necessária a apuração, pelo mecanismo da cognição, da efetiva atuação dos fatos ocorridos. Para que o Juiz decida a demanda, é imprescindível que ele bem conheça não apenas as razões das partes, mas também os fatos discutidos em juízo, tendo contato com os fatos relevantes para o julgamento, ou seja, os fatos sustentados pelas partes como base de sua pretensão ou de sua resistência, o que se dá através da instrução processual.

Para além de almejarem um julgamento de mérito que lhes seja favorável, é preciso que as partes colaborem, no sistema cooperativo de processo, para a descoberta da verdade. Em outras palavras, sem prejuízo do desejo natural de um resultado exitoso, as partes, à luz do princípio da cooperação, têm a obrigação de colaborar para a descoberta da verdade no processo. Nesse sentido é que o artigo 378 do Código de Processo Civil de 2015, reproduzindo o artigo 339 do Código de Processo Civil de 1973, estabelece que ninguém se exime da colaboração com o Judiciário para o descobrimento da verdade[11].

---

[11] O art. 417° do Código de Processo Civil português é ainda mais específico, prevendo uma obrigação processual geral de cooperação para a descoberta da verdade, oponível a todas as pessoas, sejam ou não partes na causa. Assim é que de todas as pessoas, sejam ou não partes na causa, exige-se a colaboração para a descoberta da verdade, respondendo a tudo que lhes seja perguntado, submetendo-se às inspeções necessárias e praticando os atos que lhe sejam determinados. Os que recusam a colaboração devida, a menos que ela seja considerada legítima, são condenados em multa, sem prejuízo da utilização pelo Juiz dos meios coercitivos que forem possíveis. Caso aquele que ilegitimamente recusa a colaboração seja parte do processo, o Juiz ou o Tribunal apreciarão livremente a conduta para efeitos probatórios, inclusive com a possibilidade de inversão do ônus da prova nos termos do art. 344º/2 do Código Civil português (inversão do ônus da prova em razão do comportamento da parte que tenha culposamente tornado impossível a

Aí entra em cena a confluência entre a cooperação e a boa-fé. Com efeito, a busca da verdade pela instrução da ação não é apenas tarefa do Juiz, mas também das partes, exigindo-se delas, pela aplicação do princípio da boa-fé objetiva no domínio processual, que tenham um comportamento ético na defesa de seus interesses[12].

Um litígio dentro dos ditames da cooperação conduz a uma prestação jurisdicional mais eficiente. Com efeito, para que o processo atinja seus objetivos, da forma mais escorreita possível, exige-se das partes uma conduta ética pautada pela cooperação, esclarecendo o Juiz fidedignamente sobre o ocorrido, auxiliando-o na construção da decisão final. Do contrário, a dignidade da Justiça e a justa composição do litígio restarão gravemente comprometidas (ASSIS, 2009, p. 75-76).

Essa colaboração das partes vai além da exposição da verdade em juízo (PEREIRA, 2013, p. 66-69, *passim*), atuando de forma honesta, não alterando ou deturpando os fatos ou suas circunstâncias. Impõe-se a elas ainda levarem ao conhecimento do Juiz todo o material probatório acerca da controvérsia fática em causa, possibilitando a obtenção da verdade apta ao embasamento de uma solução justa ao litígio[13].

De acordo com os ensinamentos de Marinoni e Arenhart (2011, p. 158-159), cabe ao Estado o dever de solucionar o conflito de interesses que se lhe apresentam as partes. A sua função é aplicar o direito de forma justa e adequada, contribuindo para que chegue ao jurisdicionado a mais correta aplicação do direito. Ainda segundo os notáveis processualistas, "*não há como esquecer que esse dever decorre do dever geral de sujeição ao poder do Estado*"[14], de forma que, estando as partes submetidas ao poder estatal, estarão, igualmente subjugadas à jurisdição e, consequentemente, compelidas a colaborarem com o Poder estatal, para a "descoberta da verdade".

Portanto, não se pode perder de vista que o dever de cooperação das partes no processo civil resulta, em última análise, na aplicação do princípio

---

prova ao onerado, sem prejuízo das sanções que a lei processual comine à desobediência ou às falsas declarações).

12 Sobre o dever de colaboração e dever de lealdade processual vide Marinoni e Arenhart (2011, p. 161-162). Analisando a boa-fé objetiva e a lealdade processual, vide p. 147-153.

13 A respeito, vide Pitt (2007, p. 115-127, *passim*).

14 Sobre os poderes do Estado, vide Burdeau (1970).

da boa-fé objetiva, pois, como criação dos deveres acessórios, impõe a colaboração das partes para o desenvolvimento do processo e a realização dos resultados programados pelo Direito.

4 CONSIDERAÇÕES FINAIS

A democracia não se limita mais à representatividade dos cidadãos no Legislativo e no Executivo. O reconhecimento do direito fundamental à participação do cidadão vai além. Assim como se faculta ao cidadão a participação no processo legislativo, a democracia deliberativa - apoiada na ideia de que toda decisão estatal é objeto de uma discussão argumentativa pluralista, retirando o indivíduo da condição de súdito e conferindo-lhe o *status* de sujeito ativo da vida do Estado - exige que se dê às partes a condição e a oportunidade de influenciarem a formação da decisão judicial, prestigiando-se o consenso e a comunicação entre os sujeitos processuais.

Através da óptica do princípio da solidariedade, a cooperação remete a um proveito mútuo e recíproco entre os membros da sociedade, o que repercute diretamente na noção que se tem dos poderes e deveres do Juiz e das partes no processo. Esse espírito solidário também inspira o processo cooperativo.

Por consequência, da leitura do Código de Processo Civil de 2015 é possível constatar que, corroborando as recentes alterações pontuais, o novo diploma traz em seu bojo a queda de diversos paradigmas e, de consequência, uma verdadeira reformulação conceitual de todo o sistema processual, ancorado em normas constitucionais. Pela análise de seu artigo 6º é possível afirmar que suas intenções são boas, pois visam a implementar um modelo cooperativo no processo e fazer com que as partes auxiliem o magistrado na condução da demanda, o que certamente tornaria o trâmite do processo mais organizado, célere e não conturbado.

O novo estatuto processual civil dissipa, portanto, eventuais dúvidas quanto ao reconhecimento do princípio da cooperação e de sua respectiva força normativa, expressamente acolhendo-o. Mais do que um reconhecimento expresso da incidência do princípio da cooperação no processo civil, representa o início de uma mudança paradigmática na aplicação do Direito com vistas à construção de um sistema comparticipativo ou cooperativo de processo. Ao lado de outros paradigmas principiológicos, como o reforço da importância da duração razoável do processo, da boa-fé objetiva processual, do acesso à justiça (inclusive via dos meios alternativos de solução de conflitos), da fundamentação racional e legítima das decisões judiciais e do recurso aos precedentes (com o apelo a um direito jurisprudencial), a cooperação inegavelmente é uma das pedras de toque do novo Código de Processo Civil.

Em suma, se a cooperação é essencial para todo o processo, exigindo do Juiz e das partes um comportamento leal e de acordo com os ditames da ética e da boa-fé, mais ainda quando se toma em conta a instrução processual, imprescindível para o fim último do sistema cooperativo, qual seja, a entrega pelo Estado-Juiz, em tempo razoável, de uma tutela jurisdicional justa e eficaz.

E, nesse novo modelo cooperativo, a ampliação do uso da boa-fé objetiva no âmbito processual ensejará impacto profundo e sensível na teoria dos atos processuais, de modo a torná-los uma efetividade para o sistema processual democrático, estabelecendo um padrão ético de conduta para as partes também na relação processual. Afinal, o processo não pode ser entendido apenas como um instrumento para eliminação dos conflitos entre os litigantes, mas, sobretudo, de pacificação social.

REFERÊNCIAS

ALEXANDRE, Isabel. **Provas ilícitas em processo civil**. Coimbra: Almedina, 1998.

ASSIS, Carlos Augusto. O dever de falar a verdade e o processo civil. In: **Revista Magister de Direito Civil e Processual Civil**. Porto Alegre, v. 6. n. 32, set.-out. 2009.

BARROSO, Luís Roberto. Fundamentos teóricos e filosóficos do novo direito constitucional brasileiro: pós-modernidade, teoria crítica e pós-positivismo. In: **Revista Trimestral de Direito Público**. São Paulo, n. 29, jan.-mar. 2000.

BERALDO, Leonardo de Faria. O dever de cooperação no novo código de processo civil. In: DIDIER JÚNIOR, Fredie; NUNES, Dierle; FREIRE, Alexandre (Coord.). **Normas fundamentais**. Salvador: JusPodivm, 2016. p. 359-364. (Coleção Grandes Temas do Novo CPC, v. 8).

BOBBIO, Norberto. **Principi generali di diritto**: novíssimo digesto italiano. v. 13. Turim: Unione Tipografico-Editrice Torinese, 1957.

BONNA, Alexandre Pereira. Cooperação no processo civil: a paridade do juiz e o reforço das posições jurídicas das partes a partir de uma nova concepção de democracia e contraditório. In: **Revista Brasileira de Direito Processual**. Belo Horizonte, v. 22, n. 85, p. 75-88, jan.-mar. 2014.

BORGES, Ronaldo Souza. O depoimento das partes em juízo no sistema cooperativo de processo: a instrução da ação no contexto das normas fundamentais do novo CPC. In:

SANTANA, Alexandre Ávalo; ANDRADE NETO, José de (Coord.). **Novo CPC**: análise doutrinária sobre o novo direito processual brasileiro. v. 2. Campo Grande: Contemplar, 2015. p. 254-291.

BRASIL. Constituição (1988). Constituição da República Federativa do Brasil. Brasília: Senado, 1988.

BRASIL. Lei 13.105, de 16 de março de 2015. Código de Processo Civil. **Diário Oficial [da] República Federativa do Brasil**, Brasília, DF, 17 mar. 2015.

BURDEAU, Georges. **L'État.** Paris: Seuil, 1970.

CABRAL, Antônio do Passo. **Coisa julgada e preclusões dinâmicas.** Salvador: JusPodivm, 2013.

CABRAL, Antônio do Passo. O contraditório como dever e a boa-fé processual objetiva. In: **Revista de Processo.** São Paulo, Ed. Revista dos Tribunais, n. 126, 2005.

CALAMANDREI, Piero. Verità e verosimiglianza nel processo civile. In: **Rivista di Diritto Processuale.** Padova, Ed. Cedam, 1955.

CAPELLETTI, Mauro. **O controle judicial de constitucionalidade das leis no direito comparado.** Tradução de Aroldo Plínio Gonçalves. Porto Alegre: SAFE, 1984.

CARNELUTTI, Francesco. **Sistema de direito processual civil.** Tradução de Hiltomar Martins Oliveira. v. I. São Paulo: Classic Book, 2000a.

CARNELUTTI, Francesco. **Sistema de direito processual civil.** Tradução de Hiltomar Martins de Oliveira. v. II. São Paulo: Classic Book, 2000b.

CHIOVENDA, Giuseppe. **Principios de derecho procesal civil.** Tradução de José Casais y Santaló. v. 1. Madrid: Reus, 1922.

CHIOVENDA, Giuseppe. **Principios de derecho procesal civil.** Tradução de José Casais y Santaló. v. 2. Madrid: Reus, 1925.

CINTRA, Antônio Carlos de Araújo; GRINOVER, Ada Pellegrini; DINAMARCO, Cândido Rangel. **Teoria geral do processo.** 13. ed. São Paulo: Malheiros, 1997.

COMOGLIO, Luigi Paolo. Garanzie costituzionale e "giusto processo" (modelli a confronto). In: **Revista de Processo.** São Paulo, Ed. Revista dos Tribunais, n. 90, p. 95-150, abr.-jun. 1998.

CRAMER, Ronaldo. O princípio da boa-fé objetiva no novo CPC. In: DIDIER JÚNIOR, Fredie; NUNES, Dierle; FREIRE, Alexandre (Coord.). **Normas fundamentais.** Salvador: JusPodivm, 2016. p. 197-211. (Coleção Grandes Temas do Novo CPC, v. 8).

COUTURE, Eduardo J. **Fundamentos del derecho procesal civil.** Buenos Aires: Depalma, 1978.

DIDIER JÚNIOR, Fredie. **Curso de direito processual civil:** introdução ao direito processual civil e processo de conhecimento. v. 1. Salvador: JusPodivm, 2012.

FERRER BELTRÁN, Jordi. **Prova e verità nel diritto.** Bologna: Mulino, 2004.

FREITAS, José Lebre et al. **Código de processo civil anotado.** v. 1. 2. ed. Coimbra: Coimbra Ed., 2008.

KELSEN, Hans. **Teoria pura do direito.** Tradução de João Baptista Machado. 4. ed. São Paulo: Martins Fontes, 1995. (1.ª reimpressão).

MACEDO, Elaine Harzheim; MACEDO, Fernanda dos Santos. O direito processual civil e a pós-modernidade. In: **Revista de Processo.** São Paulo, v. 37, n. 204, p. 351-367, fev. 2012.

MARINONI, Luiz Guilherme; ARENHART, Sérgio Cruz. **Prova.** 2. ed. São Paulo: Revista dos Tribunais, 2011.

MARINONI, Luiz Guilherme; ARENHART, Sérgio Cruz; MITIDIERO, Daniel. **Novo código de processo civil comentado.** São Paulo: Revista dos Tribunais, 2015.

MARQUES, Cláudia Lima (Coord.). **Diálogo das fontes**: do conflito à coordenação de normas do direito brasileiro. São Paulo: Revista dos Tribunais, 2012.

MARQUES, João Paulo Fernandes Remédio. **Acção declarativa à luz do código revisto.** 2. ed. Coimbra: Coimbra Ed., 2009.

MONTERO AROCA, Juan. El proceso civil llamado "social" como instrumento de "justicia" autoritária. In: MONTERO AROCA, Juan (Coord.). **Proceso e ideologia**: un prefacio, una sentencia, dos cartas y quince ensayos. Valencia: Tirant lo Blanch, 2006. p. 141-156.

NEVES, Daniel Amorim Assumpção (Coord.). **Novo código de processo civil**: Lei 13.105/2015. São Paulo: Método, 2015.

PEREIRA, Daniel de Macedo Alves. Limites ao princípio da cooperação. Dissertação (Mestrado)–Universidade de Coimbra. 2012. Coimbra, Universidade de Coimbra, 2013.

PITT, Gioconda Fianco. Dever de veracidade no processo civil brasileiro e sua relação com o instituto da *discovery* do processo norte-americano da *common law*. In: KNIJNIK, Danilo (Coord.). **Prova judiciária**: estudos sobre o novo direito probatório. Porto Alegre: Livraria do Advogado, 2007. p. 115-127.

SALDANHA, Jânia Maria Lopes et al. Por um novo paradigma jurídico-decisório no que tange à resolução de conflitos. In: **Direitos Fundamentais & Justiça.** Porto Alegre, v. 7, n. 22, p. 194-210, jan.-mar. 2013.

SANTANA, Alexandre Ávalo. Os preceitos constitucionais e as normas fundamentais do novo CPC. In: SANTANA, Alexandre Ávalo; ANDRADE NETO, José de (Coord.). **Novo CPC**: análise doutrinária sobre o novo direito processual brasileiro. v. 1. Campo Grande: Contemplar, 2015. p. 46-60.

SANTOS, Leide Maria Gonçalves. A boa-fé objetiva no processo civil: a teoria dos modelos de Miguel Reale aplicada à jurisprudência brasileira contemporânea. 2008. 287 p. Dissertação (Mestrado em Direito)–Universidade Federal do Espírito Santo. Vitória, 2008.

SOUSA, Luís Filipe Pires de. **A prova por presunção no direito civil**. Coimbra: Almedina, 2012.

TARUFFO, Michele. **La prueba.** Tradução de Laura Manríquez e Jordi Ferrer Beltrán. Madrid/Barcelona/Buenos Aires: Marcial Pons, 2008.

THAMAY, Rennan Faria Kruger; RODRIGUES, Rafael Ribeiro. Fundamentos e princípios do novo código de processo civil. In: SANTANA, Alexandre Ávalo; ANDRADE NETO, José de (Coord.). **Novo CPC**: análise doutrinária sobre o novo direito processual brasileiro. v. 1. Campo Grande: Contemplar, 2015. p. 61-78.

THEODORO JÚNIOR, Humberto et al. **Novo CPC**: fundamentos e sistematização. Rio de Janeiro: Forense, 2015.

VARELA, V. Antunes; BEZERRA, J. Miguel; NORA, Sampaio e. **Manual de processo civil.** 2. ed. Coimbra: Coimbra Ed., 1985.

CAPÍTULO 4

A EXPLICITAÇÃO DO PRINCÍPIO DA COOPERAÇÃO NO ATUAL CPC

***Evandro Cangussu Melo*[1]**

1 INTRODUÇÃO

O Código de Processo Civil de 2015 (CPC) dispõe, já em seu primeiro capítulo, sobre as normas fundamentais que regem o processo civil brasileiro, enunciando os princípios fundantes do sistema. Em rol não exaustivo, o referido capítulo apresenta um conjunto de princípios e regras que orientam o processo civil no modelo constitucional do devido processo legal.

Este estudo procura compreender o princípio da cooperação ou da colaboração, expressamente positivado na lei de ritos.

O artigo 6º do CPC tem a seguinte redação: "*Todos os sujeitos do processo devem cooperar entre si para que se obtenha, em tempo razoável, decisão de mérito justa e efetiva*".

O princípio, interpretado na consonância do sistema, forja a diretiva da construção coletiva por uma comunidade de trabalho que se integra no

[1] Juiz de Direito do Estado de Minas Gerais. Bacharel em Administração de Empresas e Direito pela UNIMONTES. Especialista em Psicologia do Trabalho e Desenvolvimento Organizacional pela UnB e em Direito Processual pela PUC Minas.

esforço comum dos operadores do processo. O núcleo do novo modelo está nas múltiplas participações na condução processual, assim qualificado por Marcelo Veiga Franco (2016, p. 60). Apoia-se este autor nas lições, respectivamente, de Dierle José Coelho Nunes (2011, p. 212-215) e Humberto Theodoro Júnior. Observem-se estas passagens:

> O modelo comparticipativo de processo prevê que a direção do processo é compartilhada entre as partes e o juiz, os quais colaboram com a gestão da atividade processual e, com base no princípio da cooperação processual, transformam o processo em uma comunidade de trabalho (NUNES, 2011, p. 212).
>
> No Estado Democrático de Direito, todavia, procedeu-se a uma releitura do contraditório, que viria a culminar na melhoria da relação juiz-litigantes. Implantou-se, então, a partir da experiência europeia, aquilo que se qualificou como a garantia de um efetivo diálogo e uma real comunidade de trabalho (Arbeitsgemeinschaft) entre todos os sujeitos processuais, desde a fase preparatória do procedimento (audiência preliminar para fixação dos pontos controvertidos), até a fase de instrução, debate e julgamento. Com isso, implantou-se, como princípio processual, o reconhecimento da relevância da comparticipação de todos os sujeitos do processo (juiz, autor, réu e intervenientes) na estrutura procedimental (THEODORO JÚNIOR, 2012, p. XV).

A inauguração de um modelo de colaboração ou cooperação na busca de um processo mais justo, fulcrado no diálogo processual entre os sujeitos do processo, o que favorece a construção de obra coletiva.

2 O MODELO COOPERATIVO CONSTITUI INOVAÇÃO?

Para parte da doutrina, o princípio da cooperação, em destaque no sistema do Código de Processo Civil de 2015, mostrou-se de fato não como uma novidade, uma inovação. Já era, de fato, uma proposta já conhecida no âmbito do devido processo.

Humberto Theodoro Júnior (2015) e Cassio Scarpinella Bueno (2015) já reconheciam a existência do princípio da cooperação, antes mesmo da nova redação do Código de Processo Civil. Isso em decorrência de outros princípios antes consagrados, aparecendo agora como uma explicitação deles decorrente:

> A doutrina nacional, mesmo antes do novo CPC, já reconhecia a presença do princípio da cooperação no devido processo legal assegurado por nossa Constituição, à base de um contraditório amplo e efetivo. Com efeito, "se o contraditório exige participação e, mais especificamente, uma soma de esforços para melhor solução da disputa judicial, o processo realiza-se mediante uma atividade de sujeitos em cooperação." (THEODORO JÚNIOR, 2015, p. 102).
>
> Mesmo antes do CPC de 2015, já era possível (e desejável) extrair a cooperação dos princípios constitucionais do contraditório, do devido processo constitucional e da eficiência processual, enfatizando o elemento de ampla participação no processo (o devido na perspectiva constitucional) com vistas a contribuir não só para seu desenvolvimento mas também para o proferimento das decisões e a satisfação do direito tal qual reconhecido (BUENO, 2015, p. 82).

No entanto, para outros doutrinadores, o princípio da cooperação foi recebido como verdadeira inovação, constituindo novidade no conjunto de princípios do atual Código de Processo Civil de 2015.

Firmando-se na ideia da inovação, colhe-se na doutrina os registros sobre a questão junto a Fredie Didier Júnior (2028, p. 156-157), nestes termos:

> Os princípios do devido processo legal, da boa-fé processual, do contraditório e do respeito ao autorregramento da vontade no processo, juntos, servem de base para o surgimento de outro princípio do processo: o princípio da cooperação. O princípio da cooperação define o modo como o processo civil deve estruturar-se no direito brasileiro.

E José Carreira Alvim (2015, p. 49-50), na mesma posição, considera que "*O princípio da cooperação é inédito no estatuto processual brasileiro.*"

Em contraposição, Elpídio Donizetti Nunes (2012) e Cândido Rangel Dinamarco (2016) adotam opiniões divergentes. Para estes o princípio da cooperação surge como evolução ou reforço a outro princípio, o do contraditório:

> A doutrina brasileira importou do Direito europeu o princípio da cooperação (ou da colaboração), segundo o qual o processo seria o produto da atividade cooperativa triangular (entre o juiz e as partes). A moderna concepção processual (no sentido de que o processo é um meio de interesse público na busca da

> justa aplicação do ordenamento jurídico no caso concreto) exige um juiz ativo no centro da controvérsia e a participação ativa das partes, por meio da efetivação do caráter isonômico entre os sujeitos do processo. Trata-se, como já dito, de uma evolução do princípio do contraditório (NUNES, 2012).
>
> No atual sistema processual brasileiro, o princípio do contraditório manifesta-se também mediante a cooperação entre as partes e o juiz, que no dizer do Código de Processo Civil, constitui um dever de todos os sujeitos do processo. Mais que um dever, no entanto, as aberturas do Código para a cooperação constituem, para as partes, importantes faculdades ou oportunidades, para o exercício do contraditório, tendo o juiz o dever de franquear-lhes essas oportunidades, são claras manifestações do empenho do legislador de 2015 em conferir efetividade ao contraditório constitucionalmente assegurado. Sem ser um princípio em si mesmo, a cooperação constitui valioso apoio a essa garantia constitucional [...] (DINAMARCO, 2016, p. 348).

Destaca-se a observação de que, para Dinamarco, o princípio da cooperação não é sequer tido como princípio, mas, sim, como norma de apoio ao princípio do contraditório.

Em conclusão deste ponto, dependendo da linha de estudo e pesquisa que se busca, o princípio da colaboração ora é tido como inovação, ora como importação ou evolução principiológica de outra garantia processual constitucional. A doutrina majoritária, no entanto, reconhece a cooperação como uma novidade, uma inovação legislativa, no renovado escopo de alteração do modelo processual.

Seja qual for a posição que se adote, sob o prisma da explicitação de princípios anteriores já enunciados, sob o foco de novo princípio processual, é pacífico o entendimento de que trouxe a positivação da cooperação novas visões e implicações práticas no estudo e na aplicação do Processo Civil.

3 COMPREENSÃO SINTÉTICA

Necessária uma definição, ainda que sintética, do significado do princípio da cooperação. A pergunta que guia a abordagem é como entender tal princípio, expressamente consagrado pelo legislador, no atual ordenamento processual.

De Plácido e Silva (1978, p. 1.220) assim define:

> Cooperação vem do latim, cooperari. E vem a significar: 1. Operar, ou obrar simultaneamente; 2. Prestar colaboração, serviços: trabalhar em comum; 3. Ajudar; 4. Prestar colaboração; 5. Ajudar, auxiliar; colaborar.

É atividade que congrega todos os atores processuais no intuito comum de realizar o objetivo final da prestação jurisdicional útil, com justiça e eficácia. E isso pressupõe duração razoável.

Parte-se da premissa de que o legislador não altera a norma sem propósito. No cotejo histórico, a materialização do princípio no Capítulo I, nas denominadas normas fundamentais do Processo Civil, logo no Título I, parece o destaque da consagração das normas mais relevantes. Essa configuração topológica, a busca de maior explicitação do processo como obra coletiva, destaca a superação da litigiosidade como benéfico ao aperfeiçoamento de todo o sistema processual. Emerge daí a sinalização clara da mudança de paradigma.

Introduziu o legislador um balizamento nítido da nova forma da dialética processual. Doutrinadores como Fredie Didier Júnior (2018, p. 156-157), Rafael Stefanini Auilo (2017, p. 50) e Marcelo Veiga Franco (2016, p. 60) reconhecem nesse fato a instituição de um processo cooperativo, um modelo de processo participativo ou comparticipativo, no qual os sujeitos atuantes exercem atividades sem preponderância na sua condução.

Sintonizou-se, assim, o novo processo civil com as diretivas do sistema político democrático, na busca por um processo mais ético e justo.

Extrai-se também de Fredie Didier Júnior (2018, p. 156-157, *passim*), citando Carlos Alberto Álvaro de Oliveira (1999, p. 139-140), que o princípio da cooperação trouxe um redimensionamento do princípio do contraditório. Mesmo quando Cândido Rangel Dinamarco menciona a cooperação como um não princípio em si, destaca Didier Júnior (2018, p. 156) que "*Esse modelo caracteriza-se pelo redimensionamento do princípio do contraditório, com a inclusão do órgão jurisdicional no rol dos sujeitos do diálogo processual, e não mais como um mero espectador do duelo das partes.*".

4 APLICAÇÃO DO PRINCÍPIO DA COOPERAÇÃO

Na prática do princípio da cooperação se encontra o estímulo às regras de condução dos operadores processuais. Todas disciplinadas em pautas de conduta, estabelecidas como deveres processuais, consistentes em lealdade, esclarecimento, proteção, prevenção e consulta. Aparece aqui uma ética dialógica específica do processo.

Rodrigo da Cunha Lima Freire e Maurício Ferreira Cunha (2017), em comentários ao artigo 6º do novo CPC, exemplificam de forma pragmática e didática as situações em que o princípio deve ser observado. Em cuidadosa abordagem dos dispositivos do estatuto processual, explicitam o elenco dos princípios e elevam-nos à categoria deontológica, sendo devida a conduta leal, que esclarece, protege, previne e consulta antes da decisão:

> Deste princípio decorrem regras de conduta ou deveres para todos os sujeitos do processo, tais como os seguintes: ***a) Dever de lealdade processual***: as partes e o juiz não podem agir de má-fé (v. g, arts. 80; 81; 142; 143); ***b) Dever de esclarecimento***: o juiz deve esclarecer seus próprios pronunciamentos e, na mesma medida, pode exigir esclarecimentos das partes quanto às suas posições, alegações e pedidos (v. g., arts. 77, § 1º; 321, *caput*, parte final; 330, § 1º, II e V; e 379, I); ***c) Dever de proteção***: não pode causar danos aos demais participantes do processo (v. g., arts. 77, VI; 448, I; 495, § 5º; 520, I e IV; 521, parágrafo único; 525, § 6º; e 776); ***d) Dever de prevenção***: o juiz tem o dever de indicar as insuficiências, os defeitos e as irregularidades das postulações das partes, para que possam ser supridos, sanados ou superados (v. g., arts. 321 e 932, parágrafo único); ***e) Dever de consulta***: o juiz não pode resolver ou decidir questão ou matéria sobre a qual ainda não se pronunciou, sem a oitiva prévia das partes, ainda que a matéria seja cognoscível de ofício (v. g., arts. 10; 493, parágrafo único; e 933) (FREIRE; CUNHA, 2017, p. 52-53).

Importante registrar que isso não significa dizer que o Juiz chega ao ponto de delegar suas funções. A mudança foi no sentido de dizer que o Juiz não tem a função da condução do processo com exclusividade e, sim, passa a fazê-lo, de forma cooperativa, com os demais sujeitos em atividade no processo.

Há uma autoridade partilhada nessa condução por todos que ali atuam, autor, réu, Juiz, perito... Enfim, todos os responsáveis pelo bom andamento do processo e pela comunicação clara e eficiente.

Há quem entenda que a cooperação se estende a todos os sujeitos, com exceção do Advogado da parte ou, das partes. Contudo, a posição majoritária abarca também as partes e os seus procuradores, dentro da formação de uma comunhão de trabalho e participação processuais.

Marcelo Veiga Franco (2016) é bem preciso ao situar essa delicada nuance, também com amparo em Fredie Didier Júnior (2010, p. 32) e Michele Taruffo (2012, p. 196-200):

> Nessa perspectiva, o modelo comparticipativo não está fundado na premissa ingênua de que as partes buscam, no processo, objetivos comuns desatrelados dos seus interesses particulares, os quais podem ser alcançados por meio de legítima atuação processual estratégica. E mais, não se desconsidera também que, em situações de deslealdade processual e violação à boa-fé objetiva, é possível que partes ou advogados, visando a "obter a vitória na controvérsia", atuem "fazendo parecer verdadeiras alegações de fato que, na realidade, são completamente falsas" ou manipulem, distorçam ou ocultem situações fáticas relevantes para o debate. Dessa forma, a cooperação processual não concebe o processo "como um jogo que somente as partes podem jogar" (FRANCO, 2016, p. 107-108).

Durante a condução do processo há esse estímulo ao nivelamento de posicionamento, porque é aí a sede na qual surge a oportunidade de busca da verdade dos fatos.

Nos momentos de decisão, situação de mais isolamento, o princípio da cooperação sofre atenuação. O Juiz deve retomar o distanciamento das partes, com o cuidado de assumir posição equidistante dos interesses em conflito.

Nessa linha de entendimento colhem-se as seguintes e lúcidas reflexões:

> Tanto as partes, como o Estado-Juiz devem dialogar e atuar de modo equilibrado. Trata-se de uma verdadeira releitura do contraditório, incluindo o órgão jurisdicional no diálogo e posicionando-o de maneira distante dos sujeitos parciais do processo apenas quando chegado o momento de proferir alguma decisão (AUILO, 2017, p. 52).

Na mesma linha destaca-se a posição de Fredie Didier Júnior (2018, p. 157):

> As partes não decidem com o Juiz; trata-se de função que lhe é exclusiva. Pode-se dizer que a decisão judicial é fruto da atividade processual em cooperação, é resultado das discussões travadas

> ao longo de todo o arco do procedimento; a atividade cognitiva é compartilhada, mas a decisão é manifestação do poder, que é exclusivo do órgão jurisdicional, e não pode ser minimizado.

Nessa orientação e proceder se forja a criação de vários centros de condução cooperativa no curso do processo. A decisão, com ato de império do Estado-Juiz, há redução sensível com compartilhamento da autoridade. O Juiz, no seu ofício isolado e indelegável, desincumbe-se da tarefa de julgar.

O fato primordial a ser observado quanto à efetividade do princípio da cooperação é a existência de um Juiz mais atento e arguto na condução do processo, no estímulo à participação das partes. No dizer de Carreira Alvim haveria na cooperação um estímulo, mesmo imprescindível, à postura de um Juiz ativo.

Nesse contexto, um Juiz ativo é aquele que, de fato, utiliza-se da cooperação ou colaboração, sem abdicar da sua função de estimulação e decisão a tempo e modo, cada um no seu tempo devido.

Marcelo Veiga Franco também sumariza bem o modelo de cooperação processual ora instituído, citando no contexto da ponderação a lição de Daniel Mitidiero:

> É certo que a comparticipação das partes nos resultados do processo não exclui do Juiz a sua função pública de decidir a controvérsia em caráter final e definitivo. O modelo processual policêntrico não tem a pretensão de outorgar às partes o poder de proferir a palavra final sobre o conflito de interesses.
>
> Diversamente, a colaboração entre as partes e o magistrado, como pressuposto para a concretização do processo justo, significa que o "Juiz é paritário no diálogo e assimétrico apenas no momento da imposição de suas decisões" (MITIDIERO, Daniel. ***Colaboração no processo civil:*** pressupostos sociais, lógicos e éticos. 2. ed. São Paulo: RT, 2011, p. 81). O julgador, portanto, tem como uma de suas funções viabilizar o contraditório; contudo, a sua posição de assimetria por ocasião do julgamento está preservada (FRANCO, 2016, p. 107).

Dentre os elementos do princípio da cooperação que nessa rápida reflexão está a se fazer, não poderia deixar de ficar registrado que o atual CPC não se limitou apenas à instituição tão somente do dever de colaborar.

Além deste dever, o código materializou e pontuou em vários outros dispositivos o ônus de colaborar, qual seja, delimitou, sem ser exaustivo, as consequências fáticas pelo descumprimento desse ônus, resumidos na feliz síntese seguinte:

> E no caso do desrespeito deste dever/ônus, os sujeitos do processo podem sofrer como consequências: (i) a imposição de multa por litigância de má-fé, bem como de outras medidas coercitivas; (ii) a antecipação dos efeitos da tutela (tutela antecipada sancionatória no caso do réu que não colabora); (iii) presunções e valoração da conduta processual da parte; (iv) responsabilidade por eventuais prejuízos advindas da atuação da parte na demanda e (v) extinção do feito sem resolução do mérito (no caso do autor que não colabora) (AUILO, 2017, p. 50).

De se observar que o princípio em si não busca que as partes abdiquem dos seus interesses antagônicos, como o direito de fundo que o processo objetiva. Mas, preservada a própria lógica do confronto, oposição dos contrários, não se tolera a deslealdade, a má-fé, a nulidade de algibeira, a chicana, como se tudo fosse um teatro cujo final já se sabe de antemão.

Merece registro que a prática do foro, em curto espaço de tempo, isto desde 2016, por Tribunais inferiores e pelo Superior Tribunal de Justiça, apenas para exemplificar, tem reconhecido a plena aplicabilidade das sanções preconizadas na lei. Neste contexto já sinalizou no Mandado de Segurança 19.764/DF, Resp. 119.782/RJ e Embargos de Declaração no Agravo Regimental no Resp. 1394902/MA, a plena necessidade da observância do princípio da cooperação com a aplicação das sanções previstas.

Vê-se que o princípio da cooperação enriqueceu o novo processo civil e, como visto, espraiou seus potenciais efeitos e o instrumentalizou em diversos dispositivos e fases, dotando o processo de força e real efetividade, inclusive e fundamentalmente, porque prescreveu consequências pragmáticas e eficazes àqueles que se servem do processo para finalidades desviantes da marcha e objetivos processuais elevados.

4 CONSIDERAÇÕES FINAIS

Constata-se que o legislador, no novo Código de Processo Civil de 2015, ao tornar expresso o princípio da cooperação, em harmonia com os demais princípios também explicitados, sinalizou claramente que pretendia uma mudança de paradigma.

Não somente estabeleceu que os sujeitos processuais devem cooperar e colaborar entre si para que o resultado do processo resultasse em decisões substancialmente justas mas, também, criou um novo modelo processual mais igualitário.

Nota-se, portanto, que a busca pela real efetividade do processo ganhou força com o fato de tornar expresso o princípio da cooperação, até então implícito, ou sequer enquadrado nessa superior categoria jurídica. E mais, o novo Código ligou claramente o novo princípio a outros, numa releitura sinérgica e amarrada à teoria constitucional do processo, na busca por harmonização e coesão do sistema.

Supera-se no sistema tradicional a posição dos sujeitos em posições estanques, para uma renovação do sistema, com sujeitos mais próximos entre si, com vistas à obtenção de um processo leal e cooperativo. Para isso, foram explicitados comportamentos esperados e necessários, no objetivo de um processo em que prevaleça a lealdade e em que a cooperação supere a litigiosidade.

Laborou bem o legislador com a expressa introdução do princípio da cooperação ou da colaboração intrinsecamente ligado aos outros.

A efetividade, a ética e as garantias processuais, foram acrescidas de mais um fundamento e substrato para obtermos um processo constitucional mais justo, com a importante explicitação do princípio da cooperação na base dos princípios do sistema processual.

REFERÊNCIAS

ALVIM, José Eduardo Carreira. **Comentários ao novo código de processo civil.** v. 1. Curitiba: Juruá, 2015.

AUILO, Rafael Stefanini. **O modelo cooperativo de processo civil no novo CPC.** Salvador: JusPodivm, 2017.

BRASIL. Lei 13.105, de 16 de março de 2015. Código de Processo Civil. **Diário Oficial [da] República Federativa do Brasil**, Brasília, DF, 17 mar. 2015.

BUENO, Cássio Scarpinella. **Manual de direito processual civil**: inteiramente estruturado à luz do novo CPC: Lei 13.105/2015. São Paulo: Saraiva, 2015.

DIDIER JÚNIOR, Fredie. **Curso de direito processual civil**: introdução ao direito processual civil, parte geral e processo de conhecimento. 20. ed. Salvador: JusPodivm, 2018.

DIDIER JÚNIOR, Fredie. **Fundamentos do princípio da cooperação no direito processual civil português.** Coimbra: Coimbra Ed., 2010.

DINAMARCO, Cândido Rangel. **Instituições de direito processual civil.** v. 1. 8. ed. São Paulo: Malheiros, 2016.

FRANCO, Marcelo Veiga. **Processo justo**: entre efetividade e legitimidade da jurisdição. Belo Horizonte: Del Rey, 2016.

FREIRE, Rodrigo da Cunha Lima; CUNHA, Maurício Ferreira. **Novo código de processo civil-CPC para concursos**: doutrina, jurisprudência e questões de concursos. 7. ed. rev., ampl. e atual. Salvador: JusPodivm, 2017. DIDIER, Ricardo (Coord.).

NUNES, Dierle José Coelho. **Processo jurisdicional democrático**: uma análise crítica das reformas processuais. Curitiba: Juruá, 2011.

NUNES, Elpídio Donizetti. Princípio da cooperação (ou da colaboração) – arts. 5º e 10 do projeto do novo CPC. 2012. Disponível em: <https://elpidiodonizetti.jusbrasil.com.br/artigos/121940196/principio-da-cooperacao-ou-da-colaboracao>. Acesso em: maio 2018.

OLIVEIRA, Carlos Alberto Álvaro de. **Garantia do contraditório**: garantias constitucionais do processo civil. São Paulo: RT, 1999.

SILVA, De Plácido e. **Vocabulário jurídico.** 5 ed. Rio de Janeiro: Forense, 1978

TARUFFO, Michele. **Uma simples verdade**: o juiz e a construção dos fatos. Tradução de Vitor de Paula Ramos. São Paulo: Marcial Pons, 2012.

THEODORO JÚNIOR, Humberto. **Curso de direito processual civil**: teoria geral do direito processual civil, processo de conhecimento e procedimento comum. v. I. 56. ed. Rio de Janeiro: Forense, 2015.

THEODORO JÚNIOR, Humberto. Prefácio. In: SANTOS, Marina França. **A garantia constitucional do duplo grau de jurisdição.** Belo Horizonte: Del Rey, 2012. p. XV.

CAPÍTULO 5

SUSCITAÇÃO DE DÚVIDA PARA REVOGAÇÃO DA CONCESSÃO DE GRATUIDADE DE JUSTIÇA DE ATOS NOTARIAIS E REGISTRAIS

Waldir de Pinho Veloso[1]

1 PRIMEIRAS PALAVRAS

O instituto da suscitação de dúvida é credor de um estudo detalhado e específico. Se não quase impossível, é tarefa difícil trazer uma definição, em poucas linhas, acerca do tema. O primeiro ponto a ser desmistificado é que o vocábulo dúvida, em termos de Direito Notarial e Registral é, paradoxalmente ao sentido mais comum, uma certeza, uma firmeza, uma segurança por parte do titular de uma Serventia Notarial ou Registral quanto a uma sua posição, enquanto o usuário gostaria que o procedimento fosse diferente. Diferente e contrário ao entendimento do titular da Serventia.

Por isso, e para não encerrar o procedimento sem uma supervisão de um operador do Direito de aonde se originam as normas que o titular da Serventia deve seguir, há uma submissão, em termos administrativos, da questão ao Poder Judiciário.

Portanto, em termos aqui empregados,

---

[1] Mestre em Linguística. Bacharel em Direito. Professor universitário. Escritor. Autor de livros do segmento jurídico.

> Dúvida é o procedimento administrativo por meio do qual o apresentante de um título registral, não se conformando com as exigências formuladas pelo registrador ou com a decisão que desde logo negue o registro, requer ao juiz competente para que este, após proceder à requalificação do documento, determine que este tenha acesso ao fólio real (LOUREIRO, 2014, p. 374-375).

Quanto aos passos (o Direito Processual) para se conseguir o Direito Material, "*O procedimento de Dúvida é o mecanismo que serve para verificar a correção – ou não – das exigências formuladas pelo Registrador, ou para que o mesmo seja autorizado a proceder a um ato registral, quando a parte não apresente condição de atendê-las.*" (PAIVA, 2014, p. 75).

O que o presente estudo pretende demonstrar é que o Código de Processo Civil de 2015, instituído pela Lei 13.105, de 16.03.2015, criou, heterotopicamente, uma nova possibilidade de se suscitar dúvida, inclusive sem a existência da provocação ou pedido por parte usuária dos Serviços Notariais e Registrais.

O normal é que a parte que não tem como – ou não se sente na obrigação de – cumprir para com as exigências dos titulares das Serventias Extrajudiciais, requeira a suscitação de dúvida, para que o Juiz de Direito decida se é legal ou não o que a Serventia pediu ou exigiu que a parte cumprisse. Em outros termos, o que se solucionará é se a interpretação da lei, feita pela Serventia – conhecida como Cartório – está dentro do padrão ou está prejudicando o usuário com exigências infundadas ou de cumprimento impossível por parte do usuário.

O que se mostrará, no presente estudo, é que o Código de Processo Civil (CPC) de 2015 instituiu nova modalidade de suscitação de dúvida, de iniciativa e em benefício do próprio titular da Serventia, quando prejudicado pela decisão judicial favorecendo a uma pessoa natural ou jurídica, de concessão de gratuidade de justiça quanto aos emolumentos cartoriais. E os emolumentos são a remuneração da atividade; atividade não vinculada ao Poder Público em termos financeiros, mesmo a titularidade da Serventia tendo sido outorgada pelo Poder Público que, por sinal, normatiza e fiscaliza os procedimentos das Serventias. Motivos pelos quais se qualifica a atividade como extrajudicial.

Antes do cerne do estudo, porém, são necessários alguns conhecimentos que servirão de alicerce.

2 COMPETÊNCIA PARA ELABORAÇÃO DAS NORMAS EM ESTUDO

Há, no Brasil, três esferas legislativas. A Constituição Federal de 1988, em seu artigo 18, divide a Administração em União, Estados-membros e Municípios. E coloca o Distrito Federal como um Estado-membro, embora lhe dando algumas competências legislativas próprias dos Municípios (CF/1988, art. 32, § 1º).

A técnica legislativa que é credora de melhor interpretação é quanto à competência para elaborar leis. Pode parecer contraditório, mas a quantidade de pedido de declaração de inconstitucionalidade de leis, decretos e atos normativos outros já é fator indicativo de que pode haver a inconstitucionalidade. O fato de haver necessidade de estudo do "controle concentrado" e "controle difuso" da constitucionalidade demonstra que sempre há algum texto infraconstitucional questionado por não atender aos ditames da Lei Maior. Outro ponto para demonstração inicial: há vezes em que o Supremo Tribunal Federal, guardião maior da Constituição Federal, é questionado acerca da "interpretação conforme à Constituição" e das ações constitucionais denominadas Arguição de Descumprimento de Preceito Fundamental.

Todo este cabeçalho é para lembrar que há vezes em que algumas leis são elaboradas por entes federativos com invasão de competência. Em outros termos, quem tem autorização para fazer a lei é um ente, e quem a elabora é outro.

Dispõe a Constituição Federal de 1988:

> ***Art. 24.*** Compete à União, aos Estados e ao Distrito Federal legislar concorrentemente sobre:
>
> [...]
>
> IV – custas dos serviços forenses;
>
> [...]
>
> XIII – assistência jurídica e Defensoria pública;
>
> [...]
>
> § 1º No âmbito da legislação concorrente, a competência da União limitar-se-á a estabelecer normas gerais.
>
> [...]
>
> ***Art. 151.*** É vedado à União:
>
> [...]
>
> III – instituir isenções de tributos da competência dos Estados, do Distrito Federal ou dos Municípios.

A possibilidade de a União conceder isenções de tributos estaduais era previsão do art. 19, § 2º, da Constituição Federal de 1967, conforme redação dada pela sua Emenda Constitucional nº 1, de 1969. Com a Lei Maior de 1988, tal interferência foi terminantemente vedada. Pelo menos, no âmbito interno. Isto porque há entendimento de que um Tratado Internacional pode ser assinado pela União, fazendo concessões de tributos que seriam de outros entes. A União é quem tem competência para assinar Tratados Internacionais, por ser quem mantém relações com Estados estrangeiros, conforme art. 21, inciso I, da Constituição Federal.

Fora a possibilidade de isenção heterônoma externa, há proibição por foco constitucional quanto a um ente estatal interferir na competência para isentar ou reduzir tributos de outros entes igualmente estatais. A explicação é por demais simples. Somente quem tem competência para legislar criando tributos tem autorização para legislar isentando alguém exclusivamente quanto ao correspondente tributo. E quando a Constituição Federal quis deixar claro que não se podia tributar em qualquer nível, o que incluem os tributos estaduais e municipais, ela o fez por meio das imunidades do art. 150, que determinou que o que "*é vedado à União, aos Estados, ao Distrito Federal e aos Municípios*" em termos tributários.

A Lei 10.169, de 29-12-2000, define em seu primeiro artigo que cabe aos Estados e ao Distrito Federal a fixação do "*valor dos emolumentos relativos aos atos praticados pelos respectivos serviços notariais e de registro*.". A própria ementa da Lei a anuncia como própria para regular "*o § 2º do art. 236 da Constituição Federal, mediante o estabelecimento de* normas gerais *para a fixação de emolumentos relativos aos atos praticados pelos serviços notariais e de registro*." (grifos nossos). O anúncio da ementa é claro no sentido de que a Lei cuidou apenas dos aspectos gerais, deixando para cada Estado-membro a particularidade. Inclusive quanto à "*forma de compensação aos registradores civis das pessoas naturais pelos atos gratuitos, por eles praticados*." (art. 9º), fazendo referência à gratuidade do registro de nascimento e do assento de óbito, bem como a primeira certidão correspondente ao ato.

Conjugando as normas constitucionais transcritas, nota-se que em se tratando de custos dos serviços extrajudiciais (as Serventias, ou Cartórios), a competência legislativa é de cada Estado-membro, seguindo apenas as normas gerais fixadas pela Lei 10.169, de 29-12-2000. Com o detalhe de que nos serviços forenses constitucionalmente referidos se encontram as taxas correspondentes aos emolumentos, que são a remuneração dos agentes delegados para atuar nas Serventias Notariais e Registrais.

Não cabe à lei federal, destarte, criar isenções ou outros benefícios, à custa dos Estados-membros ou de quem efetivamente presta o serviço, sob pena de furar o pacto federativo e comprometer a autonomia definida no art. 18, e demais dispositivos já transcritos e referidos, da mesma Constituição Federal de 1988.

2.1 Inconstitucionalidade Quanto à Gratuidade de Emolumentos

O próprio art. 22 da Constituição Federal de 1988 não deixa dúvidas: "*Compete privativamente à União legislar sobre* [...] *direito* [...] *processual*.". E, sem usurpação de poderes iniciais, houve a edição da Lei 13.105, de 16-3-2015, instituindo o Código de Processo Civil.

Em seu bojo, há o seguinte cânone:

> ***Art. 98***. [...].
>
> ***§ 1º*** A gratuidade da justiça compreende:
>
> [...]
>
> IX – os emolumentos devidos a notários ou registradores em decorrência da prática de registro, averbação ou qualquer outro ato notarial necessário à efetivação de decisão judicial ou à continuidade de processo judicial no qual o benefício tenha sido concedido.
>
> ***§ 2º*** A concessão de gratuidade não afasta a responsabilidade do beneficiário pelas despesas processuais e pelos honorários advocatícios decorrentes de sua sucumbência.
>
> [...]
>
> ***§ 4º*** A concessão de gratuidade não afasta o dever de o beneficiário pagar, ao final, as multas processuais que lhe sejam impostas.
>
> ***§ 5º*** A gratuidade poderá ser concedida em relação a algum ou a todos os atos processuais, ou consistir na redução percentual de despesas processuais que o beneficiário tiver de adiantar no curso do procedimento.
>
> ***§ 6º*** Conforme o caso, o juiz poderá conceder direito ao parcelamento de despesas processuais que o beneficiário tiver de adiantar no curso do procedimento.
>
> [...]
>
> ***§ 8º*** Na hipótese do § 1º, inciso IX, havendo dúvida fundada quanto ao preenchimento atual dos pressupostos para a concessão de

> gratuidade, o notário ou registrador, após praticar o ato, pode requerer, ao juízo competente para decidir questões notariais ou registrais, a revogação total ou parcial do benefício ou a sua substituição pelo parcelamento de que trata o § 6º deste artigo, caso em que o beneficiário será citado para, em 15 (quinze) dias, manifestar-se sobre esse requerimento.

Inicialmente, em vez de críticas, há créditos para se dizer que o Código de Processo Civil se preocupou em deixar inequívoco que a concessão de gratuidade de justiça não inclui multas processuais (§ 4º) e honorários de sucumbência (§ 2º). Mas, incluiu a isenção quanto aos emolumentos (inciso IX do § 1º). E o pior: sendo uma lei federal, não tem competência para isentar um tributo cuja competência para fixar é de cada Estado-membro da federação brasileira. E, em sentido teleológico e beirando ao fim social da norma jurídica, mais ainda se mostra estranho porque o valor da tributação pertenceria ao particular, pessoa natural ou física, que presta o serviço notarial ou registral, como agente delegado do Poder Público.

Há, destarte, uma inconstitucionalidade. Fato a ser discutido em tempos próximos. E sujeitos a revisão do próprio entendimento ora externado. Até porque a Constituição diz exatamente o que o Supremo Tribunal Federal disser que a Constituição diz. Em outros termos: a interpretação constitucional é definida pelo entendimento mutável dos membros do Supremo Tribunal Federal. E o tema a ser interpretado é o alcance do Código de Processo Civil, uma lei federal, em searas de fixação constitucionalmente definida como sendo da competência dos Estados-membros.

3 A CONCESSÃO DE GRATUIDADE, PELO CÓDIGO DE PROCESSO CIVIL, QUANTO AOS ATOS NOTARIAIS E REGISTRAIS

Quando se inicia um processo junto ao Poder Judiciário ou na primeira oportunidade de contestar um processo judicial contra si, pode a parte requerer a concessão de gratuidade de justiça. Uma vez concedida, o normal é que não haja pagamento de custas processuais junto ao Fórum; não haja pagamento de honorários periciais e, se a parte beneficiária perder a causa, não há pagamento de honorários de sucumbência ao advogado da parte vencedora da causa.

Com letras explícitas, o art. 98 do Código de Processo Civil (CPC) de 2015, trouxe a possibilidade de concessão de justiça gratuita também às pessoas jurídicas. E deixou claro: pessoas natural (que a Receita Federal do Brasil denomina pessoa física) ou jurídica que sejam brasileiras ou estrangeiras. Está assim grafado o Código de Processo Civil de 2015:

> ***Art. 98.*** A pessoa natural ou jurídica, brasileira ou estrangeira, com insuficiência de recursos para pagar as custas, as despesas processuais e os honorários advocatícios tem direito à gratuidade da justiça, na forma da lei.
>
> [...]

Analisado superficialmente o pedido feito na petição inicial ou na contestação, há a concessão da gratuidade de justiça. E, como se pode ler no texto legal ora transcrito, empresas também podem ser beneficiárias da gratuidade de justiça.

3.1 Quem Arcará com a Gratuidade

Inovador, o Código de Processo Civil de 2015 trouxe o teor do art. 95, em cujo § 3º trata do pagamento de custas periciais quando a parte interessada é um ente estatal (inciso I). Está ali definido que se pode lançar mão de verbas eventualmente constantes do orçamento do ente interessado, quando um servidor deste ente é quem realiza a perícia. Outra previsão é que a União, o Estado ou o Distrito Federal poderão buscar verbas em seus orçamentos se neles houver a rubrica (ou verba reservada e prevista) para remuneração das perícias realizadas não diretamente por seus servidores, em casos em que tais entes são partes interessadas como autores, réus ou intervenientes. E, ao fim do processo, e se vencedor do processo, os entes estatais poderão lançar as despesas como dívida ativa e cobrar da parte perdedora da causa.

Ainda dentro das inovações, o § 7º do art. 98 do CPC/2015 permite a utilização do disposto no art. 95, quando houver determinação de que os Serviços Notariais e Registrais pratiquem atos sem cobrança de emolumentos e em benefício direto aos beneficiários de gratuidade de justiça. Mas, a aplicação somente teria lugar quando houver a inicial concessão da gratuidade das práticas dos atos notariais e registrais e, posteriormente, houver a revogação dessa concessão. E, por fim, se a parte, que fora beneficiária da gratuidade revogada, não pagar os emolumentos devidos. Com a lembrança de que, quando da decisão da revogação, o ato já foi praticado por parte da Serventia.

A hipótese é, apesar de inovadora, inexequível. Até mesmo porque já há – por sinal, de muito tempo antes do CPC de 2015 – regras para recomposição dos valores por prestação de serviços gratuitos por parte dos Serviços Notariais e Registrais. A Lei 10.169, de 29-12-2000, cria normas gerais para a fixação de emolumentos. E, em seu art. 8º, determina que cada Estado-membro criará a *"forma de compensação aos registradores civis das pessoas naturais pelos atos gratuitos, por eles praticados, conforme estabelecido em lei federal."*. Houve posterior ampliação das especialidades, ultrapassando o leito do Registro Civil das Pessoas Naturais e, hoje, há compensação para, por exemplo, os Serviços de Registros de Imóveis que praticam atos com emolumentos reduzidos ou retirados totalmente para os usuários.

Assim, será muito mais fácil e célere a busca de ressarcimento junto ao denominado "recompe", ou "recursos de compensação dos atos gratuitos", com nomenclatura vária dependendo de cada Estado-membro que cria esse fundo de compensação.

Se se fosse buscar o ressarcimento junto ao Poder Público, haverá uma demora de anos ou décadas. A retribuição aos praticantes de atos gratuitos determinados pelos Juízes e com fundamento no art. 98 do Código de Processo civil, se inserida nas leis estaduais, poderá se dar em meados do mês seguinte ao da prática do ato.

A retribuição, porém, atende a uma tabela específica para essa compensação. Não corresponde à tabela cheia que seria o valor correspondente à obrigação de o usuário pagar diretamente ao Serviço de Registro ou ao Tabelionato. E mesmo se se considerar apenas a parte destinada à Serventia, pois no valor total dos emolumentos há valores destinados ao Tribunal estadual e para a formação exatamente do fundo de compensação em assunto nas presentes linhas.

4 SUSCITAÇÃO DE DÚVIDA

Ao transcrever o art. 98 do Código de Processo Civil, no tópico anterior, restaram alvos os dizeres do § 8º, a seguir novamente transcritos, para facilitar a discussão:

> ***Art. 98*** [...].
>
> ***§ 8º*** Na hipótese do § 1º, inciso IX, havendo dúvida fundada quanto ao preenchimento atual dos pressupostos para a concessão de

> gratuidade, o notário ou registrador, após praticar o ato, pode requerer, ao juízo competente para decidir questões notariais ou registrais, a revogação total ou parcial do benefício ou a sua substituição pelo parcelamento de que trata o § 6º deste artigo, caso em que o beneficiário será citado para, em 15 (quinze) dias, manifestar-se sobre esse requerimento.

Ao assim proceder, o Código de Processo Civil criou um novo estilo de suscitação de dúvida, totalmente desvinculada da suscitação de dúvida já fixada na Lei 6.015, de 31-12-1973, arts. 198 a 205, e art. 207. Desta vez, o autor é diretamente o agente delegado que titulariza a Serventia notarial ou registral. Não há necessidade de obediência ao Princípio da Rogação, também denominado Princípio da Instância ou Princípio da Reserva de Iniciativa. A criação legal reservou a iniciativa ao próprio registrador ou ao tabelião de protesto. E o resultado somente a eles interessa, ao contrário da tradicional suscitação de dúvida, cujo interesse é do usuário.

Ao receber uma ordem judicial para averbar ou registrar ou a prática de "*qualquer outro ato notarial necessário à efetivação de decisão judicial ou à continuidade de processo judicial*" (inciso IX do § 1º do art. 98 do CPC de 2015), a primeira providência do tabelião de protesto ou do registrador será efetuar o seu cumprimento. Depois de cumprido o ato, o tabelião de protesto ou o registrador que o cumpriram poderão, em havendo fundada certeza de que o requisitante do serviço não se encaixa no conceito de beneficiário da gratuidade de justiça, requerer ao Juiz competente que revogue a concessão da gratuidade de justiça, quanto ao item ora em estudo. Claro que a concessão da gratuidade poderá ter sobrevida em relação ao restante do processo, no colo do Poder Judiciário. Mas, na parte dos emolumentos e taxas dos Serviços notariais e registrais, não mais ser concedida.

4.1 O Estado Financeiro Atual da Parte

Um ponto que chama a atenção é o fincado na expressão "*preenchimento atual dos pressupostos para a concessão de gratuidade*", próprio do § 8º do art. 98 do Código de Processo Civil de 2015. Pode ser que o estado de miserabilidade da parte tenha sido provado. Pode até mesmo ter havido impugnação, pela parte contrária, quanto à concessão de gratuidade de justiça, restando comprovada a condição de credora da concessão e o Poder Judiciário tenha garantido o direito. Mas, as possibilidades financeiras são mutáveis. Especialmente, em espaços temporais extensos, como podem acontecer no desenvolvimento de um processo na Justiça. Afinal, são recursos em duas Instâncias e, quando chega a vez da Segunda Instância, há subdivisões que tornam os trâmites judiciais brasileiros um impossível indicativo de uma fase, realmente, final.

Assim, pode ser que tenha havido justa concessão de gratuidade de justiça no início do feito judicial. Mas, quando chegado o momento do registro – ou baixa do registro – da Sentença ou Acórdão em uma Serventia extrajudicial, há possibilidade de a parte já ter capacidade financeira de pagar as taxas correspondentes. Pagamento esse, sem prejuízo ao suprimento dos alimentos da sua família.

Sobretudo e por exemplo, uma pessoa que litigou sem poder pagar custas processuais porque havia sido privado injustamente de um imóvel, e que, ao fim do processo, teve o registro do imóvel cancelado por Ordem Judicial (Lei 6.015, de 31-12-1973, art. 250, inciso I), voltou a ter um patrimônio imobiliário em seu nome. Um indício de que, pelo menos nessa fase, já não se encaixa no conceito de "pobre em sentido legal" por diversos aspectos. Em situação paralela, se uma pessoa está buscando a Justiça para conseguir registrar um imóvel – e se não o registrar, jamais será o seu proprietário, conforme arts. 1.227 e 1.245 do Código Civil – e vem a conseguir, por Sentença irrecorrível, o direito ao registro tão pretendido, viu acabar o risco de vir a perder um grande patrimônio. E isso, por si só, já justifica voltar a poder investir na quitação dos emolumentos, para consolidar a propriedade em seu nome.

Uma vez constatado que, quando da prática do ato pelo tabelião de protesto ou pelo registrador, o interessado não está mais com as qualidades de uma pessoa necessitada financeiramente, deveria haver o pagamento dos emolumentos. Mas, considerando que o tabelião de protesto ou o registrador receberam a Ordem Judicial para que o ato seja praticado, a lei determina seu imediato cumprimento, sem contestação. O cumprimento da Ordem Judicial é de bom senso e universalmente aceito de que, contra o que a Justiça decide, após um trâmite muitas vezes lento e recheado de espécies de defesas, é incontestável. O teor do § 8º do art. 98 do Código de Processo Civil foi claro na afirmação de que, inicialmente, deve-se cumprir integralmente o Mandado, pois diz que "*o notário ou registrador, após praticar o ato* [...]" é que poderão tomar outras providências.

4.2 O Procedimento

A norma processual cria, como já informado, uma nova possibilidade de suscitação de dúvida. Não se trata de uma dúvida no sentido próprio do Direito Notarial e Registral. Mas, não há outra figura jurídica para abarcar o procedimento. Até mesmo porque haverá uma petição diretamente emitida pelo titular da Serventia, endereçada ao "*ao juízo competente para decidir questões notariais ou registrais*" com a prova de que praticou o ato, mas apresentando os argumentos pelos quais a concessão da gratuidade de justiça não pode abranger a prática dos atos notariais e registrais, no caso específico.

O requerimento ao Juiz que decide as questões notariais e registrais na Comarca é o mesmo estilo de uma suscitação de dúvida (Lei 6.015, de 31-12-1973, art. 198) e de um procedimento administrativo previsto na Lei 6.015, de 31-12-1973, art. 264, § 1º, mas sem uso porque relacionado à instituição do bem de família.

Sendo um requerimento que tem o mesmo procedimento da suscitação de dúvida previsto na Lei 6.015, de 31-12-1973, art. 198, deve ser assinado diretamente pelo titular da Serventia, e deve conter argumentos e fundamentos legais. E com juntada de documentos. Alguns destes documentos: o Mandado de cumprimento do ato no qual consta a concessão de gratuidade de justiça englobando os serviços notariais e registrais, e a prova da realização do ato (pode ser uma certidão ou uma cópia do ato praticado). Se existentes e colhidas, pode juntar provas ou indícios da possibilidade financeira do beneficiário da gratuidade de justiça, como notas em jornal ou notícias que o próprio interessado ou outrem dão quanto às suas viagens de lazer ou oferecimento de festas ou brindes; argumentos de que o beneficiário da gratuidade de justiça exerce cargo em diretoria de clubes de lazer exatamente por ser sócio destes clubes, etc. E, no caso de empresa, o volume de anúncios publicitários consabidamente de custo elevado, em razão da modalidade da imprensa.

Um fundamento adicional ao requerente – tabelião de protestos ou registrador – é que o § 5º do art. 98 do CPC giza ser possível a concessão de gratuidade de justiça "*em relação a algum ou a todos os atos processuais, ou consistir na redução percentual de despesas processuais que o beneficiário* [...]". Deve-se explicar que, inicialmente, trata-se de determinação aplicável, conforme leitura direta ou literal do texto legal, às despesas "*no curso do procedimento.*". Mas, está na mesma seara jurídica, não havendo necessidade, sequer, de se considerar uma integração ou aplicação analógica de outra lei. Não é outra: é a própria lei que cuida do tema. Logo, poderão os titulares dos Serviços Notariais e Registrais alegar que, para o caso dos emolumentos, não deve haver a concessão de gratuidade de justiça.

Muitos dos casos específicos são nítidos, externos, e não é incomum o próprio anunciado como credor de gratuidade de justiça se mostrar, voluntariamente, com sinais exteriores de riqueza. Em termos de Serviço Registral das Pessoas Naturais, já houve caso de revogação de concessão de gratuidade porque a pessoa interessada requereu o não pagamento dos emolumentos próprios do Processo de Habilitação Para o Casamento Civil (artigos 1.525 a 1.532 do Código Civil; e artigos 67 a 69 da Lei 6.015, de 31-12-1973), alegando estado de pobreza, mas, em razão do casamento, fez festa com divulgação na imprensa e nas redes sociais. A diferença, no caso citado, é que o pedido de não pagamento dos emolumentos do Processo de Habilitação Para o Casamento Civil se deu diretamente na Serventia. E o tema em comentário, neste espaço, é pela Ordem Judicial de gratuidade.

5 A REVOGAÇÃO DA CONCESSÃO DA GRATUIDADE DE JUSTIÇA

O art. 98 do Código de Processo Civil traz a novidade legal de que, uma vez cumprida a Ordem Judicial, poderão o tabelião de protesto ou o registrador que foram autores da prática do ato, requerer ao Poder Judiciário o corte na concessão de gratuidade de justiça em relação ao ato notarial ou registral. A revogação pode ser total ou parcial. E é facilmente interpretável o que significa uma revogação parcial. Obviamente, o requerimento gira exclusivamente na esfera de interesse do tabelião de protesto ou do registrador que peticionarem ao Poder Judiciário, na figura do Juiz que tenha competência para tratar das questões administrativas notariais e registrais. Sendo o pedido exclusivo de um campo, a decisão certamente indicará apenas esse campo. Logo, quando a lei traz o vocábulo "parcial", não está fazendo dicotomia entre a parte judicial (as custas para a manutenção do próprio Poder Judiciário) e o setor extrajudicial (os serviços notariais e registrais). A melhor interpretação, destarte, é que a parcialidade deve ser quanto ao pagamento de um percentual sobre os emolumentos. Exatamente como há leis que fixam condições especiais. Exemplo é o pagamento de apenas 25% dos emolumentos (quando o imóvel é adquirido com intermediação do Fundo de Arrendamento Residencial ou do Fundo de Desenvolvimento Social) ou a metade dos emolumentos (aquisição direta), quando se trata de registro das escrituras ou contratos dos imóveis do Programa Minha Casa Minha Vida. Está no art. 43 da Lei 11.977, de 2009. E é apenas um exemplo, pois há outras reduções, como para microempresas, para entidades de utilidade pública e outras. E desconto de 50% em todos os emolumentos dos demais atos notariais e registrais que não sejam lavratura de escritura e seu registro (cujo desconto, como dito, é de 75%) quanto aos imóveis Fundo de Arrendamento Residencial (Lei 10.150, de 21-12-2000, art. 35).

Com fundamento nesta interpretação, com busca da analogia de outras normas existentes e aplicáveis certeiramente aos Serviços Notariais e Registrais, uma revogação parcial da concessão de gratuidade, quanto aos emolumentos notariais e registrais, seria uma concessão parcial, com determinação de pagamento do restante do percentual devido.

A revogação total implica, obviamente e sem necessidade exegética, fazer com que a parte interessada tenha que pagar a totalidade dos emolumentos devidos pelo ato, conforme tabela expedida pela Corregedoria-Geral de Justiça do Estado-membro, com fundamento em lei que cada Estado edita.

Um terceiro e intermediário tópico veio a bordo do inovador art. 98 do Código de Processo Civil. É que, em vez de determinar o pagamento de única vez, como sempre foram feitos todos os demais pagamentos de emolumentos, pode o Juiz determinar o pagamento, revogando a concessão da gratuidade de justiça, mas permitindo o seu parcelamento. O parcelamento foi criado pelo § 6º do art. 98 para o caso de despesas processuais a cargo das partes durante o curso de procedimento judicial. Mas, mesmo em se tratando de emolumentos, na maioria das vezes em fase em que o feito já chegou ao seu término, a possibilidade de parcelamento é determinação direta do § 8º do art. 98, que invoca o § 6º do mesmo cânone como parâmetro do parcelamento. A quantidade de meses não está fixada em lei, e o Juiz a definirá tendo em vista o seu conhecimento comum e técnico. A fundamentação tanto está no art. 5º da Lei 9.099, de 26-9-1995, quanto no Código de Processo Civil. O CPC/2015 trouxe novas situações quanto à aplicação, pelo Juiz, da sua experiência e entendimento personalíssimo, no art. 8º e no § 2º do art. 489. E, ao ter como base o art. 335 do CPC de 1973, o Código de 2015 trouxe a remodelação no art. 375, com a possibilidade de o Juiz aplicar, ao decidir, "*as regras da experiência comum subministradas pela observação do que ordinariamente acontece e, ainda, as regras da experiência técnica* [...]".

O certo é que o Juiz determinará o parcelamento em quantidade de meses ao levar em consideração os argumentos e provas que a parte trouxer ao processo. E a parte será, sim, citada para, em quinze dias, tomar conhecimento do pedido do tabelião de protesto ou do registrador que estiverem requerendo a revogação da concessão da gratuidade de justiça para o caso específico dos emolumentos. Neste prazo de quinze dias, terá o beneficiário da gratuidade de justiça o direito de contestar o requerimento. E é esta a fase para a prova da sua condição financeira, que, uma vez analisada, levará o Juiz a tomar ou a atitude da manutenção da concessão da gratuidade de justiça, ou a sua revogação. No caso de revogação da gratuidade concedida quanto aos atos notariais e registrais, a decisão se subdivide em três possibilidades: o pagamento parcial, ou o pagamento integral em única vez, ou o pagamento (integral ou parcial) de forma parcelada. E, novos detalhes se a ordem for quanto à hipótese do parcelamento: a quantidade de parcelas e a periodicidade.

Quanto à periodicidade, o normal é que se pense em pagamentos mensais, se se leva em conta quem recebe remuneração mensal. Mas, como o *caput* do art. 98 autoriza a concessão de gratuidade de justiça a pessoa jurídica, não é impossível o parcelamento para quitações em período menor do que um mês, como a divisão em pagamentos semanais.

6 A REMESSA AO CONTENCIOSO

A suscitação de dúvida é um procedimento administrativo a cargo do Juiz de Direito encarregado pela Lei de Organização e Divisão Judiciárias, no território de cada Estado-membro. Pode variar do Juiz Diretor do Foro, Vara de Registros Públicos ou uma das Varas Cíveis.

Como procedimento administrativo, não comporta altas indagações, grandes discussões, profundos procedimentos de provas e requerimentos. Há uma previsão na parte final do § 8º do art. 98 do CPC de 2015 de que o beneficiário de anterior concessão de gratuidade de justiça será citado para tomar conhecimento do requerimento de suscitação de dúvida de iniciativa do titular da Serventia que praticou o ato e não pode cobrar os correspondentes emolumentos. No interstício de quinze dias após a citação, poderá apresentar seus argumentos e provas. Mas, sem grandes complexidades.

Se houver o indeferimento por parte do Juiz à pretensão do titular da Serventia ou, mesmo antes da decisão administrativa, em caso de o beneficiário da concessão da gratuidade de justiça querer discutir a causa em tom elevado em termos de produção de provas que ultrapassem a tomada de depoimentos ou procedimentos simples, poderá a causa ser destinada ao

Poder Judiciário com as características de uma ação ordinária. O próprio Juiz do feito administrativo o remeterá a uma Vara Cível, para ampla discussão e procedimentos probatórios.

É que o art. 5º, inciso XXXV, da Constituição Federal, determina que sequer uma lei pode proibir que as pessoas que têm uma lesão a um seu direito, ou entendam que há uma ameaça de lesão a um seu direito, possam recorrer ao Poder Judiciário. A ordem constitucional, portanto, é o acesso ao Poder Judiciário de forma ampla. Argumento maior é que a decisão do Juiz competente para decidir a dúvida emite uma Sentença (Lei 6.015, de 31-12-1973, art. 199), mas com caráter administrativo, que não faz coisa julgada (Decreto-Lei 4.657, de 04-02-1942, art. 6º, § 3º), não impedindo a ida ao Poder Judiciário (Lei 6.015, de 31-12-1973, art. 204).

A remessa ao contencioso permitirá às partes efetuar suas provas, praticar a ampla defesa, apresentar todos os elementos comprobatórios do seu direito e, sobretudo, atender ao sistema do duplo grau de jurisdição, buscando suporte em Tribunais superiores se a decisão dos órgãos jurisdicionais inferiores lhes forem desfavoráveis.

7 ÚLTIMAS PALAVRAS

O tema da suscitação de dúvidas somente pode ser plenamente compreendido se estudado com a profundidade demonstrada da página 331 até a página 566 do livro "Curso de direito notarial e registral", constante da bibliografia a seguir.

A função do presente texto foi mostrar que o Código de Processo Civil de 2015, em seu artigo 98, trouxe novidades legislativas. Situação não constante da legislação processual até então existente. Uma parte nova em estudo é a concessão de gratuidade de justiça a pessoa natural e jurídica, no todo ou em relação a alguns procedimentos próprios de um processo perante o Poder Judiciário. O que pode incluir a gratuidade dos emolumentos para os atos notariais e registrais que tiverem liame com o feito judicial, como restou explícito no CPC.

Embora com ligação ao Direito Notarial e Registral, o fundamento maior é no Código de Processo Civil, nascido em 2015, e em vigor desde março de 2016.

Não há um fim quanto ao estudo da concessão da gratuidade de justiça, mas, somente um foco no segmento do estudo da possibilidade de, após praticado o ato para não configurar desobediência à Ordem Judicial, o titular de uma Serventia poder requerer ao Poder Judiciário a revogação da concessão de gratuidade de justiça na parte que abrange os serviços notariais e registrais.

Sobretudo, futuras interpretações deste dispositivo poderão fazer com que haja alteração também nas posições ora expostas. Posições que, por serem pioneiras, são, a exemplo das inovações do Código de Processo Civil de 2015, igualmente inovadoras.

E que, nestes primeiros passos doutrinários, afigura-se como uma inconstitucionalidade o fato de uma lei federal (o Código de Processo Civil, de 2015) ter concedido isenção de tributos - os emolumentos são taxas, conforme art. 77 do Código Tributário Nacional - de competência exclusivamente estaduais (ou distrital, quanto ao Distrito Federal), e ainda para ser a isenção suportada pelas pessoas naturais que são agentes delegadas do Poder Judiciário, como são os titulares dos Serviços Notariais e Registrais.

REFERÊNCIAS

BRASIL. Constituição (1988). Constituição da República Federativa do Brasil. Brasília: Senado, 1988.

BRASIL. Lei 5.172, de 25 de outubro de 1966. Dispõe sobre o sistema tributário nacional e institui normas gerais de direito tributário aplicáveis à União, Estados e Municípios. **Diário Oficial [da] República Federativa do Brasil**, Brasília, DF, 27 out. 1966, e retificado no **Diário Oficial [da] República Federativa do Brasil**, Brasília, DF, 31 out. 1966.

BRASIL. Lei 6.015, de 31 de dezembro de 1973. Dispõe sobre os registros públicos, e dá outras providências. **Diário Oficial [da] República Federativa do Brasil**, Brasília, DF, 31 dez. 1973.

BRASIL. Lei 9.099, de 26 de setembro de 1995. Dispõe sobre os Juizados Especiais Cíveis e Criminais e dá outras providências. **Diário Oficial [da] República Federativa do Brasil**, Brasília, DF, 27 set. 1995.

BRASIL. Lei 10.150, de 21 de dezembro de 2000. Dispõe sobre a novação de dívidas e responsabilidade do Fundo de Compensação de Variações Salariais - FCVS; altera o Decreto-Lei 2.406, de 5 de janeiro de 1988, e as Leis n°s 8.004, 8.100 e 8.692, de 14 de março de 1990, 5 de dezembro de 1990, e 28 de julho de 1993, respectivamente; e dá outras providências. **Diário Oficial [da] República Federativa do Brasil**, Brasília, DF, 22 dez. 2000.

BRASIL. Lei 10.169, de 29 de dezembro de 2000. Regula o § 2º do art. 236 da Constituição Federal, mediante o estabelecimento de normas gerais para a fixação de emolumentos relativos aos atos praticados pelos serviços notariais e de registro. **Diário Oficial [da] República Federativa do Brasil**, Brasília, DF, 30 dez. 2000, edição extra.

BRASIL. Lei 10.406, de 10 de janeiro de 2002. Institui o Código Civil. **Diário Oficial [da] República Federativa do Brasil**, Brasília, DF, 11 jan. 2002.

BRASIL. Lei 11.977, de 7 de julho de 2009. Dispõe sobre o Programa Minha Casa, Minha Vida - PMCMV e a regularização fundiária de assentamentos localizados em áreas urbanas; altera o Decreto-Lei nº 3.365, de 21 de junho de 1941, as Leis nºs 4.380, de 21 de agosto de 1964, 6.015, de 31 de dezembro de 1973, 8.036, de 11 de maio de 1990, e 10.257, de 10 de julho de 2001, e a Medida Provisória nº 2.197-43, de 24 de agosto de 2001; e dá outras providências. **Diário Oficial [da] República Federativa do Brasil**, Brasília, DF, 8 jul. 2009.

BRASIL. Lei 13.105, de 16 de março de 2015. Código de Processo Civil. **Diário Oficial [da] República Federativa do Brasil**, Brasília, DF, 17 mar. 2015.

LOUREIRO, Luiz Guilherme. **Registros públicos:** teoria e prática. 5. ed. rev., atual. e ampl. Rio de Janeiro: Forense; São Paulo: Método, 2014.

PAIVA, João Pedro Lamana. **O procedimento de dúvida e a evolução dos sistemas registral e notarial no século XXI**. 4. ed. São Paulo: Saraiva, 2014.

VELOSO, Waldir de Pinho. **Curso de direito notarial e registral**: notários e registradores, suscitação de dúvida, tabelionato de protesto. Curitiba: Juruá, 2017.

VELOSO, Waldir de Pinho. **Registro civil das pessoas naturais**. Curitiba: Juruá, 2013.

CAPÍTULO 6

CÓDIGO DE PROCESSO CIVIL DE 2015 E A TUTELA PROVISÓRIA: antinomias e paradigmas

***Edmilson Araújo Rodrigues*[1]**
***Cynara Silde Mesquita Veloso*[2]**

1 INTRODUÇÃO

A tutela provisória é uma das novidades trazidas pelo Código de Processo Civil de 2015 (CPC/2015) que entrou em vigor no ordenamento jurídico brasileiro em 18 de março de 2016 por meio da Lei 13.105, de 16 de março de 2015. O instituto da tutela provisória abarca dois tipos de tutela: a tutela de urgência e a tutela de evidência. Necessário, pois, asseverar que a tutela provisória é a soma de todas as tutelas denominadas de tutela de urgência e de tutela de evidência. Ambas as tutelas jurisdicionais são prestadas com base em cognição sumária aptas em cada caso a assegurar, a satisfazer ou a efetivar o direito evidente.

---

[1] Doutor em Ciências Jurídicas e Sociais pela Universidad Del Museo Social Argentino (UMSA), Professor Orientador do Centro de Pesquisa das Faculdades Integradas do Norte de Minas-Funorte.

[2] Doutora em Direito Processual pela PUC-Minas, Mestre em Ciências Jurídico-Políticas pela Universidade Federal de Santa Catarina (UFSC), Docente do Curso de Direito das Faculdades Integradas Pitágoras em Montes Claros-MG, da Universidade Estadual de Montes Claros e da Faculdade Vale do Gorutuba.

De posse dessas notas iniciais, o presente texto tem como desiderato fazer uma abordagem sobre a tutela provisória, no que se refere às alterações do CPC/2015 envolvendo antinomias e paradigmas, bem como apresentar espécies e pressupostos do instituto para a sua efetiva concessão. Ao mesmo tempo, visa possibilitar uma visão sobre as diversas situações envolvendo o tema, seja quanto ao procedimento, seja em relação às reflexões pertinentes às dúvidas a serem apreciadas e resolvidas pela jurisprudência.

Acrescenta-se, ainda, uma discussão sobre alguns paradigmas relacionados com a tutela provisória com algumas lacunas percebidas no procedimento como a dúvida sobre o pagamento de custas, a polêmica dos honorários na estabilização da demanda; a estabilização da demanda que depende da inércia apenas do réu em recorrer, além de paradigmas e princípios envolvendo a tutela provisória.

2 TUTELA PROVISÓRIA: TIPOLOGIAS E PRESSUPOSTOS PARA A CONCESSÃO

A tutela provisória é um termo novo criado para compor o rol dos institutos do direito processual civil previstos no CPC/2015. Essa nova forma de tutela jurisdicional de cognição sumária tem previsão indicada nos artigos 294 a 311 do CPC/2015.

Embora com nomenclatura moderna, a nova lei processual trouxe reminiscência da tutela antecipada prevista no art. 273 da lei processual civil e também da tutela cautelar alocada nos arts. 796 e seguintes do Código de Processo civil de 1973 (CPC/73).

Conceitualmente, a tutela provisória é um aparato de técnicas que possibilitam ao Magistrado de posse de determinados requisitos relacionados com a urgência ou a evidência, prestar tutela jurisdicional (BUENO, 2016) de forma sumária e na maioria dos casos por meio de decisão liminar.

O CPC/2015 destinou no Livro V para tratar das duas espécies de tutela provisória, quais sejam: a tutela de urgência com suas subespécies: tutela antecipada e tutela cautelar; e a tutela de evidência. Por conseguinte, de modo esquematizado, seguem os institutos ora denominados como forma de ratificar o epigrafado.

Quadro 1 – Tipologias de Tutela Provisória e Pressupostos para Concessão

<table>
<tr><td colspan="3">Tutela Provisória</td></tr>
<tr><td colspan="2">Urgência</td><td rowspan="2">Evidência</td></tr>
<tr><td>Antecipada</td><td>Cautelar</td></tr>
<tr><td colspan="2">Probabilidade do Direito</td><td>Art. 311</td></tr>
<tr><td colspan="2">Perigo de Dano ou Risco de Resultado Útil ao Processo</td><td>Requisitos específicos</td></tr>
</table>

Fonte: Elaboração própria (2017) com base no CPC/2015.

No que se refere aos pressupostos de admissibilidade da tutela provisória, destaca-se que os requisitos para concessão da tutela de urgência e da tutela de evidência são distintos. Nessa toada, nota-se que a tutela de urgência (antecipada e cautelar) contempla como elementos a probabilidade do direito e o perigo de dano ou risco de resultado útil ao processo. Em outra direção, encontra-se a tutela de evidência que tem requisitos específicos elencados no art. 311 do CPC/2015, que, independentemente do perigo de dano ou risco de resultado útil ao processo, haverá concessão da medida que vise ratificar o direito descrito em grau máximo, patrocinado por documentos.

Aduz-se que a tutela provisória de urgência tem como subespécie a tutela antecipada e a tutela cautelar. Diante dessa constatação, é de todo conveniente esclarecer que, para concessão da tutela provisória de urgência, devem ser levados em conta os pressupostos de admissibilidade, ancorados na probabilidade do direito e no perigo de dano ou o risco ao resultado útil do processo, previsão essa estampada no art. 300 do CPC/2015.

Os estudos apontam que a tutela de urgência tem três características, quais sejam: i) a sumariedade da cognição; ii) a precariedade; e iii) jamais transita em julgado. Dentro desse contexto, percebe-se que a decisão proferida é de natureza sumária, isto é, o Juiz analisa superficialmente a alegação dos fatos e decide com probabilidade. Quanto à precariedade, nota-se que a decisão se sujeita à revogação e à modificação a qualquer tempo, conforme art. 296 do CPC/2015. E, ademais, a decisão não transita em julgado, mesmo que haja estabilização da tutela antecipada antecedente prevista no art. 304 do CPC/2015.

A tutela provisória de urgência antecipada está sob incipiente abordagem. Sendo assim, com a nova legislação, a tutela antecipada se tornou uma espécie do gênero tutela provisória. Destaca-se que a norma atualizada inovou ao trazer outra nomenclatura para as antigas denominações de tutela antecipada e de tutela cautelar, por meio de outro viés denominado de tutela provisória de urgência. Nessa primeira divisão (tutela provisória de urgência), comporta as tutelas já existentes no ordenamento jurídico brasileiro que são as tutelas antecipadas de natureza satisfativa e a tutela cautelar de cunho conservador (garantidor). Não sendo demais reforçar que a tutela cautelar não representa um processo autônomo como fora no CPC/1973.

Dentro dessa lógica, a cautelar se justifica por garantir a utilidade prática ao processo, seja de conhecimento, seja de execução. Em outro viés, com a tutela antecipada, é possível usufruir imediatamente da pretensão aduzida no pedido exordial. Nesse caminhar, faz-se mister ratificar que a tutela antecipada tem como finalidade antecipar os efeitos do resultado e a cautelar estabelecer segurança para que seja possível usufruir do resultado (BUENO, 2016).

É importante esclarecer que a tutela antecipada pode surgir em duas vertentes. Explica-se: ou será satisfativa interinal/provisional; ou satisfativa autônoma (DIDIER JÚNIOR; BRAGA; OLIVEIRA, 2016). O ponto fulcral da diferença entre a satisfativa interinal/provisional e a satisfativa autônoma é a irreversibilidade da medida concedida. Dentro desse aparato, percebe-se que, sendo reversível a medida, será interinal/provisional; caso seja irreversível a decisão, será autônoma a medida deferida. Dentro dessas ramificações, existe uma possibilidade da tutela satisfativa interinal/provisional ser convalidada como autônoma, sempre que a parte adversa não recorrer da medida, tornando-a estável conforme art. 304 do CPC/215. Diante dessas constatações, há os seguintes exemplos de tutela antecipada autônoma: i) busca e apreensão de menor em casos de término do tempo de visita, repisa-se; tutela satisfativa autônoma como modalidade fática; e ii) estabilização da demanda, qual seja: o réu não agrava da decisão configurando a tutela satisfativa autônoma na modalidade jurídica (DIDIER JÚNIOR; BRAGA; OLIVEIRA, 2016).

Partindo para outra espécie de tutela provisória de urgência, chega-se à tutela provisória de evidência, que, do ponto de vista conceitual, em primeiro momento, parece ser uma novidade trazida pelo CPC/2015. Não obstante, esse tipo de tutela já existia no CPC/73 com outras nomenclaturas intituladas de mandado de segurança, ação monitória, etc. Esse tipo de tutela tem seu fundamento na probabilidade máxima do direito, sendo importante destacar que essa espécie de tutela provisória não representa uma urgência, mas se configura como uma necessidade premente, evidente.

Dentro do quadro da tutela provisória de evidência, encontra-se um conjunto de particularidades divorciadas da tutela provisória de urgência, conforme Quadro 1. Por conseguinte, ao fazer uma leitura mais apurada sobre o novo instituto (tutela provisória), descobre-se que a tutela provisória de evidência fora tratada pelo legislador com certo descuido. Será analisado por meio de situações consignadas na sequência.

A primeira abordagem a ser feita sobre a tutela provisória de evidência é em relação à impossibilidade descrita sobre o pedido antecedente. A legislação processual não autoriza pedido antecedente de tutela provisória de evidência, embora seja um equívoco do legislador, uma vez que tanto a tutela provisória de urgência antecipada como a tutela provisória de evidência se aproximam do direito-satisfação. Nesse patamar, é cediço que a única diferença entre elas se encontra nos requisitos para a respectiva concessão (NEVES, 2016).

Como reflexão última sobre as tutelas, destaca-se que se fosse possível o pedido antecedente para a tutela de evidência, certamente se teria como consequência a possibilidade de estabilização da demanda com os mesmos aparatos dedicados para a tutela provisória de urgência antecipada antecedente. Sendo assim, como forma de abordar a tutela de evidência por meio de uma perspectiva mais dinâmica e atrelada ao intento do legislador, descreve-se o seguinte:

a) a tutela provisória de evidência apresenta uma novidade na sua nomenclatura no CPC/2015, visto que antes não existia esse instituto com essa denominação. No entanto, ao que se percebe pelos incisos I e IV do art. 311 do CPC/2015 (NEVES, 2016), a tutela de evidência, mais parece algo já designado como tutela antecipada dantes, tendo as suas mesmas características, o que pode ser percebido no texto trazido do antigo CPC/1973. Ou melhor, a tutela de evidência já se apresentava com outra roupagem inscrita no art. 273, inciso II e no art. 273, § 6º, do CPC/1973, conforme redações respectivas que seguem:

> *Art. 273*. O juiz poderá, a requerimento da parte, antecipar, total ou parcialmente, os efeitos da tutela pretendida no pedido inicial, desde que, existindo prova inequívoca, se convença da verossimilhança da alegação e:
>
> [...].
>
> II – fique caracterizado o abuso de direito de defesa ou o manifesto propósito protelatório do réu.
>
> [...].
>
> *§ 6º* A tutela antecipada também poderá ser concedida quando um ou mais dos pedidos cumulados, ou parcela deles, mostrar-se incontroverso.

> *Art. 311.* A tutela da evidência será concedida, independentemente da demonstração de perigo de dano ou de risco ao resultado útil do processo, quando:
>
> I – ficar caracterizado o abuso do direito de defesa ou o manifesto propósito protelatório da parte;
>
> [...];
>
> IV – a petição inicial for instruída com prova documental suficiente dos fatos constitutivos do direito do autor, a que o réu não oponha prova capaz de gerar dúvida razoável.

b) já na segunda abordagem, quer dizer, nos incisos II e III do art. 311 do CPC/2015 se descobre que o legislador trouxe realmente algo novo, que é o direito em evidência, ao comportar na tutela de evidência um raciocínio similar ao Mandado de Segurança, assim como em ação monitória e na execução de título extrajudicial (DIDIER JÚNIOR; BRAGA; OLIVEIRA, 2016) por um direito líquido e certo estabelecido por documentos e presente a tese jurídica já consignada em julgamento de casos repetitivos ou em súmula vinculante (NEVES, 2016). A outra forma de tutela de evidência se relaciona também à prova documental, pré-constituída para pedido reipersecutório, não sendo necessário o contrato de depósito, podendo ser uma prova escrita capaz de demonstrar a relação jurídica material de depósito.

Nessa quadra de ideias, é necessário destacar que o artigo 311, parágrafo único, do CPC/2015 de modo enfático somente possibilita decisão liminar para os incisos II e III do art. 311 do CPC/2015. Quanto aos inciso I e IV do art. 311 do CPC/2015, a impossibilidade de liminar é compatível com o momento estabelecido para o surgimento da evidência, isto é, esse fenômeno somente ocorrerá após a manifestação do réu, sendo, pois, inviável a concessão da liminar por já haver ultrapassado o início do processo.

3 FORMAS DE PETICIONAMENTO DA TUTELA PROVISÓRIA: URGÊNCIA E EVIDÊNCIA

Nesse ponto do debate, convém aduzir que a tutela provisória de urgência tem algumas particularidades quanto às formas de peticionamento que são de três maneiras, assim consignadas: tutela provisória de urgência antecedente, tutela provisória de urgência cumulativa e tutela provisória de urgência incidental (THEODORO JÚNIOR, 2016).

Nunca é demais asseverar que a segunda espécie de tutela provisória denominada de tutela de evidência se efetiva por meio da distribuição de modo cumulativo. A obviedade do peticionamento na tutela de evidência tem como desiderato demonstrar que, nessa situação, conforme mostra o Quadro 2 a seguir, não existe o instituto na forma antecedente.

Mas, não pode ser esquecido que a forma incidental é acobertada pelos incisos I e IV do art. 311 do CPC/2015. Embora existam na doutrina entendimentos que na tutela provisória de evidência deveria ser possível o pedido antecedente (NEVES, 2016).

Quadro 2 – Formas de Peticionamento da Tutela Provisória

<table>
<tr><td colspan="3">Tutela provisória</td></tr>
<tr><td colspan="3">Urgente</td></tr>
<tr><td colspan="2">Antecipada</td><td>Cautelar</td></tr>
<tr><td colspan="3">Formas de Peticionamento</td></tr>
<tr><td>Antecedente</td><td>Cumulativa</td><td>Incidental</td></tr>
</table>

Fonte: Elaboração própria (2017) com base no CPC/2015

Como forma de corroborar sobre as formas de peticionamento da tutela provisória, destaca-se que a forma de peticionamento antecedente está prevista no art. 303 do CPC/2015 (tutela antecipada) e no art. 305 do CPC/2015 (tutela cautelar). Insta no momento pontuar que no art. 294, parágrafo único, do CPC/2015 consta a possibilidade de peticionamento na forma antecedente ou incidental para as tutelas de urgência. E ainda existe a terceira forma de peticionamento da tutela de urgência (cautelar) na forma cumulativa que encontra guarida no art. 308, § 1º, do CPC.

A partir dos estudos realizados, infere-se que a tutela provisória de urgência antecipada antecedente carece de pagamento de custas, uma vez que a isenção apregoada no art. 295 do CPC/2015 é pertinente à tutela incidental (NERY JÚNIOR; NERY, 2015).

Dentro dessa abordagem, é perfeitamente crível a diferença existente entre o peticionamento antecedente e o peticionamento incidental. Repisa-se que enquanto o pedido de tutela incidental se relaciona com o processo já em curso, o pedido antecedente demonstra que ainda não existe processo principal.

4 PARADIGMAS ESTRUTURAIS DA TUTELA PROVISÓRIA

A tutela definitiva requer um tempo de maturação que compreende um longo caminho a ser percorrido para ao final ser produzida uma certeza jurídica passível de se constituir em um direito material efetivo e definitivo com o trânsito em julgado.

Ademais, não se pode olvidar que o tempo é imprescindível para a boa tutela dos direitos. É necessário, portanto, um tempo razoável para que seja realizado em sua plenitude o devido processo legal (DIDIER JÚNIOR; BRAGA; OLIVEIRA, 2016). Entretanto, esse aparato procedimental, em busca desse direito exauriente, torna-se, em certa medida, um grande inimigo do processo na busca de um direito contemplado de nuances e delongados ritos.

Fora desse leito, existe outra possibilidade de amenizar essa distância temporal entre o pedido da parte e o efetivo direito a ser buscado de forma exauriente. Essa nova realidade existente de outros tempos fora agora pensada por meio da tutela provisória sob o seguinte fundamento: o encurtamento do tempo para produção de uma tutela que seja mais efetiva, respeitando-se a razoável duração do processo. Nesse estádio de argumentação, nota-se que o processo pensado no modelo tradicional de cognição exauriente, embora seja definitivo, não possibilita às partes uma resposta em tempo adequado, ou seja, não se corrobora de uma efetividade (ASSIS, 2015). É importante destacar, nesse momento, os paradigmas acobertados pela tutela provisória de urgência.

Essa metodologia somente pode ser aplicada se for feita uma dicotomia entre o CPC/1973 ora revogado e o CPC/2015. Dentro desse caminho lógico, percebe-se que os requisitos para a concessão da tutela cautelar de 1973 eram *fumus buni iuris* e *periculum in mora* respectivamente denominadas de fumaça do bom direito e perigo da demora.

Já em outra direção, dizia-se no Código de Buzaid que a antecipação dos efeitos da tutela tinha como requisitos obrigatórios a prova inequívoca e a verossimilhança da alegação. E é nesse momento que surge a quebra de paradigmas, ou seja, com a tutela provisória de urgência pensada nesse prisma do CPC/2015, essa dialética não existe mais. Explica-se: agora, para a concessão da tutela provisória de urgência, seja antecipada, seja cautelar, o requisito é sempre o mesmo estampado no art. 300 do CPC/2015 com a seguinte descrição: "*A tutela de urgência será concedida quando houver elementos que evidenciem a probabilidade do direito e o perigo de dano ou o risco ao resultado útil do processo.*".

Diante dessa nova sistemática processual, nota-se que a probabilidade do direito e o perigo de dano ou o risco ao resultado útil do processo são os efetivos requisitos para a concessão da tutela cautelar ou da tutela antecipada (antecipação dos efeitos da tutela) que antes tinham requisitos diferentes para a concessão.

O terceiro paradigma a ser enfrentado é uma confirmação do adotado pelo ordenamento jurídico brasileiro a ser ratificado pelo descrito por Marinoni (2006) na perspectiva do "autor que tem razão". No mesmo sentido, já disse Assis (2015) "*a contestação revela-se frívola na perspectiva do autor*". Esse fenômeno parte do pressuposto que a situação de urgência se mostra incompatível com o tempo usual para que o órgão judiciário tenha condições suficientes para perquirir a existência do direito (ASSIS, 2015).

E é na esteira dessas premissas que surge o suporte argumentativo para justificar as decisões liminares efetivadas sem a atuação da parte adversa. No entanto, esse estereótipo, contraria o princípio da cooperação e serve de crítica para o filósofo Habermas (2003) e para o Professor Rosemiro Pereira Leal (2002) que defendem o processo como sendo um espaço de nivelamento de todos os sujeitos na resolução procedimentada processual de conflitos. Nesse itinerário, o processo é pensado na perspectiva do outro (HABERMAS, 2003), ou seja, em contraditório efetivo, respeitando-se o direito de ação em sentido amplo, qual seja, de ação e reação como estandarte fundamental para influenciar na decisão a ser proferida pelo Magistrado. E ademais, pensar diferente é proporcionar decisões solipsistas.

5 LACUNAS E ANTINOMIAS DA TUTELA PROVISÓRIA

O intento desse tópico é trazer algumas reflexões e antinomias relacionadas ao CPC/2015 como forma de debate e aprimoramento da Lei Processual incipiente, composta de várias situações inovadoras que contemplam lacunas e antinomias.

O primeiro ponto de abordagem é a nomenclatura adotada pelo CPC/2015, que trata da tutela antecedente e da tutela incidental no que se refere à isenção de custas.

Nessa toada, o artigo 295 do CPC/2015 assim fora descrito: "***Art. 295.*** *A tutela provisória requerida em caráter incidental independe do pagamento de custas*". Mas não há nenhum artigo que trata do pagamento de custas iniciais para a tutela antecedente. A dúvida debitada é no sentido de entender que a tutela antecedente não é isenta de custas, ou melhor, é obrigatoriamente protocolizada com a devida juntada do pagamento de custas, já que a isenção seria apenas na tutela incidental. Percebe-se que a maioria da doutrina é silente sobre o tema. A omissão é obstruída somente nas lições de Nery Júnior e Nery (2015) que entendem que a tutela antecedente comporta o pagamento de custas para seu ajuizamento, visto que a isenção é restrita aos casos de tutela incidental acobertada pelo referido artigo 295 do CPC/2015.

O segundo ponto de reflexão compreende a tutela provisória de urgência antecipada antecedente que corresponde respectivamente ao art. 304 e ao art. 303, § 1º, do CPC/2015, envolvendo honorários em demanda estabilizada. Nessa quadra de raciocínio, havendo decisão favorável à tutela provisória de urgência antecipada antecedente e sendo o caso de inércia do réu em recorrer em quinze dias por meio do recurso de agravo previsto no artigo 1.015, inciso I, do CPC/2015. Nota-se, portanto, que, diante da inércia do réu, a consequência é a estabilização da demanda. Mas, nesse caso, como fazer como os honorários do advogado do autor? Percebe-se que a Lei é omissa nesse ponto. Mas, Didier Júnior, Braga e Oliveira (2016) lembram que o caso comporta aplicação do art. 701 do CPC/2015 ou, melhor explicando, a fixação de honorários de cinco por cento sobre o valor da causa, corolário da ação monitória.

O terceiro viés de indagação é sobre o princípio da fungibilidade aplicado à tutela de urgência, relacionado com a tutela antecipada e com a tutela cautelar. Nesse patamar, convém estabelecer um paralelo entre o art. 273, § 7º, do CPC/73 e o art. 305, parágrafo único, do CPC/2015 com as seguintes redações respectivamente:

> ***Art. 273.*** O juiz poderá, a requerimento da parte, antecipar, total ou parcialmente, os efeitos da tutela pretendida no pedido inicial, desde que, existindo prova inequívoca, se convença da verossimilhança da alegação e:
>
> [...]
>
> ***§ 7º*** Se o autor, a título de ***antecipação de tutela***, requerer providência de natureza ***cautelar***, poderá o juiz, quando ***presentes os respectivos pressupostos***, ***deferir a medida cautelar em caráter incidental do processo ajuizado***. (grifos nossos)
>
> [...]

> *Art. 305*. A petição inicial da ação que visa à prestação de tutela cautelar em caráter antecedente indicará a lide e seu fundamento, a exposição sumária do direito que se objetiva assegurar e o perigo de dano ou o risco ao resultado útil do processo.
>
> ***Parágrafo único***. Caso entenda que o pedido a que se refere o **caput [tutela cautelar]** tem natureza antecipada, o juiz observará o disposto no art. 303.

Diante da leitura atenta aos artigos supracitados, percebe-se que o CPC/1973 possibilitava a fungibilidade do pedido de tutela antecipada em tutela cautelar. Diante do presente pressuposto, quem pode o mais pode o menos. Isto é, a fungibilidade era descendente/regressiva/menos agressiva.

Seguindo a concepção adotada, o CPC/2015 trouxe a redação ao reverso, ou seja, o pedido de tutela cautelar pode ser convertido em tutela antecipada. Explica-se: a fungibilidade é ascendente/progressiva/mais agressiva. Na verdade, o legislador fora infeliz nas duas redações, visto que não há sentido lógico em possibilitar a fungibilidade em apenas uma perspectiva, sem possibilitar a fungibilidade em qualquer sentido, como forma de abarcar o pedido do autor vinculado ao caso concreto. Quanto à fungibilidade, tem que se pensar também nos procedimentos que são diferentes. No artigo 305, parágrafo único, do CPC/2015 existe a fungibilidade ascendente, progressiva e mais gravosa e, além disso, há outra fungibilidade denominada de fungibilidade de mão dupla (DIDIER JÚNIOR; BRAGA; OLIVEIRA, 2016) que também acontece na fungibilidade descendente, regressiva e menos gravosa.

Nessa linha de ideia, muda-se o instituto e também o procedimento a ser aplicado, uma vez que nas referidas tutelas antecedentes (antecipada ou cautelar) os procedimentos são diferentes. Diante da aplicação do instituto, deve haver uma adequação quanto ao procedimento que são divergentes. Explica-se: na tutela antecipada antecedente o prazo para aditar a inicial é de quinze dias ou outro prazo maior a ser fixado pelo Juiz, conforme art. 303, § 1º, inciso I, do CPC/2015. Caso não haja o aditamento no prazo estabelecido, o processo será extinto sem resolução do mérito, conforme art. 303, § 2º, do CPC/2015. Já em relação à tutela cautelar antecedente, o prazo para formular o pedido principal é de trinta dias. Não deduzido nesse prazo o pedido principal, a medida deferida perde a eficácia conforme art. 308 do CPC/2015.

O quarto ponto de antinomia envolve o art. 304 e o art. 303, § 2º, ambos do CPC/2015, que tratam respectivamente da estabilização da demanda e da extinção do processo sem resolução do mérito em caso de inércia do réu em não recorrer da decisão de tutela antecipada antecedente. Conjugar esses artigos é caminhar em várias possibilidades descritas a seguir:

a) se o autor aditar o pedido, o processo segue, mas se o réu recorrer da decisão, não haverá estabilização da demanda, conforme art. 304 do CPC/2015;

b) se o autor não aditar o pedido, o processo será extinto sem resolução do mérito conforme art. 303, § 2º, do CPC/2015, mas, por outro lado, se o réu não recorrer da decisão, haverá estabilização da demanda conforme art. 304 do CPC/2015;

c) se o autor não aditar o pedido, o processo será extinto sem resolução do mérito art. 303, § 2º, do CPC, mas, por outro lado, se o réu recorrer da decisão, não haverá estabilização da demanda conforme art. 304 do CPC/2015;

d) se o autor aditar o pedido, o processo segue, mas e se o réu não recorrer da decisão, haverá estabilização da demanda conforme art. 304 do NCPC/2015.

Por meio desse raciocínio, conclui-se que a atuação do autor interfere no desenvolvimento do processo em seguir ou ser extinto sem resolução do mérito, já em relação à atuação do réu, possibilita a estabilização ou não da demanda, dependendo se ele (réu) recorrer ou não da decisão que deferir a tutela antecedente (cautelar ou antecipada).

Por derradeiro, merece reflexão o acesso à justiça pensado em dois vieses. Nesse horizonte, convém destacar que a tutela provisória é carregada de princípios que direcionam o entendimento de um processo mais dinâmico tendo em vista um processo pensado no direito de ação e resposta efetiva aos jurisdicionados. Esse direito foi pensado na visão de acesso à justiça de Mauro Cappelletti (BERIZONCE, 1987) qual seja, o acesso à justiça na perspectiva: (i) do acesso ao judiciário; e (ii) na resposta efetiva ao cidadão.

E é nesse patamar que se encontra a tutela provisória construída pelo princípio da inafastabilidade de jurisdição acobertado pelo art. 5º, inciso XXXV, da Constituição da República Federativa do Brasil de 1988 (CRFB/88) no seguinte termo: "*A lei não excluirá da apreciação do poder judiciário lesão ou ameaça a direito*". Dentro desse mesmo arcabouço, existe o princípio do devido processo legal corroborado pelo art. 5º, inciso LIV, da CRFB/88, que estabelece que "*ninguém será privado da liberdade e de seus bens sem o devido processo legal.*".

Perspectivado no devido processo legal, surge o inciso LV subsequente do mesmo art. 5º também da CRFB/88, que obtempera o seguinte: "*aos litigantes em processo judicial e administrativo e aos acusados em geral serão assegurados o contraditório e ampla defesa com os meios e recursos a ela inerentes*". Não sendo demais aduzir que o contradito foi o marco instituidor da teoria de Fazzalari (2006) que trouxe o contraditório para integrar o processo tendo como vetores principais as partes. Nesse mesmo itinerário, é oportuno destacar o princípio da cooperação previsto no art. 6º do CPC/2015 que possibilita um diálogo mais efetivo entre as partes e o Juiz, como forma de facilitar o entendimento e possibilitar uma decisão mais solidária e em harmonia com o intento dos litigantes em influir na decisão a ser proferida pelo Magistrado.

E corroborando com esse raciocínio, oportuno trazer o escólio do inciso LXXVIII do art. 5º da CRFB/88, que assegura "*a todos, no âmbito judicial e administrativo a razoável duração do processo e os meios que garantam a celeridade de sua tramitação*". Esse princípio da razoável duração do processo foi além com o CPC/2015, que não apenas propõe um processo célere, mas atendendo aos anseios de Cappelletti e Garth (1998) na perspectiva de um acesso à justiça que extrapole os limites simplistas do direito de ação pensado contemporaneamente em uma resposta mais efetiva, denominada de Sentença de mérito.

6 CONSIDERAÇÕES FINAIS

A proposta apresentada nesse trabalho procurou analisar a tutela provisória no que se refere às alterações do CPC/2015 envolvendo antinomias e paradigmas. Além disso, o estudo contemplou uma abordagem nas espécies e pressupostos da tutela provisória e sua efetiva concessão. No mesmo sentido, a pesquisa trouxe uma visão sobre as diversas situações envolvendo o tema, seja quanto ao procedimento, seja em relação às reflexões pertinentes às dúvidas a serem apreciadas sanadas pela jurisprudência

Cumpre destacar que o objetivo geral fora atingido, pois as discussões levaram ao entendimento de que o legislador resolveu colocar debaixo de um mesmo aparato judicial a tutela provisória que engloba todas as espécies de tutelas, mas cada uma delas com as suas especificidades dentro do Direito Processual Civil.

O estudo aponta que a tutela provisória é a soma de todas as espécies de tutela denominadas de tutela de urgência e tutela de evidência. Tendo como subespécie da tutela de urgência a tutela antecipada e a tutela cautelar.

Os resultados deixaram claro que a tutela de urgência para ser efetivada, deverá incorrer nas formas antecedente, simultânea ou incidental. Assim, a decisão em qualquer desses casos pode ser antes do processo principal, simultaneamente ao pedido exordial ou no curso do processo já protocolado. Essa medida tem o caráter de garantir ou satisfazer o direito pretendido pelo autor no pedido da ação principal.

O trabalho mostrou que a tutela de evidência é a responsável em efetivar o direito já demonstrado por documentos em uma probabilidade em grau máximo a ser efetivado conforme os requisitos do art. 311 do CPC/2015.

É importante ressaltar que as nuances envolvendo a tutela provisória são ainda pautadas por alguns avanços atinentes ao modelo de efetivação do direito, seja como satisfação, seja como garantia. Ao que se percebe, ainda não foi pacificado pela jurisprudência a resolução de antinomias ainda existentes na tutela provisória como a possibilidade de pagamento de honorários em caso de estabilização da demanda.

E ademais, não foi sedimentada a confirmação sobre a estabilização da demanda prevista no art. 304 em interpretação sistêmica com o artigo 303, § 2º, ambos do CPC/2015, uma vez que mesmo existindo decisão sobre a estabilização da demanda pela inércia do réu em não recorrer, não é possível afirmar que a estabilização da demanda seria efetivada também em caso de não aditamento efetivado pelo autor.

Pode-se concluir que a tutela provisória contempla várias lacunas que serão colmatadas pela jurisprudência no decorrer das lides propugnadas em todo o País. Com isso, a proposta não teve o intento de fazer uma reflexão sobre a tutela provisória de modo exauriente, o que restará para os processualistas e amantes dessa temática. Nesse sentido, provoca-se o estímulo ao debate e a instigação para o aprimoramento do instituto à medida que sejam maturadas e confrontadas as antinomias e lacunas ora apresentadas.

REFERÊNCIAS

ASSIS, Araken de. **Processo civil brasileiro**: parte geral: institutos fundamentais. v. 2. Tomo II. São Paulo: Revista dos Tribunais, 2015.

BERIZONCE, Roberto O. **Efectivo acceso a la justicia**: prólogo de Mauro Cappelletti. La Plata: Platense, 1987.

BRASIL. Constituição (1988). Constituição da República Federativa do Brasil. Brasília: Senado, 1988.

BRASIL. Lei 5.869, de 11 de janeiro de 1973. Institui o Código de Processo Civil. **Diário Oficial [da] República Federativa do Brasil**, Brasília, DF, 17 jan. 1973. Republicado no **Diário Oficial [da] República Federativa do Brasil**, Brasília, DF, 27 jul. 2006.

BRASIL. Lei 13.105, de 16 de março de 2015. Código de Processo Civil. **Diário Oficial [da] República Federativa do Brasil**, Brasília, DF, 17 mar. 2015.

BUENO, Cassio Scarpinella. **Manual de direito processual civil**. 2. ed. rev. atual. e ampl. São Paulo: Saraiva, 2016.

CAPPELLETTI, Mauro; GARTH, Bryant. **Acesso à justiça**. Porto Alegre: SAFE, 1998.

DIDIER JÚNIOR, Fredie; BRAGA, Paula Sarno; OLIVEIRA, Rafael Alexandre de. **Curso de direito processual civil**: teoria da prova, direito probatório, ações probatórias, decisão, precedente, coisa julgada e antecipação dos efeitos da tutela. v. 2. 11. ed. Salvador: JusPodivm, 2016.

FAZZALARI, Elio. **Instituições de direito processual**. Tradução de Elaine Nassif. São Paulo: Bookseller, 2006.

HABERMAS, Jürgen. **Direito e democracia**: entre facticidade e validade. v. 1. 2. ed. Tradução de Flávio Beno Siebeneichler. Rio de Janeiro: Tempo Brasileiro, 2003.

LEAL, Rosemiro Pereira. **Teoria processual da decisão jurídica**. São Paulo: Landy, 2002.

MARINONI, Luiz Guilherme. **Antecipação de tutela**. 9. ed. São Paulo: Revista dos Tribunais, 2006.

NERY JÚNIOR, Nelson; NERY, Rosa Maria de Andrade. **Comentários ao código de processo civil**. São Paulo: Revista dos Tribunais, 2015.

NEVES, Daniel Assumpção. **Novo código de processo civil comentado**. Salvador: JusPodivm, 2016.

THEODORO JÚNIOR, Humberto. **Curso de direito processual civil**. 57. ed. Rio de Janeiro: Forense, 2016.

CAPÍTULO 7

A MITIGAÇÃO DOS EFEITOS DA REVELIA NA SISTEMÁTICA DO CÓDIGO DE PROCESSO CIVIL DE 2015

Ianne Araújo Murta Mendes e Bispo[1]

Se toda análise deve se iniciar pela correta definição de seu objeto, definir a revelia é o primeiro passo para compreensão desse instituto, que é alvo de interesse destas breves notas. A revelia, conforme abalizada doutrina, é um estado de fato ou um ato-fato processual, que ocorrerá quando o réu deixar de apresentar contestação tempestiva (DIDIER JÚNIOR, 2017, p. 748-749). Segundo Câmara (2013, p. 369), a revelia deve ser conceituada como a "*ausência de contestação no prazo e forma legais*". Sendo assim, mesmo que o réu apresente contestação, se ela for intempestiva ou não observar as formalidades legais, opera-se o fato da revelia.

No entendimento de Neves (2016, p. 605), é indispensável na revelia o que ele denomina de inexistência jurídica da contestação, pois na hipótese de contestação intempestiva, por exemplo, há existência fática, mas ela não impede a ocorrência de revelia. A contestação intempestiva seria, portanto, um exemplo de contestação juridicamente inexistente. O mesmo jurista cita também o fato de o Superior Tribunal de Justiça (STJ) já haver decidido que contestação endereçada e protocolizada em juízo diverso e distante daquele no qual tramita o feito não evita a revelia[2].

---

[1] Advogada. Especialista em Direito Processual Civil.

[2] Informativo 425/STJ, 3.ª Turma, Resp. 847.893/SP, Rel. Min. Sidnei Beneti, julgamento: 2-3-2010. Disponível em: <www.stj.jus.br>.

Antes de se adentrar na regência legal do tema, interessante conhecer a origem da revelia para melhor compreensão de sua disciplina no direito hodierno. A revelia é originária do Direito Romano e foi tratada de modo diferente em cada fase do processo, observando-se, no início, um tratamento mais severo ao revel, o qual foi se abrandando ao longo da história. A primeira fase, conhecida como *legis actiones*, se dividia em duas: *in iure* – perante o Magistrado – e *apud iudicem* – perante o *iudex*. Na primeira delas (perante o Magistrado), a presença do réu era imprescindível para que se formasse a *litis contestatio*. Por isso, não se admitia a existência de revelia nessa fase, de forma que o réu ausente poderia ser conduzido coercitivamente à presença do Magistrado (TUCCI, 1996, p. 55-56 *apud* CÂMARA, 2013, p. 369). Já na fase *apud iudicem* há divergência doutrinária quanto à possibilidade ou não de ausência do réu, havendo uma tendência a admiti-la (TUCCI, 1964, p. 24, *apud* CÂMARA, 2013, p. 369).

Na segunda fase de desenvolvimento do processo romano, o período do processo formular, admitia-se a inexistência de defesa do réu, que era tido como *indefensus*, e era tratado como se condenado fosse (TUCCI, 1996, p. 85-86 *apud* CÂMARA, 2013, p. 370).

Por fim, na terceira e última fase do processo civil romano, a *extraordinaria cognitio*, "*a ausência do réu não impedia o regular desenvolvimento do processo, sendo certo que o juiz, ao proferir sentença, não estava obrigado a acolher a pretensão do demandante.*" (TUCCI, 1996, p. 144 *apud* CÂMARA, 2013, p. 370).

Percebe-se que, a princípio, a contumácia do réu era vista como uma afronta, um desrespeito ao chamado da Justiça, e, por isso, era severamente punida. Posteriormente, essa visão foi se abrandando, até chegar ao ponto de não mais implicar, necessariamente, na condenação do revel. Essa concepção de revelia observada na *extraordinaria cognitio* se coaduna com o tratamento dado à revelia pelo Direito brasileiro, conforme se verá adiante.

Feita a contextualização histórica, passa-se à regência legal do tema. Para tanto, é importante frisar desde logo que não se deve confundir a revelia com os efeitos que ela poderá surtir no processo. Como visto, revelia é fato processual e se opera pelo simples fato da ausência de contestação jurídica, independentemente da ocorrência ou não de seus efeitos. Infelizmente, tal confusão é muito frequente à primeira vista, porque o próprio legislador não fez essa distinção na redação do artigo 344 do Código de Processo Civil de 2015 (CPC/2015), prevendo a hipótese de ocorrência da revelia e, logo em seguida, o desencadeamento de um de seus principais efeitos (qual seja: a presunção de veracidade dos fatos alegados pelo autor), como se esse efeito fosse consequência automática. E isso não é verdade.

Apesar da confusão entre a revelia e os seus efeitos, a nova redação trazida pelo CPC/2015 é mais esclarecedora que o antigo artigo 319 do Código de Processo Civil de 1973 (CPC/1973), pois prevê expressamente que a revelia decorre da ausência de contestação e não da ausência de qualquer das modalidades de resposta do réu. Ora, sendo a contestação apenas uma das possíveis espécies de resposta do réu, torna-se claramente possível que ele, mesmo sendo revel, apresente outras espécies de resposta que não a contestação. Por via inversa, pode-se inferir também que o fato de o réu apresentar outra espécie de resposta, como a reconvenção, não é suficiente para afastar o seu estado de revel, apesar de poder obstar a produção de alguns dos efeitos da revelia, como a presunção de veracidade dos fatos. Nesse sentido, já houve decisão do Superior Tribunal de Justiça (STJ) na vigência do CPC/1973[3].

Como dito, a revelia é ato-fato processual e a sua relevância deriva dos seus possíveis efeitos. Quanto a estes, a doutrina não é uníssona, mas cabe aqui destacar quatro deles, extraídos da própria legislação, sendo um de natureza material e outros três de natureza processual:

a) *efeito material:* é a parte final do art. 344 do CPC/2015, ou seja, presunção de veracidade dos fatos alegados pelo autor, também denominado de confissão ficta;

b) *efeitos processuais:*

   i) previsão do art. 346 do CPC/2015, ou seja, os prazos contra o réu revel que não tenha patrono nos autos fluirão da data de publicação do ato decisório no diário oficial;

   ii) preclusão em desfavor do réu da oportunidade de alegar algumas matérias de defesa, com exceção daquelas previstas no art. 342 do CPC/2015;

   iii) previsão do art. 355, inciso II, do CPC/2015, ou seja, possibilidade de julgamento antecipado do mérito da causa, caso se produza o efeito material mencionado.

---

3 STJ, 3.ª Turma, Resp. 1.335.994/SP, Rel. Ministro Ricardo Villas Bôas Cueva, julgamento em 12-8-2014, Diário da Justiça Eletrônico, 18-8-2014. Disponível em: <www.stj.jus.br>.

Vê-se que os efeitos da revelia são um tanto drásticos para o revel. A confissão ficta, efeito principal e mais grave de todos, é duramente criticada por grande parte da doutrina. Calmon de Passos (1998, p. 336-342 *apud* DIDIER JÚNIOR, 2017, p. 749) há muito já preconizava que o sistema processual brasileiro, na contramão da tradição luso-brasileira, seguiu a linha germânica no tratamento da revelia ao admitir a confissão ficta, mas adotou o que de mais rigoroso havia com relação ao revel. O fato é que o sistema germânico adota pelo menos duas formas de atenuar os seus efeitos: exigência de intimação pessoal da Sentença ao revel e existência de recurso especial pelo simples fato da revelia.

Diante da severidade no tratamento do revel, legislador, doutrina e jurisprudência têm se esforçado em criar mecanismos para atenuar tamanho rigor. Pode-se observar essa tendência desde 1995, quando o legislador instituidor dos Juizados Especiais Cíveis e Criminais - Lei 9.099/1995 - estabeleceu, no art. 20, que o efeito material da revelia (presunção de veracidade dos fatos) não se opera quando o contrário resulta da convicção do Juiz. Essa regra deixa claro o entendimento de que a revelia não implica necessariamente na vitória do autor, vez que não afasta o dever do Juiz de analisar os fatos em vista de todo o conjunto probatório dos autos e decidir conforme o seu convencimento devidamente motivado.

Ao encontro dessa mesma tendência de mitigação do efeito material da revelia, o legislador do CPC de 2015 acrescentou o inciso IV ao art. 345 para afastar a presunção de veracidade dos fatos alegados pelo autor, quando tais alegações forem inverossímeis ou estiverem em contradição com a prova constante dos autos, conforme se verá adiante.

De todo modo, a confissão ficta não é efeito obrigatório ou necessário da revelia, por isso se diz que a presunção de veracidade é meramente relativa, podendo ser afastada no caso concreto, especialmente, mas não exclusivamente, nas hipóteses previstas nos incisos do art. 345 do CPC/2015. São elas:

a) quando, havendo pluralidade de réus, algum deles contestar a ação;
b) quando o litígio versar sobre direitos indisponíveis;
c) quando a petição inicial não estiver acompanhada de instrumento que a lei considere indispensável à prova do ato;
d) quando as alegações de fato formuladas pelo autor forem inverossímeis ou estiverem em contradição com a prova constante dos autos.[4]

[4] Nessa ordem de ideias, não são somente essas as hipóteses que afastam a confissão ficta na revelia, havendo mais duas situações também extraídas da

Na primeira hipótese, a apresentação de contestação por um dos litisconsortes aproveitará aos demais se o litisconsórcio for unitário, já que a Sentença será uniforme para todos. Sendo o litisconsórcio do tipo simples ou facultativo, o afastamento da confissão ficta dependerá da análise do caso concreto, de forma que só será afastada quanto às matérias defensivas comuns entre os litisconsortes. Sendo assim, poderá haver presunção de veracidade quanto aos fatos alegados na inicial que forem de interesse exclusivo à defesa do litisconsorte revel.

Na segunda hipótese, o legislador afasta a presunção de veracidade dos fatos relativos a direitos indisponíveis. Os direitos indisponíveis não podem ser objeto de confissão, negociação ou liberalidade, por isso não se opera a confissão ficta. Em relação a esses fatos, o Juiz não deve liberar o autor de seu ônus probatório, ainda que o réu seja revel.

Na terceira hipótese, o legislador trata de questão referente à própria plausibilidade do direito do autor, quando este se fundamenta em ato ou fato cuja prova dependa de instrumento expressamente previsto em lei como indispensável. Se o autor alegou o fato, mas não apresentou a prova que a lei considera imprescindível, o Juiz fica impedido de reputar tais fatos como verdadeiros, ainda que o réu não os tenha contestado. Admitir a veracidade de tais fatos, sem a apresentação das provas exigidas por lei, significaria ofensa à norma de ordem pública.

Na quarta hipótese está a novidade trazida pela sistemática do CPC/2015, que, como dito anteriormente, já era uma tendência observada desde a criação dos Juizados Especiais Cíveis. A novidade é o fato de tornar expressa a impossibilidade de presunção de veracidade de alegações inverossímeis ou contrárias à prova constante dos autos. A regra parece óbvia,

legislação processual. Segundo ele, não haverá presunção de veracidade dos fatos alegados pelo autor nos casos em que houver nomeação de curador especial: *i)* na citação ficta (seja por edital ou com hora certa); e *ii)* quando o réu revel estiver preso. Nesses casos, o curador especial haverá de promover a defesa do revel, nos termos do art. 72, II c/c art. 341, parágrafo único, do CPC, hipóteses em que também não se aplica o ônus da impugnação especificada. Também não ocorrerá o efeito material da revelia quando um terceiro houver ingressado no processo como assistente do revel, hipótese em que será considerado seu substituto processual, nos termos do art. 121, parágrafo único, do CPC (DIDIER JÚNIOR, 2017, p. 751).

pois nunca foi razoável presumir verdadeiros fatos inverossímeis ou tornar verossímil o absurdo pelo simples fato da revelia. A revelia não tem esse poder. Como bem pondera Didier Júnior (2017, p. 750),

> [...] se não houver o mínimo de verossimilhança na postulação do autor, não será a revelia que lhe conferirá a plausibilidade que não possui. Se a postulação do autor não vier acompanhada do mínimo de prova que a lastreie, não se poderá dispensar o autor de provar o que alega pelo simples fato da revelia. A revelia não é fato com dons mágicos. É isso o que determina o inciso IV do art. 345, CPC.

Assim, ao analisar a verossimilhança das alegações do autor bem como o conjunto probatório dos autos, mesmo após o fato da revelia, o Juiz está apenas cumprindo o dever de decidir o processo conforme seu convencimento motivado, afastando a presunção de veracidade quando o contrário resultar de sua convicção, regra esta que anteriormente era prevista apenas para o processo nos Juizados Especiais Cíveis e agora lança luzes também sobre o processo comum.

Ademais, a revelia não tem o condão de afastar por completo o réu do processo, nem de ferir de morte o princípio do contraditório, vez que o réu receberá o processo no estado em que se encontra, passando, a partir daí, a ser intimado de todos os atos que forem praticados no processo e, dependendo do momento, poderá participar ainda da instrução probatória, produzir prova[5], além de poder alegar todas as matérias previstas no art. 342 do CPC/2015, em relação às quais a revelia é totalmente ineficaz.

Para tanto, o art. 346 do CPC/2015 prevê que o réu revel que tenha patrono constituído nos autos deverá ser intimado dos atos processuais e, quando não o tiver, os prazos contra ele fluirão da data de publicação do ato decisório no órgão oficial. Sendo assim, o efeito da revelia de dispensa de intimação dos atos processuais ocorrerá apenas contra o revel que não tenha advogado constituído.

Divergência existe quanto à necessidade de intimação da Sentença ao revel sem advogado constituído nos autos. Calmon de Passos (2004, p. 419,

---

[5] Enunciado 231 da Súmula do Supremo Tribunal Federal (STF): "*O revel, em processo cível, pode produzir provas, desde que compareça em tempo oportuno*". Disponível em: <www.stf.jus.br>.

apud DIDIER JÚNIOR, 2017, p. 752) defende a intimação da Sentença ao réu revel. Esse entendimento é a regra na Justiça do Trabalho, por expressa previsão do art. 852 da Consolidação das Leis Trabalhistas (CLT). Entretanto, no processo comum, o STJ tem se posicionado no sentido de que o prazo de apelação para o réu revel corre independentemente da sua intimação, a partir da publicação em Secretaria (EResp 318.242-SP, Rel. Min. Franciulli Netto, julgamento em 17-11-2004).[6]

Por respeito ao princípio do contraditório, o autor, após operada a revelia, não poderá alterar o pedido ou a causa de pedir, exceto se promover nova citação do réu, assegurando-se-lhe novo prazo para apresentar resposta. A doutrina defende que nessa nova oportunidade o réu não poderia impugnar matérias que deveria ter impugnado após a sua primeira citação, matérias essas já atingidas pela preclusão em razão de sua revelia. A defesa estaria, portanto, limitada ao objeto da alteração objetiva da demanda realizada pelo autor (NEVES, 2016, p. 612).

Quanto à possibilidade de julgamento antecipado do mérito, a regra do art. 330, inciso II, do CPC/1973 sofria severas críticas, visto que acabava por implicar na mesma confusão entre a revelia e os seus efeitos. Na verdade, o julgamento antecipado do mérito só ocorre na hipótese de presunção de veracidade dos fatos alegados pelo autor, o que dispensa a dilação probatória. Caso o Juiz não esteja convencido da veracidade dos fatos da inicial pelos motivos já expostos anteriormente, ele determinará a especificação de provas e o efeito do julgamento antecipado da lide não ocorrerá.

Nesse sentido, foi mais feliz o legislador do CPC de 2015, ao deixar expresso no art. 355, inciso II, que o julgamento antecipado só ocorrerá na hipótese de revelia com presunção de veracidade das alegações de fato formuladas pelo autor. E o CPC/2015 vai ainda mais longe, ao prever que o julgamento antecipado também não ocorrerá se o réu, compondo a relação jurídica processual a tempo, requerer a produção de prova na forma do art. 349 do mesmo Código.

Interessante registrar ainda que a coisa julgada parcial de mérito das questões prejudiciais, novidade trazida no artigo 503 do CPC/2015, está condicionada ao contraditório prévio e efetivo, não se aplicando no caso

---

6 Nesse mesmo sentido, STJ, 4.ª Turma, AgRg no AREsp n. 148.604/SP, Rel. Min. Antônio Carlos Ferreira, julgamento em 9-10-2012, publicado no Diário da Justiça Eletrônico, de 16-10-2012. Disponível em: <www.stj.jus.br>.

de revelia, por expressa disposição do § 1º, inciso II, do mesmo artigo. Não haverá, portanto, coisa julgada parcial na resolução de questão prejudicial quando ocorrer a revelia no processo, levando a crer que o réu que se fizer representar a tempo no processo poderá impugná-la em sede de apelação.

Por fim, cabe destacar que o réu revel dispõe também de outro instrumento de proteção, que é a *querela nullitatis*, ação autônoma de impugnação de Sentença nula, consistente na possibilidade de impugnar, a qualquer tempo, Sentença que tenha sido proferida em seu desfavor, sem que tenha sido citado ou quando houve citação inválida (DIDIER JÚNIOR, 2017, p. 753).

Dessa breve análise, infere-se que o sistema processual contemporâneo está seguindo a tendência de mitigação dos efeitos da revelia. Vale retomar que isso pode ser observado em diversos dispositivos que disciplinam o tema, tais como: quando o legislador afasta a presunção de veracidade de alegações inverossímeis ou contrárias à prova constante dos autos, garantindo o julgamento pelo convencimento motivado do Juiz; quando possibilita ao revel participar da instrução probatória e até mesmo produzir prova, desde que componha a relação jurídica processual a tempo, garantindo-lhe o direito de influenciar no julgamento do processo (corolário do contraditório substancial); quando proíbe o autor de alterar o pedido ou a causa de pedir sem promover nova citação do revel, garantindo a este o direito de se manifestar sobre as novas alegações; quando afasta o efeito de julgamento antecipado se não se operar o efeito material da revelia ou se o réu, compondo a relação jurídica processual a tempo, requerer a produção de prova; quando afasta a preclusão de questões prejudiciais não conhecidas pelo revel, garantindo-lhe a oportunidade de impugná-las em apelação, uma vez que não houve o contraditório prévio.

Entretanto, essa mitigação dos efeitos da revelia não visa simplesmente a favorecer o réu contumaz, como pode parecer. A interpretação teleológica e sistemática dos dispositivos analisados revela que na disciplina da revelia, assim como dos demais institutos contemplados pelo novo Código de Processo Civil, o legislador busca, a todo instante, assegurar o contraditório substancial e a efetiva satisfação do direito material. Nesse contexto, preservam-se algumas garantias ao réu revel para evitar que a aplicação indiscriminada dos efeitos da revelia possa acarretar nulidades processuais ou violação ao princípio do contraditório, que constitui um dos pilares do novo sistema processual.

REFERÊNCIAS

CÂMARA, Alexandre Freitas. **Lições de direito processual civil**. v. I. 24. ed. São Paulo: Atlas, 2013.

BRASIL. Lei 5.869, de 11 de janeiro de 1973. Institui o Código de Processo Civil. **Diário Oficial [da] República Federativa do Brasil**, Brasília, DF, 17 jan. 1973. Republicado no **Diário Oficial [da] República Federativa do Brasil**, Brasília, DF, 27 jul. 2006.

BRASIL. Lei 13.105, de 16 de março de 2015. Código de Processo Civil. **Diário Oficial [da] República Federativa do Brasil**, Brasília, DF, 17 mar. 2015.

DIDIER JÚNIOR, Fredie. **Curso de direito processual civil**: introdução ao direito processual civil, parte geral e processo de conhecimento. v. I. 19. ed. Salvador: JusPodivm, 2017.

NEVES, Daniel Amorim Assumpção. **Manual de direito processual civil**. 8. ed. Salvador: JusPodivm, 2016.

PASSOS, José Joaquim Calmon de. **Comentários ao código de processo civil**. v. III. 8. ed. Rio de Janeiro: Forense, 1998.

PASSOS, José Joaquim Calmon de. **Comentários ao código de processo civil**. v. III. 9. ed. Rio de Janeiro: Forense, 2004.

TUCCI, José Rogério Cruz e. **Lições de história do processo civil romano**. São Paulo: Revista dos Tribunais, 1996.

TUCCI, Rogério Lauria. **Da contumácia no processo civil brasileiro**. São Paulo: Saraiva, 1964.

CAPÍTULO 8

DISTRIBUIÇÃO DO ÔNUS DA PROVA: dinamização e a posição do juiz

Eduardo Ferreira da Costa[1]

1 INTRODUÇÃO

Prova é todo elemento apto a influenciar a convicção do Juiz acerca da existência de um fato.

Pode-se dizer que, ressalvados os casos nos quais a controvérsia é de natureza exclusivamente jurídica, atinente à interpretação do Direito, a prova é elemento central do processo, já que será a partir da comprovação ou não de determinado(s) fato(s) que o julgador decidirá o conflito de interesses trazido pelas partes.

Sobre a relação entre fatos e provas, escreve Câmara (2015, p. 221):

> É absolutamente incontável a quantidade de diferentes alegações sobre fatos que as partes podem fazer ao longo de todo o processo. Ocorre que ao juiz cumpre estabelecer, ao decidir a causa, quais dessas alegações são ou não verdadeiras e, para isso, é preciso que ele forme seu convencimento. E para que tal convencimento possa formar-se, é preciso que sejam trazidos ao processo

---

[1] Juiz de Direito no Estado de Minas Gerais. Ex-professor das Faculdades de Direito Santo Agostinho de Montes Claros (MG).

> elementos que contribuam com sua formação. Pois tais elementos são, precisamente, as provas.

A importância central da prova traz consigo uma indagação: a quem incumbe o encargo de produzi-la?

Na busca por um processo justo, o tema em questão sofreu relevantes mudanças ao longo do tempo, culminando em profundas alterações legislativas, como será visto a seguir.

2 ÔNUS DA PROVA

Dá-se o nome de **ônus da prova** ao encargo de produzi-la, já que aquele que a produz o faz em benefício próprio. É essa, inclusive, a diferença entre **ônus** e **dever**: o ônus é realizado em proveito próprio, ao passo que o dever é cumprido em benefício de outrem. Por isso:

> Não há um dever de provar, nem à parte contrária assiste o direito de exigir a prova do adversário. Há um simples ônus, de modo que o litigante assume o risco de perder a causa se não provar os fatos alegados dos quais depende a existência do direito subjetivo que pretende resguardar por meio da tutela jurisdicional. Isso porque, segundo máxima antiga, fato alegado e não provado é o mesmo que fato inexistente. (THEODORO JÚNIOR, 2017, p. 901)

A doutrina faz a distinção, também, entre ônus da prova em sentido **subjetivo** e ônus da prova em sentido **objetivo.** No primeiro caso, a expressão designa a atividade probatória a ser desenvolvida pelas partes. No segundo, o ônus da prova determina como o caso será julgado quando houver insuficiência de provas, constituindo regra de julgamento.

A concepção subjetiva do ônus da prova diz, portanto, de quem é o encargo de produzir a prova em determinada situação.

Assim, conforme estabelece o art. 373, I e II, do Código de Processo Civil, incumbe ao autor provar os fatos constitutivos do seu direito e ao réu demonstrar os fatos impeditivos, modificativos ou extintivos do direito do autor. Trata-se da chamada *distribuição estática do ônus da prova*, que já constava no Código de Processo Civil de 1973 (art. 333, I e II).

Dessa forma, se o autor alega ser credor do réu, cabe a ele comprovar a existência do crédito (por exemplo: instruindo a petição inicial com cheque, contrato ou outro instrumento apto a demonstrar que o réu lhe deve determinada quantia), ao passo que ao réu incumbirá, conforme o caso, a demonstração de fato impeditivo (nulidade do negócio jurídico que teria originado o crédito), modificativo (pagamento parcial) ou extintivo (pagamento integral) do direito do autor.

A distribuição estática do ônus da prova possui a vantagem de assegurar às partes o prévio conhecimento do encargo probatório, podendo cada uma delas antever a melhor estratégia para demonstração de suas respectivas alegações. É critério que prioriza a segurança jurídica, a partir da premissa de que as partes devem ser tratadas - formalmente - de maneira igual (CARPES, 2017).

Contudo, a diversidade dos direitos subjetivos a serem tutelados e as dificuldades de comprovação, por um das partes, de determinados fatos necessários à demonstração de suas alegações impuseram, ao longo do tempo, alterações no panorama da distribuição do ônus da prova. A esse respeito, escrevem Marinoni e Arenhart (2015, p. 199):

> A exigência de convencimento varia conforme a situação de direito material e, por isso, não se pode exigir um convencimento judicial unitário para todas as situações concretas. Como o convencimento varia de acordo com o direito material, a regra do ônus da prova também não pode ser vista sempre do mesmo modo, sem considerar a dificuldade de convicção própria ao caso concreto.

Por isso, o Código de Processo Civil de 2015 trouxe importante inovação ao tema, criando um sistema híbrido de distribuição do ônus da prova (NEVES, 2017, p. 683).

3 A DISTRIBUIÇÃO DINÂMICA DO ÔNUS DA PROVA

A **distribuição dinâmica do ônus da prova**, como o próprio nome já diz, opõe-se à rigidez do critério geral que atribui o encargo probatório na forma do art. 373, I e II, do Código de Processo Civil, possibilitando ao Juiz, em determinadas situações, a distribuição diversa do aludido ônus.

Conforme Medina (2018), a chamada teoria da carga dinâmica da prova foi desenvolvida pelo jurista argentino Jorge Walter Peyrano, a partir da compreensão de que "*não se concebe distribuir o ônus probatório de modo a retirar tal incumbência de quem poderia fazê-lo mais facilmente e atribuí-la a quem, por impossibilidade lógica e natural, não o conseguiria*".

O Superior Tribunal de Justiça já admitia a dinamização do ônus da prova como decorrência dos princípios da lealdade processual, cooperação e acesso à justiça[2].

Por sua vez, o Código de Processo Civil de 2015, no art. 373, §§ 1º e 2º, expressamente adotou a distribuição dinâmica do ônus prova, superando as divergências doutrinárias e jurisprudenciais acerca de sua utilização no processo civil brasileiro:

> ***§ 1º*** Nos casos previstos em lei ou diante de peculiaridades da causa relacionadas à impossibilidade ou à excessiva dificuldade de cumprir o encargo nos termos do caput ou à maior facilidade de obtenção da prova do fato contrário, poderá o juiz atribuir o ônus da prova de modo diverso, desde que o faça por decisão fundamentada, caso em que deverá dar à parte a oportunidade de se desincumbir do ônus que lhe foi atribuído.
>
> ***§ 2º*** A decisão prevista no § 1º deste artigo não pode gerar situação em que a desincumbência do encargo pela parte seja impossível ou excessivamente difícil.

O art. 6º, inciso VIII, do Código de Defesa do Consumidor, traduz exemplo de previsão legal expressa acerca da redistribuição do ônus da prova, ao estabelecer, em prol do consumidor, "*a facilitação da defesa de seus direitos, inclusive com a inversão do ônus da prova, a seu favor, no processo civil, quando, a critério do juiz, for verossímil a alegação ou quando for ele hipossuficiente, segundo as regras ordinárias de experiências*.".

---

2 "*Embora não tenha sido expressamente contemplada no CPC, uma interpretação sistemática da nossa legislação processual, inclusive em bases constitucionais, confere ampla legitimidade à aplicação da teoria da distribuição dinâmica do ônus da prova, segundo a qual esse ônus recai sobre quem tiver melhores condições de produzir a prova, conforme as circunstâncias fáticas de cada caso*". (STJ. 3.ª Turma. REsp. 1286704/SP. Recurso Especial 2011/0242696-8. Relatora: Ministra Nancy Andrighi. Data do Julgamento: 22-10-2013. Data da Publicação/Fonte: Diário da Justiça Eletrônico, 28-10-2013).

No entanto, com a entrada em vigor do atual Código de Processo Civil, a possibilidade de redistribuição do ônus probatório não mais se restringe às hipóteses legais expressas, mas a todos os casos nos quais o Juiz perceba que seria impossível ou excessivamente difícil à parte a quem ordinariamente caberia o encargo a possibilidade de produzir a prova, ao passo que, em contrapartida, a parte contrária poderia, com maior facilidade, produzir a prova do fato contrário.

O Superior Tribunal de Justiça reconheceu, por exemplo, a distribuição dinâmica do ônus da prova em controvérsia acerca da existência de erro médico durante parto, ocorrido em hospital municipal, com grave lesão sofrida pela criança, ao argumento de que o réu possuiria melhores condições de elucidar os fatos, por meio dos depoimentos de médicos e profissionais da área da saúde que participaram do atendimento e dos procedimentos médico-hospitalares, os quais não foram ouvidos[3].

Por outro lado, conforme prevê o § 3º do art. 373 do Código de Processo Civil, a decisão que dinamiza o ônus da prova não pode gerar para a parte que o suportará um encargo impossível ou excessivamente difícil. Em outras palavras, se a produção da prova for impossível ou extremamente difícil para ambos os litigantes, a distribuição do ônus probatório seguirá o critério geral (distribuição estática).

Portanto, são requisitos cumulativos da distribuição dinâmica do ônus da prova:

1. impossibilidade ou excessiva dificuldade de cumprimento do encargo por uma das partes;
2. maior facilidade de obtenção da prova do fato contrário pelo outro litigante (o que já pressupõe a impossibilidade de dinamização nos casos em que a produção da prova é igualmente impossível ou excessivamente difícil para *ambas* as partes).

Trata-se de instituto que visa a um processo mais justo e cooperativo, fundado em tratamento materialmente igualitário das partes, e não apenas formalmente isonômico.

Além disso, para que se evite a surpresa decorrente da aplicação da dinamização do ônus da prova apenas na Sentença, como regra de

[3] STJ. 2.ª Turma. REsp. 1667776/SP. Recurso Especial 2017/0079751-4. Relator: Ministro Herman Benjamin. Data do Julgamento: 13-6-2017. Data da Publicação/Fonte: Diário da Justiça Eletrônico, 1º-8-2017.

julgamento, o art. 357, inciso III, do Código de Processo Civil impõe como dever do Juiz a definição, na decisão de saneamento e organização do processo, da distribuição do ônus da prova. Assim, com o estabelecimento dos fatos sobre os quais recairá a prova e do encargo de produzi-la, cada parte poderá definir a melhor estratégia probatória para a fase de instrução do processo.

É importante destacar, ainda, que a dinamização do ônus da prova pode ser determinada, inclusive, de ofício pelo Juiz (DIDIER JÚNIOR; BRAGA; OLIVEIRA, 2015, p. 127).

4 ÔNUS DA PROVA E POSIÇÃO DO JUIZ

Há certo consenso de que, ultrapassado o princípio inquisitivo, no qual o órgão judicial produzia, de forma exclusiva a prova, e o princípio dispositivo puro, que relegava a produção probatória às partes, o processo civil vivenciaria atualmente um princípio dispositivo de índole constitucional.

Esse princípio dispositivo, sob ângulo constitucional, indica que o Juiz não é mero observador da atividade probatória das partes, podendo determinar a produção de determinada prova ou inverter/dinamizar o ônus probatório em busca de uma decisão de mérito justa e efetiva, como previsto no art. 6º do Código de Processo Civil.

O art. 370, *caput*, do Código de Processo Civil, que praticamente repete o disposto no art. 130 do Código de Processo Civil de 1973, estabelece, também, que "*caberá ao juiz, de ofício ou a requerimento da parte, determinar as provas necessárias ao julgamento do mérito*".

Portanto, é atribuição do Juiz a determinação, inclusive de ofício, das provas necessárias ao julgamento do processo, bem como, é importante ressaltar, a imposição da dinamização do ônus da prova, conforme o caso concreto.

Entretanto, em ambos as hipóteses, não poderá o Juiz suprir a pura e simples inércia – ou desinteresse – da parte na produção probatória.

Em outras palavras, se não há interesse da parte na produção de provas, ainda que o ônus seja dela, não caberá ao julgador suprir-lhe a falta, mas sim decidir o feito de acordo com o aspecto objetivo do ônus probatório, impondo a derrota àquele que não se desincumbiu do encargo de provar.

Do mesmo modo, se a parte, por exemplo, requerer o julgamento antecipado do mérito da demanda, não caberá ao Juiz dinamizar o ônus da prova em favor dela, pois, neste caso, o próprio litigante já teria reconhecido, sob seu ponto de vista, a desnecessidade de instrução probatória. Neste caso, é certo que a eventual iniciativa probatória e/ou de aplicação da distribuição dinâmica do ônus probatória violaria o princípio da paridade de tratamento das partes[4].

5 CONSIDERAÇÕES FINAIS

O processo não pode mais ser visto como simples instrumento formal de solução de litígios, por meio do qual as partes, flagrantemente desiguais entre si nos mais diversos aspectos (econômicos, sociais, jurídicos, etc.) atuariam de modo a buscar, a partir de uma atividade probatória meramente protocolar, o convencimento do Juiz.

Exige-se mais. É necessária uma verdadeira paridade entre os litigantes e uma busca constante de um processo substancialmente mais justo e efetivo, propenso a encontrar a melhor solução de mérito para o caso concreto.

Nesse contexto, a dinamização do ônus da prova constitui importante mecanismo de correção de desigualdades efetivas na distribuição da carga probatória, possibilitando, a um só tempo, atribuir o encargo a quem possui melhores condições de se desincumbir dele e estimular o litigante que, de outro modo permaneceria inerte, à produção de provas relevantes para elucidação da verdade.

Ainda que seja sabido que o processo nem sempre reconstrói a verdade real, há que se buscar a verdade processual mais próxima dela, não só como melhor forma de decidir o mérito da demanda, mas também como mecanismo ideal de solução do conflito subjacente a essa demanda.

Por isso, não só as partes possuem um poderoso instrumento de busca da verdade, mas também o Julgador, na direção do processo, poderá melhor orientar a instrução probatória, a partir, dentre outros mecanismos, da distribuição dinâmica do ônus da prova.

---

4 Estabelece o art. 7º do Código de Processo Civil: "*É assegurada às partes paridade de tratamento em relação ao exercício de direitos e faculdades processuais, aos meios de defesa, aos ônus, aos deveres e à aplicação de sanções processuais, competindo ao juiz zelar pelo efetivo contraditório*".

REFERÊNCIAS

BRASIL. Lei 8.078, de 11 de setembro de 1990. Dispõe sobre a proteção do consumidor e dá outras providências. **Diário Oficial [da] República Federativa do Brasil**, Brasília, DF, 12 set. 1990, edição extra. Retificada a publicação em **Diário Oficial [da] República Federativa do Brasil**, Brasília, DF, 10 jan. 2007.

BRASIL. Lei 13.105, de 16 de março de 2015. Código de Processo Civil. **Diário Oficial [da] República Federativa do Brasil**, Brasília, DF, 17 mar. 2015.

CÂMARA, Alexandre Freitas. **O novo processo civil brasileiro**. São Paulo: Atlas, 2015.

CARPES, Artur Thompsen. **Ônus da prova no novo CPC**: do estático ao dinâmico [livro eletrônico]. São Paulo: Revista dos Tribunais, 2017.

DIDIER JÚNIOR, Fredie; BRAGA, Paula Sarno; OLIVEIRA, Rafael Alexandria de. **Curso de direito processual civil**: teoria da prova, direito probatório, ações probatórias, decisão, precedente, coisa julgada e antecipação dos efeitos da tutela. v. 2. 10. ed. Salvador: JusPodivm, 2015.

MARINONI, Luiz Guilherme; ARENHART, Sérgio Cruz. **Prova e convicção**: de acordo com o CPC de 2015. 3. ed. São Paulo: Revista dos Tribunais, 2015.

MEDINA, José Miguel Garcia. **Curso de direito processual civil moderno** [livro eletrônico]. 4. ed. São Paulo: Revista dos Tribunais, 2018

NEVES, Daniel Amorim Assumpção. **Novo código de processo civil comentado**. 2. ed. rev. e atual. Salvador: JusPodivm, 2017.

RAMOS, Vitor de Paula. **Ônus da prova no processo civil**: do ônus ao dever de provar. São Paulo: Revista dos Tribunais, 2015.

TARUFFO, Michele. **A prova**. Tradução de João Gabriel Couto. São Paulo: Marcial Pons, 2014.

THEODORO JÚNIOR, Humberto. **Curso de direito processual civil**. v. I. 58. ed. rev., atual. e ampl. Rio de Janeiro: Forense, 2017.

CAPÍTULO 9

AS AUDIÊNCIAS NA LEI 13.105, DE 16 DE MARÇO DE 2015

Ana Lúcia Ribeiro Mól[1]

1 INTRODUÇÃO[1]

As audiências se avultam como atos processuais complexos de grande relevância para o processo, especialmente por se constituírem em uma oportunidade de contato das partes entre si, e destas com o Juiz. Oportunidade que se mostra apta a permitir uma maior compreensão acerca do conflito de interesses por trás da demanda, possibilitando, por conseguinte, uma melhor solução para o litígio, seja por meio da autocomposição[2] ou mesmo da heterocomposição[3].

A Lei 13.105, de 16 de março de 2015, estatuiu o novo Código de Processo Civil (CPC) e trouxe importantes inovações no que se refere ao

---

1 Mestre em Direito Processual pela Pontifícia Universidade Católica de Minas Gerais. Professora da Universidade Estadual de Montes Claros e das Faculdades Integradas do Norte de Minas. Procuradora do Município de Montes Claros.

2 Procedimento de solução de litígios, em que a situação conflituosa é resolvida pelas próprias partes, inexistindo a imposição de uma resposta por parte de alguém estranho àquele contexto em que se encontram, como ocorre na mediação e na conciliação (RODRIGUES JÚNIOR, 2007).

3 Procedimento de solução de litígios, em que a resposta ao conflito é determinada por um terceiro, tal qual se dá na jurisdição (RODRIGUES JÚNIOR, 2007).

procedimento das audiências. Inovações estas que merecem um exame mais acurado por parte dos operadores do Direito, haja vista o significativo impacto que trouxeram para o procedimento comum.

Na esteira desse pensamento, vê-se que a referida Lei estabeleceu um regramento específico a respeito de três audiências principais: a audiência de conciliação ou de mediação (art. 334 do CPC), a audiência de saneamento e organização do processo (art. 357, § 3º, do CPC) e a audiência de instrução e julgamento (arts. 358 a 368 do CPC).

A primeira delas é realizada logo no início de toda e qualquer demanda e tem como principal objetivo buscar uma solução consensual do litígio, sendo preferencialmente conduzida por conciliadores e mediadores.

A audiência de saneamento e organização do processo, por sua vez, será realizada, a princípio, nas ações que envolverem matérias de maior complexidade, hipótese em que o saneamento do processo e sua preparação para a fase instrutória serão levados a cabo de forma conjunta pelas partes e pelo Juiz, culminando em um ato decisório que irá resolver questões relevantes para a demanda, como a distribuição do ônus da prova e a delimitação da matéria fática que será objeto da atividade probatória.

Por fim, há a audiência de instrução e julgamento, que será marcada na decisão de saneamento e organização do processo nas situações em que não for cabível o julgamento antecipado do mérito e, por outro lado, houver necessidade de produção de prova oral (art. 357, *caput*, do CPC).

Vale salientar que tais audiências nem sempre serão realizadas em todo e qualquer processo. Tudo dependerá da situação posta nos autos e da observância dos requisitos e condicionantes de cada uma delas.

De qualquer maneira, é preciso destacar que as novas regras trazidas pelo Código de Processo Civil de 2015 a respeito do tema, de um modo geral, são plenamente compatíveis com a visão institucionalista do processo, que o considera como uma instituição constitucionalizada, no qual são efetivamente garantidos o contraditório, a ampla defesa e a isonomia, de sorte a culminar na prolação de uma sentença verdadeiramente debatida e, pois, democrática.

Isso porque se constata como diretriz principal de todas elas a efetiva participação das partes, com clara influência destas na tomada de decisões pelo Juiz, que exerce, assim, a atividade jurisdicional não de forma solipsista, mas sim de modo compartilhado, o que se coaduna com o modelo constitucional do processo.

Mais ainda: essa ideia corrobora um dos pilares do Código de Processo de 2015, que é o princípio da cooperação (art. 6º do CPC), que tem como objetivo a construção de uma decisão final verdadeiramente efetiva, proferida dentro de um prazo razoável, por meio da discursividade entre os sujeitos do processo.

Diante dessa relevância, constata-se a necessidade de uma análise mais detida a respeito das alterações mais importantes trazidas pelo Código de Processo Civil de 2015 acerca das principais audiências previstas para o procedimento comum, sendo este o objeto de análise do estudo que ora se apresenta.

2 A AUDIÊNCIA DE CONCILIAÇÃO OU DE MEDIAÇÃO

A primeira das audiências normalmente realizadas no procedimento comum é a chamada audiência de conciliação ou de mediação. Como o próprio nome já diz, seu objetivo principal é buscar uma forma consensual de solução do litígio já submetido à apreciação do órgão judiciário.

Sua previsão no Código de Processo Civil de 2015 vem reforçar a preocupação que o legislador demonstrou em estimular os mecanismos de autocomposição dos conflitos de interesses, preocupação esta já constatada nas primeiras regras da referida Lei, em que se define não só como atribuição do Estado promover a solução pacífica dos litígios, mas também são conclamados todos aqueles que participam do processo – Juízes, Advogados, Defensores, Promotores – para se valer, cada vez mais, dessas formas de resolução consensual das demandas (art. 3º, §§ 2º e 3º, do CPC).

Seguindo essa diretriz, houve a previsão da audiência de conciliação ou de mediação, a ser realizada logo no início da demanda e antes da resposta do réu, diferentemente do que ocorria sob a vigência do Código de Processo Civil de 1973, em que a audiência preliminar de conciliação ocorria na fase de saneamento do processo, ou seja, depois de contestada a ação (SANTANA; ANDRADE NETO, 2016). Trata-se de uma modificação bem-vinda, porque antes de uma eventual contestação do réu, mostra-se mais fácil direcionar as partes para uma resolução negocial do conflito, uma vez que a animosidade naturalmente existente entre os litigantes por certo não estará tão aflorada. Fato que permite que as tratativas amigáveis de resolver o litígio sejam mais bem conduzidas e, de fato, exitosas.

Além disso, é preciso destacar que a realização dessa audiência logo no início da demanda privilegia os princípios da economia processual, da celeridade e da razoável duração do processo (art. 5º, inciso LXXVIII, da Constituição Federal de 1988). É que, em se chegando a uma autocomposição, haverá a extinção da fase de conhecimento com resolução do mérito (art. 487, inciso III, alínea *b*, do CPC) numa etapa inicial da ação. Fato que evita que haja uma tramitação desnecessária do procedimento, como, aliás, ocorria no Código de Processo Civil de 1973, em que as tentativas de solução consensual do conflito, pelo menos formalmente, deveriam ocorrer somente na fase de saneamento do processo (THEODORO JÚNIOR, 2016).

Ressalte-se, nesse ínterim, que a designação da audiência de conciliação ou de mediação deve ser feita pelo Juiz já no despacho inicial, depois de verificado, pelo Magistrado, que a petição inicial observou todos os requisitos legais e não é hipótese de improcedência liminar do pedido, devendo ser respeitado o prazo mínimo de trinta dias de antecedência (art. 334, *caput*, do CPC).

Designada essa audiência, o autor será intimado por meio do seu advogado. E o réu deverá ser citado para nela comparecer e, posteriormente, apenas se a solução amigável do litígio não for obtida, é que começará a correr seu prazo de resposta. É preciso deixar claro que o réu não poderá apresentar eventual defesa antes da realização da sessão, uma vez que essa circunstância poderá dificultar a obtenção da autocomposição pretendida, frustrando o objetivo da audiência de conciliação ou de mediação, o que poderá desaguar numa possível responsabilidade do réu pela configuração de hipótese de litigância de má fé (art. 80 do CPC).

A princípio, a audiência de conciliação ou de mediação será realizada em todo e qualquer processo. Contudo, o Código de Processo Civil de 2015 aponta duas situações em que ela não ocorrerá: se autor e réu, de forma expressa, manifestarem desinteresse na resolução amigável do litígio, ou nas situações em que não é permitida a autocomposição.

Ressalte-se que essas são as únicas hipóteses previstas na legislação que impedem a ocorrência da realização dessa audiência, não sendo facultado ao Juiz, por sua discricionariedade, deixar de designá-la fora desses casos. Regras nesse sentido estão no Enunciado 23 do Tribunal de Justiça do Estado de Minas Gerais.

Na primeira hipótese anteriormente referida, deve-se esclarecer que o autor, já na petição inicial, manifestará seu interesse ou não na realização dessa audiência, sendo, inclusive, um dos requisitos essenciais dessa peça processual. Contudo, mesmo se optar pela sua não ocorrência, essa circunstância não será suficiente para o cancelamento da audiência já designada, uma vez que o Código de Processo Civil de 2015 é claro ao exigir que o réu também manifeste seu desinteresse para que tal circunstância ocorra. Em outras palavras, se qualquer uma das partes desejar que a audiência seja realizada, ela necessariamente deverá acontecer, ainda que contra a manifestação volitiva expressa da parte contrária.

Trata-se de uma opção legislativa que, a princípio, poderia soar como violadora da autonomia da vontade, por impor a uma das partes que, mesmo não desejando se submeter a uma forma de solução alternativa do conflito de interesses, tenha que comparecer à audiência designada para esse fim. No entanto, a efetiva participação do autor e do réu, mesmo nessa condição, é importante por possibilitar a atuação dos conciliadores e mediadores, que preferencialmente conduzirão essa espécie de audiência e são preparados justamente para demonstrar os benefícios de uma autocomposição, podendo conduzi-los a uma mudança de pensamento quanto a essa possibilidade, inclusive com a efetiva resolução consensual do litígio a partir da discursividade fomentada entre as partes.

Diddier Júnior (2015, p. 624) corrobora esse pensamento ao assim expor:

> O legislador preferiu não impor a audiência no caso em que ambas as partes manifestem expressamente seu desinteresse. A situação parece ser boa: elimina a possibilidade de a audiência não se realizar porque apenas uma parte não a deseja, mas ao mesmo tempo respeita a vontade das partes no sentido de não querer a autocomposição, o que está em conformidade com o princípio do respeito ao autorregramento da vontade e com o princípio da cooperação [...].

Mas há quem entenda que a mera manifestação de uma das partes no sentido de evitar a realização da audiência seria suficiente para que ela não ocorresse de fato, o que teria fundamento no mesmo princípio da autonomia da vontade. Por todos, cite-se Medina (2016) que aponta, dentre outros argumentos, o disposto no art. 2º, § 2º, da Lei 13.140/2015, que veda, de forma expressa, que qualquer das partes do conflito seja obrigada a continuar em procedimento de mediação. Argui, ainda, que, se a por ele denominada "cultura da pacificação" estivesse certa, haveria de ser realizada a audiência em análise mesmo diante da manifestação em sentido contrário tanto do autor como do réu.

Independentemente da posição adotada, certo é que a nova Lei, como já salientado, estabelece que o réu pode também manifestar seu desinteresse na autocomposição. E, nesse caso, deverá fazê-lo por meio de uma petição específica nesse sentido, petição esta que será apresentada no prazo de dez dias antes da audiência.

Essa manifestação é de suma relevância no procedimento, eis que, na hipótese de cancelamento da audiência designada em razão do expresso desinteresse de ambas as partes, a data do seu protocolo será considerada como termo *a quo* para a contagem do prazo de resposta do réu (art. 335, inciso II, do CPC).

No caso de demandas em que há litisconsórcio, todos os litisconsortes deverão manifestar seu desinteresse para que a audiência de conciliação ou de mediação não ocorra e, no caso do litisconsórcio passivo, a contagem do prazo de resposta se dará individualmente para cada um dos litisconsortes, a partir da apresentação da sua manifestação de desinteresse (art. 334, § 6º, c/c art. 335, § 1º, do CPC).

Nesse ponto, é preciso fazer uma ponderação não considerada pelo legislador e que pode contrariar a ideia inicialmente prevista para a sistemática dessa audiência. Trata-se da situação em que o autor se manifestou pela não realização da audiência de conciliação ou de mediação e os litisconsortes, citados para a demanda, desconhecem a intenção dos demais réus da ação quanto à sua realização ou não. Se, nesse caso, um dos litisconsortes protocolizar sua petição de cancelamento da audiência muito antes do momento em que ela foi designada, não tendo ciência do interesse dos outros litisconsortes, terá que apresentar sua resposta antes mesmo da sessão, no intuito de não ser prejudicado com os efeitos da revelia, acaso os demais réus eventualmente manifestem o seu desejo em não participar desse ato no prazo de dez dias (ou vinte dias, se for o caso de contagem do prazo em dobro, na forma do art. 229, do CPC) antes da sessão. Ocorre que, se a audiência ocorrer porque os outros demandados não manifestaram seu desinteresse, ter-se-á uma situação em que um dos réus apresentou a contestação antes da sessão, não sendo possível, contudo, sua punição nas penas da litigância de má-fé, haja vista a ausência de intenção dolosa em prejudicar a autocomposição pretendida[4].

4 Medina (2016) atenta para o fato de que não existe na Lei um prazo máximo para a designação da audiência de conciliação ou de mediação, destacando a tendência de que ela seja marcada em data muito distante, haja vista o grande

Como anteriormente salientado, o Código prevê, ainda, que a audiência em análise não ocorrerá nas situações em que não se admite autocomposição. Em tais casos, o réu deverá ser citado para apresentar sua resposta no prazo legal, e não para comparecer à audiência de conciliação ou de mediação (DIDDIER JÚNIOR, 2015).

Uma questão interessante trazida pelo Código de Processo Civil de 2015 é a possibilidade de realização dessa audiência por meios eletrônicos, o que demonstra a preocupação do legislador em, desde já, adaptar-se à utilização das tecnologias no exercício da jurisdição de um modo geral, que tende a ser cada vez maior. O que não deixa de ser um ponto favorável à celeridade do processo (art. 334, § 7º, do CPC).

Além disso, o novo Código passa a estabelecer como dever das partes o comparecimento à audiência de conciliação ou de mediação, que, se descumprido de forma injustificada, gera a aplicação de multa de até dois por cento da vantagem econômica pretendida ou do valor da causa, uma vez que configura ato atentatório à dignidade da justiça (art. 334, § 8º, do CPC). Tal penalidade pecuniária será revertida em benefício da União ou do Estado-membro, conforme o órgão judiciário em que tramita a demanda, sendo direcionada para o Fundo de Modernização do Poder Judiciário que tais entes podem criar, nos termos do art. 97 do CPC.

Deve-se salientar que, em razão da previsão dessa consequência, tem-se entendido que no Mandado de citação do réu deverá haver uma advertência quanto à obrigatoriedade de seu comparecimento e a punição que poderá ser aplicada, caso isso não ocorra (DIDDIER JÚNIOR, 2015).

De qualquer maneira, e para evitar a ausência das partes, o Código de Processo Civil de 2015 permite que elas constituam representante, por meio de procuração específica, que contenha poderes para negociar e transigir, sendo válida tal representação tanto em relação às pessoas físicas, como às pessoas jurídicas. A Lei ainda exige que autor e réu estejam acompanhados por seus Advogados ou Defensores Públicos (art. 334, §§ 9º e 10, do CPC).

---

volume de processos que hoje se encontram em tramitação perante o órgão judiciário. Em sua abordagem destaca, inclusive, que essa circunstância não favorece a autocomposição pelas partes, mas antes estimula que autor e réu manifestem seu desinteresse na realização dessa audiência, esvaziando uma das mais importantes diretrizes previstas pelo legislador, que é o favorecimento das formas alternativas de solução dos conflitos.

Vê-se, portanto, que o legislador pretendeu, de fato, incentivar a busca da autocomposição pelas partes, independentemente do instrumento utilizado para esse fim, já que, obviamente, poderá ser empregado nessa audiência qualquer meio de solução consensual dos conflitos de interesses. Não há, portanto, restrição apenas às hipóteses de conciliação ou de mediação, apesar de serem as mais comumente usadas.

Nessa toada, constata-se que o Código de Processo Civil absorveu uma tendência mundial no sentido de privilegiar os mecanismos alternativos de solução dos litígios, colocando a decisão judicial como uma última alternativa para a composição das demandas.

E andou bem o legislador ao assim agir, uma vez que os procedimentos autocompositivos são responsáveis por permitir uma efetiva e relevante participação dos litigantes na resolução do conflito, o que denota o caráter democrático desses instrumentos, que, por certo, irradia-se para o próprio processo.

A utilização das técnicas de conciliação e da mediação nessa audiência perpassa por uma ampla discursividade entre os envolvidos, direcionada para a formação de um consenso a respeito do problema (GHISLENI; SPENGLER, 2013).

Daí porque é importante que a utilização desses mecanismos, em um paralelo com a teoria discursiva de Jürgen Habermas, dê-se de forma a possibilitar que as partes deixem de lado a racionalidade estratégica, que naturalmente permeia a disputa sobre um bem ou um direito, para fazer valer as diretrizes da racionalidade comunicativa, em que se busca, de forma cooperada, uma compreensão mútua da situação e da solução possível e desejável pelas partes (GHISLENI; SPENGLER, 2013; HABERMAS, 2003).

E, nesse ponto, ganha relevo o papel do conciliador e do mediador, e mesmo de todos os operadores do Direito, como preceitua o art. 3º, § 3º, do Código de Processo Civil de 2015 anteriormente citado, que deverão garantir um ambiente propício. Ou, na perspectiva habermasiana, uma "situação ideal de fala", em que os envolvidos poderão participar de forma isonômica na construção da decisão que lhes será aplicada (GHISLENI; SPENGLER, 2013; HABERMAS, 2003).

O caráter democrático da conciliação e da mediação faz com que o conflito de interesses entre as partes seja, de fato, solucionado – e da melhor forma possível para ambas –, o que denota a importância de regras que incentivem a sua utilização como forma de resolução dos litígios, como ocorre especialmente com a audiência prevista no Código de Processo Civil de 2015.

3 A AUDIÊNCIA DE SANEAMENTO E ORGANIZAÇÃO DO PROCESSO

Outra audiência disciplinada no Código de Processo Civil de 2015, e de grande relevância para o procedimento comum, é a audiência de saneamento e organização do processo. Essa audiência, como será mais bem explicitado a seguir, será designada quando houver necessidade que o Juiz profira a chamada decisão de saneamento e organização do processo de forma compartilhada com as partes. Nesse contexto, para que haja uma melhor compreensão a respeito dessa audiência é preciso que sejam analisadas, antes, e de forma bem objetiva, as características da referida decisão.

O Código de Processo Civil de 2015 dispõe que, após as providências preliminares, e não sendo o caso de julgamento da demanda, o Juiz deverá proferir uma decisão de saneamento e organização do processo, na qual, como o próprio nome diz, serão corrigidos eventuais vícios processuais existentes e o processo será preparado para a próxima fase, que é a instrutória. Trata-se de uma decisão complexa, na qual serão abordadas as questões estabelecidas nos incisos I a V do art. 357 do Código de Processo Civil de 2015 (DIDDIER JÚNIOR, 2015).

No inciso I, consta que o Juiz deverá decidir sobre as questões processuais pendentes, acaso ainda subsista alguma delas. Nesse ponto, é preciso esclarecer que o Magistrado, ao longo do processo, deve buscar corrigir os vícios processuais existentes. Contudo, se, nessa fase, ainda forem constatadas questões desse jaez, deverá mais uma vez analisá-las, no intuito de retificar aquilo que for possível, de modo a deixar o processo formalmente ajustado para a continuidade de sua tramitação (THEODORO JÚNIOR, 2016).

O inciso II ainda do art. 357 do CPC, por sua vez, estabelece que o Juiz, na decisão de saneamento e organização do processo, deverá delimitar as questões fáticas em relação às quais haverá a necessidade de produção de provas, com a especificação dos meios probatórios que serão utilizados para esse fim. Essa atribuição será de grande relevância para o direcionamento da fase instrutória, já que o Juiz e as partes deverão observar os fatos controvertidos delimitados e os meios de prova deferidos para o direcionamento das provas que ainda serão produzidas (DIDDIER JÚNIOR, 2015).

Nessa mesma decisão, o Magistrado irá definir a distribuição do ônus da prova, conforme estabelece o inciso III, especialmente quando houver uma atribuição desse ônus diversa daquela estabelecida no art. 373, incisos I e II, do Código de Processo Civil de 2015, que trata da distribuição estática do ônus da prova. Mais uma vez, tem-se uma diretriz a ser fixada pelo julgador com relevância para a próxima etapa processual, eis que a distribuição do ônus da prova gera reflexos na produção dos meios probatórios, interferindo no comportamento das partes nesse sentido. Por essa razão, o legislador fixou esse momento para que tal questão fosse decidida (DIDDIER JÚNIOR, 2015).

No inciso IV, define-se que o Juiz deverá também delimitar as questões jurídicas que irão impactar no mérito da demanda. Essa é uma atribuição inovadora, pois que, além de estabelecer as questões fáticas relacionadas ao processo, o Magistrado passa, ainda, a ter que fixar as teses jurídicas alegadas pelo autor e pelo réu ou, mesmo, aquelas que eventualmente possam ser consideradas por ocasião do julgamento da demanda, mas que não foram levantadas pelas partes. São exemplos as questões que podem ser conhecidas de ofício. Essa regra decorre, especialmente, da exigência determinada pelo Código de Processo Civil de 2015, na parte referente às normas processuais, de que o Juiz não poderá emitir sua decisão tendo como fundamento questão não previamente debatida pelas partes (art. 7º, 9º e 10 do CPC), o que está em plena consonância com o princípio do contraditório. Exatamente porque permite ao autor e ao réu efetivamente participarem da decisão que será proferida no processo (MARINONI; ARENHART; MITIDIERO, 2016).

O derradeiro inciso, de número V, estabelece que a decisão de saneamento e organização do processo é o momento oportuno para que seja designada, dependendo da necessidade de produção de prova oral, a audiência de instrução e julgamento.

São esses, portanto, os pontos que deverão ser abordados na decisão ora em exame, sendo certo afirmar que ela vincula o Juiz e as partes em relação às próximas fases da demanda, especialmente a instrutória e a decisória. Na fase instrutória, os sujeitos processuais deverão considerar o teor desse ato decisório para direcionarem a produção dos meios de prova. Na fase decisória, o Magistrado, por ocasião da Sentença, levará em conta as questões fáticas e jurídicas definidas naquela decisão, devendo perpassar por todas elas para proferir o seu julgamento. Até mesmo para que seja verdadeiramente observado o princípio da motivação das decisões (art. 93, IX, da Constituição Federal de 1988), consoante interpretação decorrente do art. 489, § 1º, inciso IV, do Código de Processo Civil de 2015 (THEODORO JÚNIOR, 2016).

O Código dispõe que essa decisão será elaborada, a princípio, isoladamente pelo Juiz, permitindo-se posteriormente a participação das partes, mediante pedidos de esclarecimentos ou de solicitação de ajustes.

No entanto, se o processo envolver questões fáticas e jurídicas de maior complexidade, a própria Lei estabelece que o Magistrado deverá proferir a decisão de saneamento e organização do processo com a cooperação do autor e do réu, por meio de audiência designada para essa finalidade. Esta é a segunda audiência prevista para o procedimento comum na Lei 13.105/2015[5]. Essa audiência possibilita que a decisão de saneamento e organização do processo seja proferida de forma ainda mais compartilhada, especialmente por permitir o contato pessoal dos sujeitos do processo, com o objetivo de definir, de forma mais acertada, o objeto do conflito de interesses e estabelecer as provas suficientes para que ele seja solucionado da melhor forma possível (THEODORO JÚNIOR, 2016). O que demonstra a efetiva aplicação do princípio descrito no art. 6º, Código de Processo Civil de 2015.

Apesar da restrição estabelecida pela Lei quanto à realização dessa audiência em causas complexas, nada obsta que ela ocorra em todo tipo de conflito de interesses, desde que o Magistrado entenda haver a necessidade de sua designação (Enunciado 29 do TJMG). Do mesmo modo, na hipótese de terem sido requeridos esclarecimentos ou houver pedido de ajustes pelas partes no que tange à decisão de saneamento e organização do processo proferida pelo Juiz, a audiência em análise igualmente poderá ser realizada (Enunciado 28 do TJMG).

Diante dessas explanações, constata-se a importância dessa audiência, especialmente pelo fato de se permitir às partes – maiores conhecedoras do conflito de interesses – verdadeiramente debaterem, juntamente com o Juiz, a respeito de questões de tão grande relevância para o adequado andamento e desfecho do processo (DIDDIER JÚNIOR, 2015).

Essa circunstância, por certo, contribui para uma maior compreensão do Magistrado sobre o litígio objeto da demanda, possibilitando que seja proferido um ato decisório mais consentâneo à realidade dos fatos ali discutidos. Mais que isso: um ato decisório compartilhado e racional,

---

[5] Apesar de não destacado de forma expressa pela Lei ao abordar a decisão de saneamento e organização do processo, nada impede que as questões que devam ser decididas por meio desse ato sejam objeto de negociação processual entre as partes, o que vincula o Magistrado (MEDINA, 2016).

visivelmente conforme o Estado Democrático de Direito e em consonância com o princípio da cooperação (THEODORO JÚNIOR et al, 2016).

É claro que, diante dessas particularidades da audiência de saneamento e organização do processo, a decisão daí decorrente será menos passível de irresignação pelas partes, já que elas tiveram a oportunidade de influir na decisão tomada pelo Magistrado, em estrita observância aos princípios do contraditório e da ampla defesa, o que, por certo, contribui para um desfecho mais célere do procedimento (DIDDIER JÚNIOR, 2015).

Outra questão importante é que na decisão de saneamento e organização do processo, independentemente se for proferida ou não em audiência realizada com esse objetivo, será designada, como se viu anteriormente, a audiência de instrução e julgamento, se houver necessidade de produção de prova oral.

Nessas circunstâncias, se tiver sido deferida a produção de prova testemunhal, será estabelecido pelo Magistrado prazo comum não superior a quinze dias para que autor e réu arrolem suas testemunhas, em se tratado de decisão de saneamento e organização do processo proferida sem a realização da audiência ora analisada. No caso de ter sido marcada tal audiência, as partes deverão nela apresentar o mencionado rol.

Na hipótese, ainda, de ter sido determinada a produção de prova pericial, o Magistrado, de pronto, deverá promover a nomeação do perito e estabelecer o prazo para apresentação do laudo pericial, sendo possível, e inclusive recomendável, que seja definido calendário para a produção desse meio de prova.

4 A AUDIÊNCIA DE INSTRUÇÃO E JULGAMENTO

Como anteriormente salientado, havendo necessidade de produção de prova oral, deverá ser designada audiência de instrução e julgamento na decisão de saneamento e organização do processo, sendo esta a terceira das principais audiências que podem ocorrer no procedimento comum.

Antes de serem apontadas as novas regras a ela referentes, é importante esclarecer que, quanto à sua sistemática e à atividade probatória em si, é possível constatar de maneira mais nítida, a concretização do princípio do autorregramento da vontade, que possibilita a negociação processual por parte do autor e do réu. Nesse sentido, e a título de exemplo, constata-se a possibilidade de realização de negócios processuais a respeito da organização da audiência de instrução e julgamento ou mesmo sobre a produção de certo meio de prova (DIDDIER JÚNIOR, 2016).

Chama-se atenção para essa circunstância, porque a atividade probatória que ocorrerá na audiência de instrução e julgamento poderá ser consideravelmente modificada se houver algum negócio processual entre as partes que, se levado a efeito de modo legítimo, necessariamente irá vincular todos os sujeitos do processo, inclusive o Juiz (DIDDIER JÚNIOR, 2016).

Um ponto que deve ser bastante ressaltado é o de que a audiência de instrução e julgamento deve ser conduzida pela decisão de saneamento e organização do processo, que necessariamente será proferida antes de sua realização. Nessa decisão, como anteriormente analisado, o Julgador define as questões fáticas objeto de prova e determina os meios que serão utilizados para comprovar cada uma delas, diretrizes estas que deverão ser observadas por ocasião da colheita da prova oral. Por óbvio que a desconsideração dessa sistemática levará à inutilidade do ato decisório em comento, em visível prejuízo ao rápido andamento do procedimento (DIDDIER JÚNIOR, 2016).

Feitos esses esclarecimentos, passa-se a analisar a normatização específica referente à audiência de instrução e julgamento propriamente dita. Em primeiro lugar, o Código estabelece que, no início dessa audiência, o magistrado deve implementar mais uma tentativa de autocomposição, mesmo que esta não tenha sido exitosa na audiência realizada liminarmente para esse fim (art. 359 do CPC). Nesse ponto, não houve nenhuma alteração em relação ao Código de Processo Civil de 1973.

No entanto, além disso, a Lei 13.105/2015 previu a possibilidade de o julgador se valer de qualquer mecanismo de composição amigável do conflito de interesses, não se restringindo, portanto, à conciliação expressamente mencionada no art. 359 do Código de Processo Civil de 2015.

Essa norma está assim redigida: "*Instalada a audiência, o juiz tentará conciliar as partes, independentemente do emprego anterior de outros métodos de solução consensual de conflitos, como a mediação e a arbitragem*".

Assim sendo, o Juiz não mais se restringe a tentar conciliar as partes. Pode, além disso, aplicar as técnicas de mediação, designar nova sessão para esse fim, ou mesmo esclarecer às partes sobre a possibilidade de utilização de outros mecanismos autocompositivos. A ideia do legislador foi mesmo a de fomentar, mais uma vez, a busca por essas formas alternativas de solução de litígios, evitando-se a imposição da resolução do conflito através de uma decisão judicial (DIDDIER JÚNIOR, 2016).

Assim como o Código de Processo Civil de 1973, o novo Diploma Processual delineia as diretrizes principais do poder de polícia, merecendo destaque disposições que não haviam sido declinadas na lei anterior, sendo, porém, consequência natural dos princípios da ética, da boa-fé e da segurança jurídica (SANTANA; ANDRADE NETO, 2016). A primeira delas se refere ao dever de o Magistrado tratar, de forma urbana, qualquer participante do processo. A outra corresponde à atribuição de registrar na ata de audiência, de modo exato, qualquer pedido formulado durante a sessão, sendo esta disposição de grande relevância para posterior formalização de eventual recurso contra decisão de indeferimento (art. 360, incisos IV e V, do CPC).

Na sequência das normas estabelecidas pelo Código de Processo Civil de 2015 para a audiência de instrução e julgamento, tem-se, no art. 361, a disposição de uma ordem preferencial para produção de provas. Fala-se em preferencial porque não há óbice instransponível para sua alteração, acaso o Juiz entenda necessária tal modificação.

A alteração da ordem pode se dar para uma melhor adaptação do procedimento às particularidades do conflito de interesses, de modo a atribuir uma maior efetividade à proteção jurídica pretendida pelas partes, nos termos do que estabelece o art. 139, inciso VI, do Código de Processo Civil de 2015.

Ademais, como consequência do dever do Juiz de velar pelo célere andamento do procedimento (art. 139, inciso II, do CPC), pode ele entender ser necessária a alteração da ordem de produção de provas, no intuito de evitar suspensão ou adiamento da audiência já designada, caso em que lhe será permitido determinar a produção dos meios probatórios possíveis, designando nova sessão para colheita de provas. Colheita que, de forma justificada, não pode ser realizada por ocasião da primeira sessão (THEODORO JÚNIOR, 2016).

A ordem de produção de provas no Código de Processo Civil de 2015 persiste como era no Código anterior. Assim é que, em primeiro lugar, o legislador estabeleceu que serão ouvidos o perito e os assistentes técnicos, que deverão responder aos quesitos de esclarecimentos formulados por qualquer das partes. Isso, se não tiverem sido respondidos, antes, de forma escrita.

Nesse ponto, é preciso ressaltar que a prova pericial, a princípio, não é uma prova produzida em audiência. No entanto, é possível que haja a necessidade de participação dos peritos ou assistentes técnicos nessa sessão com vistas a serem aclarados alguns pontos da perícia anteriormente realizada, conforme laudo apresentado por esses profissionais.

Esclareça-se, desde já, que o Código de Processo Civil de 2015 expressamente estabelece como dever do perito elucidar qualquer questão que tenha gerado dúvida ou discordância, apresentada pelo Juiz, ou conforme manifestação do autor, do réu, do Ministério Público ou de algum dos assistentes técnicos, sendo que as respostas formuladas pelo auxiliar da justiça deverão se dar, geralmente, por escrito (art. 477, § 2º, do CPC). Contudo, acaso ainda persista alguma dubiedade ou contradição, a parte poderá pleitear a oitiva do perito ou dos assistentes técnicos na audiência de instrução e julgamento, no intuito de serem supridas as dúvidas apresentadas (art. 477, § 3º, do CPC). Nesse caso, serão eles ouvidos em primeiro lugar.

No entanto, é preciso ficar claro que nem as partes nem o julgador poderão se valer da oitiva do perito como se fosse a colheita de uma prova testemunhal, o que poderia ocorrer caso fossem apresentadas perguntas diversas dos quesitos de esclarecimento na audiência (THEODORO JÚNIOR, 2016).

Em segundo lugar, a prova a ser produzida na audiência de instrução e julgamento é o depoimento pessoal das partes, sendo inicialmente ouvido o autor e, depois, o réu, acaso haja pedido expresso nesse sentido da parte contrária.

É interessante apontar que o Código de Processo Civil de 2015 passou a estabelecer a possibilidade de colheita desse meio de prova por videoconferência ou outro recurso tecnológico de transmissão de sons e imagens em tempo real. Fato que poderá ocorrer, inclusive, durante a realização da audiência de instrução e julgamento, acaso o depoente tenha sua residência em local diverso daquele em que tramita o processo (art. 385, § 3º, do CPC). Trata-se de uma regra que facilita a produção desse meio de prova, otimizando, por certo, o tempo de conclusão da demanda. Ressalte-se que essa mesma possibilidade também se aplica à prova testemunhal, acaso a testemunha igualmente resida em outra Comarca, Seção ou Subseção diversa daquela em que corre o processo (art. 453, § 1º, do CPC). Ambas as regras favorecem o princípio da imediatidade ou imediação, ao permitir que o próprio Juiz da causa colha os meios de prova em análise, o que contribui, e muito, para uma adequada compreensão do litígio que envolve as partes e das particularidades que giram em torno do caso, tornando possível uma decisão de maior qualidade (DIDDIER JÚNIOR, 2016).

As testemunhas, aliás, são ouvidas em terceiro lugar na audiência de instrução e julgamento. Houve uma série de alterações quanto à produção desse meio de prova, que, contudo, não é objeto deste estudo. Dentre tais alterações, vale salientar uma delas que afeta diretamente a forma de condução dessa audiência, que é a maneira de inquirição das testemunhas. De acordo com a Lei 13.105/2015, as perguntas serão formuladas diretamente pelas partes, iniciando-se por aquela que arrolou a testemunha, cabendo ao julgador fiscalizá-las, para indeferir aquelas que não irão colaborar para um melhor entendimento do conflito de interesses (art. 459 do CPC). Ao Magistrado persiste a possibilidade de formular suas próprias perguntas à testemunha, acaso entenda necessário, o que poderá ser feito tanto de forma antecipada como de forma postecipada à inquirição feita pelas partes.

Analisada a ordem de produção dos meios de prova na audiência de instrução e julgamento, é preciso que sejam examinadas, ainda, as hipóteses em que ocorrerá o seu adiamento, ponto este que sofreu algumas modificações importantes (art. 362 do CPC).

Dentro desse contexto, é preciso destacar, inicialmente, que, mantendo regra prevista no Código de Processo Civil de 1973, o legislador do novo Diploma Processual estabeleceu a possibilidade de adiamento da audiência por convenção entre as partes. A novidade acerca desse assunto ficou por conta da inexistência de limite para que essa hipótese possa ocorrer, diversamente do que se via na legislação anterior, em que era possível o adiamento nessas circunstâncias somente uma vez (MARINONI; ARENHART; MITIDIERO, 2016).

Ainda haverá o adiamento da audiência caso alguma das pessoas que necessariamente deva participar da sessão deixe de comparecer de modo justificado, devendo tal justificativa ser apresentada e devidamente demonstrada antes mesmo da abertura da sessão. Caso contrário, será possível ao Juiz continuar com a instrução do processo. Na hipótese de não comparecimento do procurador da parte, o Magistrado poderá deixar de colher os meios de prova pleiteados pela parte que ele representa, sendo essa diretriz válida para o membro do Ministério Público e da Defensoria Pública, extensão esta trazida pela nova lei.

Ressalte-se, nesse ínterim, que, diante da flexibilidade estabelecida pelo Código de Processo Civil de 2015 a respeito da ordem de produção dos meios de prova, a ausência do perito, da parte que seria ouvida ou de alguma testemunha, não impede que sejam produzidos os outros meios de prova, podendo ser adiada a sessão apenas para a oitiva da pessoa faltante (THEODORO JÚNIOR, 2016).

Ainda em relação ao adiamento da audiência, o Código de Processo Civil de 2015 passou a prever essa possibilidade quando houver atraso injustificado para o começo dos trabalhos, por período superior a trinta minutos. É claro que essa regra não será aplicada às situações de demora ocasionadas pelo grande número de audiências no dia, pois nesse caso haveria uma justificativa para o atraso.

Terminada a instrução, passa-se à fase de debates orais, caso em que cada parte terá o prazo de vinte minutos para sua exposição final. Não sofreu alteração com a Lei 13.105/2015. A novidade está na possibilidade de memoriais, aplicáveis nas causas de maior complexidade, quando então as partes terão o prazo sucessivo de quinze dias para apresentá-los. Prazo este que não era previsto no Código anterior.

Para finalizar, algumas questões referentes ao registro e documentação da audiência também merecem ser mencionadas. Tal como acontecia no Código de Processo Civil de 1973, na audiência será lavrado termo que conterá resumidamente todo o ocorrido na sessão, além de ser necessário conter, por extenso, qualquer ato decisório prolatado pelo Juiz no ato.

O que há de novo são as disposições contidas nos §§ 5º e 6º do art. 367, que permitem a gravação em imagem e em áudio da audiência, sendo condição para essa possibilidade a garantia de rápido acesso ao seu teor por parte do autor, do réu e dos julgadores. A novel legislação permite, ainda, que a gravação seja realizada pelas próprias partes, não havendo necessidade de autorização judicial para tanto. Nessa última hipótese, entende-se que a parte deverá disponibilizar aquilo que foi gravado à outra, em estrita observância ao que estatui o art. 7º do Código de Processo Civil de 2015 (MARINONI; ARENHART; MITIDIERO, 2016).

Diante dessa normativa, vê-se que as mudanças previstas para a audiência de instrução e julgamento visam otimizar a tramitação desse ato complexo, sem se descurar de princípios como o contraditório, a isonomia, a ampla defesa e a segurança jurídica. O que, mais uma vez, está em consonância com os delineamentos traçados pelo paradigma do Estado Democrático de Direito.

5 CONSIDERAÇÕES FINAIS

Apresentadas as inovações de destaque trazidas pela Lei 13.105/2015 ao sistema processual brasileiro, é possível constatar que também nelas se reflete uma das diretrizes buscadas pelo novo Código de Processo Civil brasileiro: a concretização do princípio da cooperação.

Em todas elas se verifica, como uma constante, o estímulo à efetiva participação dos sujeitos processuais nos vários atos que são realizados em cada uma dessas audiências. Trata-se de uma clara pretensão de afastar o agir estratégico das partes, consubstanciado na tentativa desmedida de se sagrarem vencedores da demanda, e mesmo de interesses não cooperativos que possa ter o julgador. Entendendo-se por interesses não cooperativos o sentido de buscar o aumento do número de processos finalizados sob sua direção, independentemente da forma como isso se dará.

Nesse sentido, a cooperação pretendida está calcada na ideia de se possibilitar um espaço discursivo, no qual as partes tenham a possibilidade de, mesmo atuando em seu benefício, cooperarem para a construção do ato decisório juntamente com o Juiz, o que torna tais atos processuais mais racionais e democráticos.

Na esteira desse pensamento, todos os sujeitos processuais que participam das audiências realizadas no procedimento comum devem estar imbuídos dessa ideia de cooperação tão propalada pelo legislador do Código de Processo Civil de 2015. Sempre no intuito de permitirem a formação de decisões mais consentâneas ao próprio conflito de interesses, em visível benefício das próprias partes e, principalmente, do adequado exercício da função jurisdicional para o caso específico.

REFERÊNCIAS

BRASIL. Constituição (1988). Constituição da República Federativa do Brasil. Brasília: Senado, 1988.

BRASIL. Lei 13.105, de 16 de março de 2015. Código de Processo Civil. **Diário Oficial [da] República Federativa do Brasil**, Brasília, DF, 17 mar. 2015.

DIDIER JÚNIOR, Fredie. **Curso de direito processual civil**: introdução ao direito processual civil: parte geral e processo de conhecimento. 17. ed. v. 1. Salvador: JusPodivm, 2015.

DIDIER JÚNIOR, Fredie. **Curso de direito processual civil**: teoria da prova, direito probatório, teoria do precedente, decisão judicial, coisa julgada e antecipação dos efeitos da tutela. 18. ed. v. 2. Salvador: JusPodivm, 2016.

GHISLENI, Ana Carolina; SPENGLER, Fabiana Marion. A mediação como instrumento de resolução de conflitos baseada na teoria da ação comunicativa de Habermas. In: **Pensar**, Fortaleza, v. 18, n. 1, p. 47-71, jan.-abr. 2013.

HABERMAS, Jürgen. **Direito e democracia**: entre facticidade e validade. Tradução de Flávio Beno Siebeneichler. v. 1. 2. ed. Rio de Janeiro: Tempo Brasileiro, 2003a.

HABERMAS, Jürgen. **Direito e democracia**: entre facticidade e validade. Tradução de Flávio Beno Siebeneichler. v. 2. 2. ed. Rio de Janeiro: Tempo Brasileiro, 2003b.

MARINONI, Luiz Guilherme; ARENHART, Sérgio Cruz; MITIDIERO, Daniel. **Novo código de processo civil comentado**. 2. ed. rev., atual. e ampl. São Paulo: Revista dos Tribunais, 2016.

MEDINA, José Miguel Garcia. **Direito processual civil moderno**. 2. ed. rev., atual. e ampl. São Paulo: Revista dos Tribunais, 2016.

MINAS GERAIS. Tribunal de Justiça do Estado de Minas Gerais. Enunciados dos Grupos de Trabalhos do Fórum de Debates e Enunciados sobre o Novo CPC do Tribunal de Justiça de Minas Gerais, aprovados em Sessão Plenária realizada no dia 26 de fevereiro de 2016. Disponível em: <http://www.tjmg.jus.br/portal/legislacao/novo-cpc/cpc/documentos.htm>. Acesso em: 25 jan. 2017.

RODRIGUES JÚNIOR, Walsir Edson. **A prática da mediação e o acesso à justiça**. Belo Horizonte: Del Rey, 2007.

SANTANA, Alexandre Ávalo; ANDRADE NETO, José de. **Novo CPC**: análise doutrinária sobre o novo direito processual brasileiro. v. 2. Campo Grande: Contemplas, 2016.

THEORODO JÚNIOR, Humberto. **Curso de direito processual civil**. v. 1. 57. ed. rev., atual. e ampl. Rio de Janeiro: Forense, 2016.

THEORODO JÚNIOR, Humberto et al. **Novo CPC**: Lei 13.105, de 16.03.2015: fundamentos e sistematização. 3. ed. rev., atual. e ampl. Rio de Janeiro: Forense, 2016.

CAPÍTULO 10

FUNDAMENTAÇÃO DA SENTENÇA NO ATUAL CPC

Laílson Braga Baeta Neves[1]

1 INTRODUÇÃO

Um dos grandes questionamentos que se faz ao Poder Judiciário é quanto à legitimidade de suas decisões, tendo em vista que seus membros não são eleitos.

É bem verdade que assim o é em quase todo o mundo civilizado, à exceção de quinze Estados-membros dos Estados Unidos da América (EUA). E tão somente quanto ao Poder Judiciário Estadual, sendo que aí também o são eleitos os membros do Ministério Público e os chefes de polícia.

Entretanto, essa constatação não exclui a relevância da questão posta.

O que se pode dizer é que o Judiciário se legitima por meio da fundamentação de suas decisões, considerando argumentos e contra-argumentos postos pelas partes.

Em face da participação dos interessados na formulação da decisão judicial, legitima-se o Poder Judiciário.

Além do mais, a obrigatoriedade da fundamentação das decisões judiciais se encontra posta no artigo 93, inciso IX, da Constituição da República Federativa do Brasil.

---

1 Desembargador do Tribunal de Justiça do Estado de Minas Gerais. Professor.

2 A NORMATIZAÇÃO DO VELHO E DO NOVO CPC

Não é novidade a disposição legal da necessidade da fundamentação da Sentença.

Novo também não é o entendimento de que o princípio da livre convicção não se adapta ao Estado Democrático de Direito, razão pela qual o princípio da persuasão racional motivada deve servir de base para a fundamentação das decisões judiciais, quer sejam elas Sentenças, quer sejam Decisões Interlocutórias.

Artigo 489 do Código de Processo Civil de 2015 (CPC/2015): São *elementos* da sentença:	**Artigo 458 do revogado Código de Processo Civil de 1973 (CPC/1973): São requisitos essenciais da sentença:**
I – o relatório, que conterá o nome das partes, a identificação do caso, com a suma do pedido e da **contestação,** e o registro das principais ocorrências havidas no andamento do processo; II – os fundamentos, em que o juiz analisará as questões de fato e de direito; III – o dispositivo, em que o juiz resolverá as questões principais que as partes lhe submeterem. **§ 1º** Não se considera fundamentada qualquer decisão judicial, seja ela interlocutória, sentença ou acórdão que: I – se a limitar à indicação, à reprodução ou à paráfrase de ato de ato normativo, sem explicar sua relação com a causa ou a questão decidida; II – empregar conceitos jurídicos indeterminados, sem explicar o motivo concreto de sua incidência no caso; III – invocar motivos que se prestariam a justificar qualquer outra decisão; IV – não enfrentar todos os argumentos deduzidos no processo capazes de, em tese, infirmar a conclusão adotada pelo julgador; V – se limitar a invocar precedente ou enunciado de súmula, sem identificar seus fundamentos determinantes nem demonstrar que o caso sob julgamento se ajusta àqueles fundamentos; VI – deixar de seguir enunciado de súmula, jurisprudência ou precedente invocado pela parte, sem demonstrar a existência de distinção no caso em julgamento ou a superação do entendimento. **§ 2º** No caso de colisão entre normas, o juiz deve justificar o objeto e os critérios gerais da ponderação efetuada, enunciando as razões que autorizam a interferência na norma afastada e as premissas fáticas que fundamentam a conclusão. **§ 3º** A decisão judicial deve ser interpretada a partir da conjugação de todos os seus elementos e em conformidade com o princípio da boa-fé.	I – o relatório, que conterá os nomes das partes, a suma do pedido e da resposta do réu, bem como registro das principais ocorrências havidas no andamento do processo; II – os fundamentos em que o juiz analisará as questões de fato e de direito; III – o dispositivo em que o juiz resolverá as questões, que as partes lhe submeterem.

Artigo 490 do CPC/2015	Artigo 459 do revogado CPC/1973
O juiz resolverá o mérito acolhendo ou rejeitando, no todo ou em parte, os pedidos formulados pelas **partes.**	O juiz proferirá a sentença, acolhendo ou rejeitando, no todo ou em parte, o pedido formulado pelo autor. Nos casos de extinção do processo sem julgamento do mérito, o juiz decidirá em forma concisa.

Antes de prosseguir, deve-se dizer que elemento é a parte constituinte de um todo, enquanto requisito pode ser considerado tanto característica básica de alguma coisa, bem como uma mera característica.

3 EXPLICAÇÕES QUANTO ÀS EXIGÊNCIAS DA FUNDAMENTAÇÃO DA SENTENÇA

O artigo 489 do Código de Processo Civil de 2015, ao tratar das Sentenças, utiliza o termo "elementos", ao passo em que a redação do artigo 458 do antigo Código referia-se a "requisitos essenciais".

O CPC/2015 não determina a forma da fundamentação, mas se utiliza de um sistema negativo, ou seja, diz o que não se considera fundamentação.

O inciso I do artigo 489 do Código de Processo Civil de 2015, por exemplo, dispõe que não basta a transcrição da lei ou norma: é essencial que o Juiz explique o motivo da escolha da norma.

No inciso II do citado artigo verifica-se que, como a legislação se utiliza cada vez mais de conceitos indeterminados, não se admite que o Juiz explique a razão da adequação daqueles conceitos ao caso concreto.

O inciso III, por sua vez, determina que não se pode invocar motivos que serviriam a qualquer decisão: "indefiro por falta de amparo legal", "defiro posto que presentes os pressupostos legais".

Todas as alegações juridicamente válidas para que, em tese, influírem na decisão judicial devem ser enfrentadas. Conforme se verifica no inciso IV do referido artigo 489 do CPC/2015, não cabe ao juiz acolher uma alegação sem analisar a outra, exceto no caso em que sejam excludentes, como no caso de alegação de prescrição ou decadência, por exemplo, ou negativa de ocorrência do fato gerador do pretenso direito.

Seguindo a mesma lógica do sistema negativo de identificação da fundamentação das decisões judiciais, o inciso V do mencionado artigo estabelece que o Juiz deve demonstrar que o caso concreto se assemelha ao precedente por ele utilizado, ou com o quadro fático que ensejou a elaboração da Súmula.

O inciso VI do artigo em análise determina que o Juiz deve demonstrar por que o precedente invocado pela parte não corresponde à realidade fática ou jurídica do caso. Não está, entretanto, obrigado ao precedente não alegado.

É inadmissível a Sentença com fundamentação fictícia (dissociada das circunstâncias do caso concreto); fundamentação apenas implícita, ou seja, que se satisfaz com a incompatibilidade aparente entre os argumentos, mas não aponta qual é a incompatibilidade; fundamentação *per relationem*, que se satisfaz apenas em fazer referência a outra; fundamentação que se limita a reproduzir jurisprudência e fundamentação incompleta.

4 ALEGAÇÃO DE INCONSTITUCIONALIDADE

Vários setores da Magistratura e suas Associações de classe alegaram que tal dispositivo é inconstitucional, visto que interfere no Judiciário, determinando como o Juiz deve julgar, quebrando o equilíbrio entre os poderes e ofendendo a autonomia constitucional e, por conseguinte a harmonia estabelecida na Constituição.

Esta alegação encontra respaldo em decisões do Supremo Tribunal Federal (STF) e do Superior Tribunal de Justiça (STJ):

> Os princípios da legalidade, do devido processo legal, da ampla defesa e do contraditório, da motivação das decisões judiciais, bem como os limites da coisa julgada, quando a verificação de sua ofensa dependa do reexame prévio de normas infraconstitucionais, revelam ofensa indireta à Constituição Federal, o que, por si só, não desafia a abertura da instância extraordinária. Precedentes: AI 804.854-AgR, 1.ª Turma, Rel. Min. Carmem Lúcia, DJe de 24.11.2010; e AI 756.336-AgR, 2.ª Turma, Rel. Min. Ellen Gracie, DJe de 22.10.2010.5. O art. 93, IX, da Constituição Federal, resta incólume quando o Tribunal de origem, embora sucintamente, pronuncia-se de forma clara e suficiente sobre a questão posta nos autos, máxime o magistrado não estar obrigado a rebater, um a um, os argumentos trazidos pela parte, quando já tiver fundamentado sua decisão de maneira suficiente e fornecido a prestação jurisdicional nos limites da lide proposta. Precedentes desta Corte: AI 688410 AgR, Relator: Min. Joaquim Barbosa, DJe 30.03.2011; AI 748648 AgR Relator: Min. Dias Toffoli, DJe 19.11.2010.

O Supremo Tribunal Federal, no julgamento do AI/RG/QO 791.292/PE, Relator Ministro Gilmar Mendes, ocorrido em 23.06.2010 (publicado em 13.08.2010), reconheceu a repercussão geral do tema relativo à negativa de prestação jurisdicional (arts. 5º, inciso XXXV, e 93, inciso IX, da Constituição da República) e reafirmou a sua jurisprudência de que na decisão judicial, não se exige o exame pormenorizado de todas as provas e alegações das partes, sendo constitucional a decisão se encontra fundamentada, ainda que sinteticamente, atendendo à previsão contida no artigo 93, inciso IX, da Constituição Federal.

O Superior Tribunal de Justiça (STJ), em julgados diversos e após a publicação do CPC/2015, manifestou-se no seguinte sentido:

> Não se configura omissão se o Tribunal decide integralmente a controvérsia, ainda que por fundamentos diversos daqueles invocados pelas partes. Para motivar suas decisões, o magistrado não precisa se manifestar exaustivamente sobre todos os pontos arguídos pelas partes, sobretudo se forem impertinentes ou irrelevantes à formação de seu livre convencimento. Basta que a fundamentação seja suficiente à adequada e integral solução da lide (SILVEIRA, 2016, p. 80).

Ainda nesse sentido, diz o STJ:

> De comum sabença, cabe ao magistrado decidir a questão de acordo com o seu livre convencimento, utilizando-se dos fatos, provas, jurisprudência, aspectos pertinentes ao tema e da legislação que entender aplicável ao caso, não estando obrigado a rebater, um a um, os argumentos apresentados pela parte quando já encontrou fundamento suficiente para decidir a controvérsia (SILVEIRA, 2016, p. 80).

Creio que uma intermediação entre as posições hoje antagônicas é o mais equilibrado.

Contudo não encontro inconstitucionalidade na disposição do CPC/2015, visto que não se interfere no julgamento, mas tão somente define parâmetros para o entendimento do que vem a ser fundamentação, cabendo interpretação nos termos dos Tribunais Superiores e juízos monocráticos, desde que não em confronto com a lei e a Constituição.

5 BREVE APRECIAÇÃO ACADÊMICA E SUA PRATICIDADE

Tendo em vista a afirmação de Karl Larenz, citada por Alexy (2005, p. 33), que "*ninguém mais pode afirmar seriamente que a aplicação das normas jurídicas* não é senão *uma subsunção lógica às premissas maiores e abstratamente formuladas*", surge a preocupação dos teóricos quanto à imprecisão das formas argumentativas ou fundamentações das decisões judiciais.

Voese (2006, p. 103), quando menciona a argumentação responsável, cita o russo Mikhail Bakhtin, e afirma que todo ato deve ser analisado como *ação responsável* que emerge da oposição entre o ato realmente ocorrido e o sentido que lhe confere uma interpretação. Ou seja, todo ato pode receber diferentes interpretações que produzem diferentes sentidos. E essas interpretações orientam o sentido de novos atos. Por isso, humanizam ou não as relações sociais.

Voltando a Alexy (2005, p. 33), quatro motivos são causa da preocupação: 1) a imprecisão da linguagem do Direito; 2) a possibilidade de conflitos entre normas; 3) a possibilidade de haver casos que requeiram regulamentação jurídica, em face da inexistência de adequação de outra já existente; 4) a possibilidade, em casos especiais, de uma decisão que contraria a literalidade da norma.

E apresenta as seguintes propostas de solução: 1) basear-se em convicções e consensos faticamente existentes, assim como em normas não-jurídicas faticamente vigentes ou seguidas; 2) referir-se a valorações que, de alguma maneira, podem ser extraídas do material jurídico existente (incluídas as decisões anteriores); 3) recorrer a princípios suprapositivos.

Embora conhecimentos empíricos também possam ser utilizados, não são o suficiente, para, isoladamente, deduzirem-se premissas normativas deles.

Vê-se que as soluções propostas, encontram ressonância na disposição do CPC/2015.

Entretanto, entende-se que tais proposições não são o suficiente para resolver o problema.

Finalmente, recorre-se a Klaus Gunther (2004), que aponta o discurso de aplicação como base para a fundamentação das decisões judiciais.

Para ele uma norma é imparcial quando puder contar com a anuência de todos.

Entretanto a aplicação diz respeito à adequabilidade. Para que se determine se algo é ou não é adequado, é preciso que se veja diante do caso concreto (concreção). Essa adequabilidade só pode ser determinada mediante o exame de todas as características da situação, bem como a consideração de todas as normas eventualmente aplicáveis.

A aplicação está ligada a relação da situação e todas as normas que possam ter aplicação em tese. Devem ser consideradas todas as características do caso em relação a todas as normas possivelmente aplicáveis. Para tanto, deve-se observar a coerência para que se constitua a imparcialidade da decisão. A aplicação será imparcial quando, de forma coerente, realizar a adequação entre todas as características e todas as normas envolvidas em cada caso.

Essa posição encontra apoio em Juarez Tavares, Menelick de Carvalho Netto e Leonel Cesarino Pessoa, para citar apenas alguns.

Com essas observâncias, entendo que satisfeita a necessidade de atendimento ao que dispõe o artigo 93, inciso XI, da Constituição da República Federativa do Brasil, e se encontra dentro de todo o disposto no CPC/2015.

REFERÊNCIAS

ALEXY, Robert. **Direito, razão, discurso**: estudos para a filosofia do direito. Tradução de Luís Afonso Heck. Porto Alegre: Livraria do Advogado, 2010.

ALEXY, Robert. **Teoria da argumentação jurídica**. Tradução de Cláudia Toledo. 2. ed. São Paulo: Landy, 2005.

BRASIL. Lei 5.869, de 11 de janeiro de 1973. Institui o Código de Processo Civil. **Diário Oficial [da] República Federativa do Brasil**, Brasília, DF, 17 jan. 1973. Republicado no **Diário Oficial [da] República Federativa do Brasil**, Brasília, DF, 27 jul. 2006.

BRASIL. Lei 13.105, de 16 de março de 2015. Código de Processo Civil. **Diário Oficial [da] República Federativa do Brasil**, Brasília, DF, 17 mar. 2015.

GUNTHER, Klaus. **Teoria da argumentação no direito e na moral**: justificação e aplicação. Tradução de Cláudio Molz. São Paulo: Landy, 2004.

SILVEIRA, Artur Barbosa da. **Inovações no processo civil brasileiro**: comentários tópicos ao novo código de processo civil. Curitiba: Juruá, 2016.

VOESE, Ingo. **Argumentação jurídica**: teoria, técnicas, estratégias. 2. ed. Curitiba: Juruá, 2009.

CAPÍTULO 11

BREVES CONSIDERAÇÕES SOBRE A CLÁUSULA GERAL DE EFETIVAÇÃO OU DE ATIPICIDADE DE MEDIDAS EXECUTIVAS NA EXECUÇÃO DE QUANTIA CERTA

Lilian Maciel Santos[2]

1 INTRODUÇÃO

Já de muito a comunidade jurídica estava ansiosa pela alteração do processo civil, considerando que o Direito Processual Civil tem que ser interpretado à luz do Direito Constitucional, principalmente após a consagração pela Emenda Constitucional n. 45, de 2004, e do princípio da **efetividade da jurisdição.** Este último, fixado na Constituição Federal, assim:

> *Art. 5º.* [...]
>
> LXXVIII – A todos, no âmbito judicial e administrativo, são assegurados a razoável duração do processo e os meios que garantam a celeridade de sua tramitação.

Essa *reconstrução* do Direito Processual Civil, com base nessa jurisdição efetiva perpassa, por sem dúvida, numa concepção de que o processo tem um fim único: ser útil ao jurisdicionado.

Há uma nítida pressão social reivindicando novos direitos e, com isso, detectou-se a insuficiência dos instrumentos processuais existentes de

---

[1] Desembargadora do Tribunal de Justiça do Estado de Minas Gerais. Professora.

caráter estruturadamente individualista. O processo é método de atuação do Estado, no sentido de técnica que deve ser utilizada pelo Estado-Juiz para prática e exteriorização de sua vontade. A comunicação e a simbiose dos planos material e processual devem ser a tônica.

O preceptor desta ideia foi Mauro Capelletti que vislumbrou as chamadas "ondas de acesso à justiça". O pensamento do Direito Processual Civil passou a ser voltado para a realização de fins alheios ao processo, isto é, a se pensar o processo civil, mais como meio (instrumento) do que como fim em si mesmo, colocando no plano social e político a necessidade de verificar em que condições o direito processual civil tem aptidão concreta de atingir os seus objetivos.

Chama a atenção a terceira onda do processo que se volta para a criação de mecanismos alternativos de solução de conflitos que dispensam ou, quando menos, flexibilizem a atuação da função jurisdicional, sendo que se acrescenta a criação de instrumentos e técnicas processuais que efetivem no plano material o direito da parte de forma célere e eficaz. É nessa terceira que se pode perceber a possibilidade de uma maior atividade judicial criativa-valorativa.

Mais do que nunca, ante o anseio da sociedade de um Poder Judiciário ágil e com rápidas respostas, ante a busca da justiça e, consequentemente, da paz social, as inovações legislativas concretizaram a efetividade da prestação jurisdicional, competindo agora aos operadores do Direito pôr em prática tudo isso, mudando da ideia da eternização do processo.

Kazuo Watanabe (2000, p. 20-21) já demonstrava esse anseio, quando escreve:

> uma das vertentes mais significativas das preocupações dos processualistas contemporâneos é o da efetividade do processo como instrumento da tutela de direitos. Do conceptualismo e das abstrações dogmáticas que caracterizam a ciência processual e que lhe deram foros de ciência autônoma, parte hoje os processualistas para a busca de um instrumento mais efetivo do processo, dentro de uma ótica mais abrangente e mais penetrante de toda a problemática sociojurídica. Não se trata de negar os resultados alcançados pela ciência processual até esta data. O que se pretende é fazer dessas conquistas doutrinárias e de seus melhores resultados um sólido patamar para, com uma visão crítica e mais ampla da

> utilidade do processo, proceder ao melhor estudo dos institutos processuais – prestigiando os institutos tradicionais, ou concebendo institutos novos – sempre com a preocupação de fazer com que o processo tenha plena e total aderência à realidade sociojurídica a que se destina, cumprindo sua primordial vocação que é a de servir de instrumento à efetiva realização dos direitos.

Não foi sem propósito que o Código de Processo Civil de 2015 (CPC/15) em seu art. 4º estatuiu que "*as partes têm o direito de obter em prazo razoável a solução integral do mérito, incluída a atividade satisfativa*.".

Assim, na seara da execução, especificamente na obrigação de pagamento de quantia certa, esse escorço objetiva fazer uma análise sobre o novo art. 139, particularmente o inciso IV, do CPC/15.

2 DA EXECUÇÃO DE TÍTULO JUDICIAL PARA PAGAMENTO DE QUANTIA CERTA: CONSIDERAÇÕES SOBRE A MITIGAÇÃO DO PRINCÍPIO DA TIPICIDADE

Pouca mudança houve no âmbito da execução no novo CPC, pois as grandes alterações já haviam ocorrido com as Leis 11.232, de 2005, e 11.382, de 2006, já no Código de Processo Civil de 1973 (CPC/73) criando o modelo sincrético para as execuções de pagamento de quantia certa.

Contudo, embora não tenha havido nenhuma alteração substancial quanto ao rito processual do cumprimento da sentença para pagamento de quantia certa, trouxe o NCPC uma importante inovação com o art. 139, IV do CPC/15 que dispõe:

> ***Art. 139.*** O juiz dirigira o processo conforme as disposições deste Código, incumbindo-lhe:
>
> [...]
>
> IV – determinar todas as medidas indutivas, coercitivas, mandamentais ou sub-rogatórias necessárias para assegurar o cumprimento da ordem judicial inclusive nas ações que tenham por objeto prestação pecuniária. (grifo nosso).

Nesse ponto, algumas considerações devem ser feitas. O art. 139, inciso IV, do CPC/15 estampa a chamada ***cláusula geral de efetivação ou de atipicidade de medidas executivas,*** na medida em que possibilita ao Juiz determinar todas as medidas indutivas, coercitivas, mandamentais ou sub-rogatórias necessárias para assegurar o cumprimento de ordem judicial, inclusive nas ações que tenham por objeto prestação pecuniária.

Importante ressaltar que se trata de uma importantíssima modificação em toda a e estrutura das execuções fundadas em pagamento de quantia certa, considerando que se passou a vivenciar uma mitigação do princípio da tipicidade da execução nessa modalidade de execução.

Explicitando a questão. O **princípio da tipicidade dos atos executivos** significa, segundo a formulação tradicional, que os atos executivos a serem praticados pelo Estado-Juiz são típicos, no sentido que eles são prévia e exaustivamente previstos pelo legislador.

O Juiz, no caso concreto, não tem nesta perspectiva de análise do princípio, nenhuma liberdade para alterar o padrão de atos processuais e, mais amplamente, de técnicas que lhe são reconhecidas como as únicas legítimas pela lei.

A razão da tipicidade dos atos executivos é justificada a partir de uma perspectiva histórica. É de se relembrar que o modelo constitucional brasileiro tem assento na ideia *montesquiana* de separação de poderes, defendida pelo liberalismo e que, além disso, defendia certa abstenção estatal. Nessa toada, o Estado não deveria interferir nos interesses privados dos administrados. Acrescente-se a tudo isso, o fato de que o Judiciário não era visto com bons olhos, pois o rei tinha influência sobre o Judiciário, já que seus membros eram indicados pelo monarca.

Esse sentimento de desconfiança do Judiciário refletia-se no âmbito da execução, justamente através do princípio da tipicidade. Essa repulsa em relação ao Judiciário não permitia o desenvolvimento de técnicas processuais que pudessem agilizar a execução. Daí o apego excessivo à lei, o que veio a retardar e a efetivar os direitos fundamentais assegurados na Constituição.

Assim é que nas execuções de quantia certa, o Poder Judiciário somente poderia excutir o patrimônio do devedor após o devido processo legal, fundado na certeza jurídica, o que implica uma previsão hermética dos atos cabíveis de serem realizados na execução.

A evolução do princípio foi justamente possibilitar, de acordo com as necessidades de cada caso, uma atividade valorativa do julgador, de modo que pudesse aferir qual o melhor meio executivo para satisfazer o credor.

O Juiz do caso concreto, portanto, pode e deve criar os meios executivos mais adequados para a realização concreta do direito reconhecido no título, a partir do referencial estabelecido pela lei processual civil. Isso foi uma grande evolução para o processo de execução e, por óbvio, na realização do direito do cidadão.

> A atipicidade dos meios executivos tem cabimento, portanto, nos casos em que a lei não fez escolhas expressas quanto aos mecanismos de efetivação das decisões judiciais ou quando as escolhas existentes se mostrem, em cada caso concreto, insuficientes porque desconformes ao modelo constitucional do processo civil. (BUENO, 2014, p. 61)

Há uma janela aberta, a partir de uma clausula geral que deixa as possibilidades de escolha a critério do julgador.

Essa situação ocorria antes do CPC/15 na seara das sentenças condenatórias a *obrigação de fazer e não fazer* e *obrigação de entrega coisa*, na medida em que o CPC/73 nos seus artigos 461 e 461-A dispunha que "*na ação que tenha por objeto o cumprimento de obrigação de fazer ou não fazer, o juiz concederá a tutela específica da obrigação ou, se procedente o pedido, determinará providências que assegurem o resultado prático equivalente ao do adimplemento.*" (grifos nossos).

Sem dúvida, uma cláusula aberta contida naqueles dispositivos, pois autorizava a lei que o julgador avalie no caso concreto qual a melhor forma de obter "um resultado prático" ante o inadimplemento do devedor.

Dessa abertura propiciada pelo legislador nessas execuções específicas de fazer não fazer e entrega de coisa certa, verificou-se a mitigação de outro princípio, **o da patrimonialidade.**

Como sabido, os mecanismos coercitivos se contrapõem aos sub-rogatórios, pelos quais o próprio poder jurisdicional, mediante atos diretos do Juiz ou de auxiliares seus, produz o resultado que se teria com o cumprimento da decisão. Na concepção clássica de processo, a atuação executiva deveria se dar basicamente mediante mecanismos sub-rogatórios.

Desta forma, quando não fosse possível a substituição da conduta do obrigado por providências judiciárias, a execução específica se resolvia em "perdas e danos", ou seja, a execução específica se convolava numa execução de quantia certa que, exatamente por conta dessa situação, era classificada como a execução subsidiária a todas as demais que restaram frustradas.

Essa noção restou superada, de modo que o método atípico nessas modalidades específicas de execução, passou a propiciar ao julgador a busca pela efetivação da obrigação "in natura" nos exatos termos em que foi fixada no título judicial.

Contudo, a tutela condenatória no caso do pagamento de quantia certa ficou excluída desse sistema. A obrigação inadimplida de pagar continuou reclamando a prática de atos sub-rogatórios sobre o patrimônio do devedor, expressamente previstas no Livro II do CPC/73.

Assim, no CPC revogado (CPC/73) o que distinguia uma tutela condenatória de pagamento de quantia certa, das tutelas condenatórias à obrigação de fazer ou não fazer e entrega de coisa era a **tipicidade ou atipicidade dos meios executivos, isto é, as técnicas empregadas e empregáveis para realização concreta de uma e de outra.**

O art. 139, inciso IV, do CPC/15, por sem dúvida, quebrou esses paradigmas, na medida em que autorizou o julgador a utilização, em certa medida, de métodos atípicos de execução no âmbito da conservadora execução de quantia certa.

O referido dispositivo ao possibilitara que se possa "*determinar todas as medidas indutivas, coercitivas, mandamentais ou sub-rogatórias necessárias para assegurar o cumprimento da ordem judicial inclusive nas ações que tenham por objeto prestação pecuniária.*", por sem dúvida, quis mitigar o rigor do método típico das execuções de quantia certa.

Marinoni, Arenhart e Mitidiero (2016, p. 774) escrevem:

> [...] O direito de ação continua sofrendo, ao menos em relação às prestações pecuniárias, de insuficiência normativa e carece de proteção mais eficiente.
>
> Todavia, há um preceito que pode mudar essa imagem. Embora a leitura dos artigos que tratam especificamente do "cumprimento de sentença" indique exatamente a opção clara do legislador para a tipicidade das formas executivas da prestação de pagar quantia certa, um dispositivo, inserido inadvertidamente dentre os poderes do juiz, pode autorizar uma releitura completa do sistema.
>
> Trata-se do art. 139, IV, que permite ao juiz "determinar todas as medidas indutivas, coercitivas, mandamentais ou sub-rogatórias necessárias para assegurar o cumprimento de ordem judicial, inclusive nas ações que tenham por objeto prestação pecuniária".

> [...].
> Essa abertura do sistema, como é evidente, significa nova ruptura paradigmática no modelo processual brasileiro. Ao passo que dá novo significado à atividade jurisdicional, valorizando o "imperium" contido na decisão judicial e confere novos mecanismos de proteção dos direitos. A regra, ademais, supre a lacuna inconstitucional da legislação brasileira, colocando a tutela das prestações pecuniárias no mesmo nível que aquela oferecida às outras formas de interesses. O código brasileiro, então, dá passos importantes para uma tutela mais efetiva, adequada e tempestiva de todos os direitos. [...] ***há, de todo modo, uma luz no fim do túnel.*** (grifo nosso).

3 DO DIMENSIONAMENTO DO ART. 139, INCISO IV DO CPC

Diante de todas as reflexões, se o Poder Judiciário é quem deve ser o guardião do direito do cidadão, deve ter mecanismos para efetivar esse direito, sob pena de descumprir sua missão **constitucional**.

Contudo, a exegese do referido dispositivo deve levar em conta alguns critérios, na medida em que as execuções guardam cada qual suas particularidades. Marcelo Lima Guerra (2003, p. 127) fala das técnicas aplicáveis a efetivação de decisões judiciais:

> I – da adequação, no sentido de que haja a real possibilidade concreta de que o uso da medida leve ao cumprimento específico;
>
> II – da exigibilidade, segundo o qual a medida escolhida pelo Juiz deve resultar o menor prejuízo possível ao devedor, dentro do estritamente necessário para que se atinja efetivação buscada;
>
> III – da proporcionalidade em sentido estrito, segundo o qual o Magistrado, antes de eleger a medida, sopese as vantagens e desvantagens de sua aplicação, buscando a solução que mais bem atenda aos valores do conflito.

Por certo que, nas obrigações de fazer e não fazer a necessidade das multas se mostra muito óbvia, na medida em que se busca um comportamento do devedor, o que muitas das vezes não têm como ser suprido por um terceiro. Por isso, as multas nessa modalidade de execução se mostram efetivamente úteis e pertinentes.

Diferente é o caso das execuções/cumprimento de Sentenças objetivando o pagamento de quantia certa. Para esse modelo já existe todo um *iter* procedimental que se inicia com a penhora até culminar na satisfação do credor com o pagamento. Dentro desse contexto, o pressuposto ou a premissa para a possibilidade de aplicação do art. 139, IV do CPC/15, deve ser de aplicabilidade restrita e excepcional, vale dizer, após esgotados e frustrados os meios executivos típicos e ordinários.

Assim sendo, nessa seara do pagamento de quantia certa, a fixação, por exemplo, das *astreintes* deve ser de medida excepcional, haja vista a existência de outros meios, que se mostram menos onerosos ao devedor.

Por isso, como escreveu Gajardoni (2015):

> [...] a prevalecer a interpretação potencializada do art. 139, IV, do CPC/2015 –, o emprego de tais medidas coercitivas/indutivas, especialmente nas obrigações de pagar, encontrará limite certo na excepcionalidade da medida (esgotamento dos meios tradicionais de satisfação do débito), na proporcionalidade (inclusive à luz da regra da menor onerosidade do devedor do art. 805 do CPC/2015), na necessidade de fundamentação substancial e, especialmente nos direitos e garantias assegurados na Constituição Federal [...].

Como consequência da liberdade de escolha que o Juiz deverá ter sempre as premissas da excepcionalidade e da proporcionalidade da medida a ser imposta. Desta forma, decisões que se tem visto como apreensão de carteira nacional de habilitação, passaporte não atentam para a proporcionalidade na medida em que esbarram em outros direitos do cidadão tuteláveis, como o da liberdade de ir e vir.

Ao Juiz é conferido o poder geral para a adoção de medidas coercitivas previstas no atual art. 536, § 1º, do CPC/15 e que não é um rol exaustivo. Mas, com alerta Talamini (2015) não se trata de poder ilimitado. Para tanto ensina o renomado autor:

> Primeiro, fica afastada a adoção de qualquer medida que o ordenamento vede. Por exemplo, não poderá ser usada a prisão civil, senão na restrita hipótese prevista na Convenção Americana de Direitos Humanos (para descumprimento de ordem judicial impositiva de dever de natureza alimentícia).

> Depois, mesmo no universo de medidas em tese admissíveis, terão de ser considerados os princípios gerais da proporcionalidade e razoabilidade, que norteiam toda a atuação estatal. As providências adotadas devem guardar relação de adequação com o fim perseguido, não podendo acarretar na esfera jurídica do réu sacrifício maior do que o necessário. O art. 620 do CPC/73 (CPC/15, art. 805) nada mais é do que expressão dessas diretrizes no processo executivo. Daí que a formulação contida nessa norma é por igual aplicável às demais modalidades de processo – não propriamente "por analogia", mas pela direta incidência daqueles princípios (aliás, no CPC/15, os princípios constitucionais da proporcionalidade e da razoabilidade são reafirmados em suas normas gerais – art. 8º).

Nessa linha de raciocínio continua:

> Em primeiro lugar, o meio de coerção não pode inviabilizar o cumprimento, pelo réu, do dever de fazer ou de não fazer. Não é providência que se destine a penalizar o réu: o sacrifício que se lhe impõe não é castigo nem visa à sua educação; está instrumentalmente vinculado à perspectiva de cumprimento. Use-se como exemplo hipótese similar à condenada pelo Supremo: contra o construtor inadimplente na obrigação de finalizar uma obra, jamais se poderia adotar a suspensão de sua licença para atuar.
>
> Além disso, a medida coercitiva não pode sacrificar bem jurídico substancialmente mais relevante, do ponto de vista axiológico, do que o bem protegido. Na maioria dos casos, seria desproporcional e desarrazoada a ameaça de fechamento de uma empresa (com todas as suas graves consequências sociais), caso ela não cumprisse ordem judicial de prestação de serviço contratualmente assumido dentro de determinado prazo. No entanto, semelhante expediente, tal como o lacre de maquinário, poderia tornar-se eventualmente justificável, se o interesse tutelado pela providência dissesse respeito ao meio ambiente ou à saúde pública. (Note-se que, neste exemplo, a medida tende a assumir caráter dúplice – funcionando como instrumento de coerção e também como providência sub-rogatória, quando servir, por exemplo, para sustar a continuidade do resultado danoso ao meio ambiente ou à saúde pública.)
>
> A esse ponto liga-se outro aspecto essencial. Além do problema atinente à desproporção sob o aspecto qualitativo, põe-se o problema da exorbitância subjetiva. Não se pode restringir uma

> garantia institucional fundamental. Sob o aspecto subjetivo, determinada medida pode implicar cercear gravemente determinado direito do cidadão ou mesmo de toda uma coletividade.
>
> Além de tais balizas relativas ao conteúdo da medida, outra igualmente relevante para a legitimidade da medida coercitiva ou sub-rogatória põe-se no âmbito procedimental. Sempre que possível, o juiz ouvirá previamente as partes (e o terceiro contra quem a ordem e a medida de coerção são dirigidas, como é o caso), ainda que fixando prazo breve para tal manifestação. A observância do contraditório prévio à adoção das medidas atípicas só será afastada nos casos de extrema urgência.
>
> Some-se a isso a questão, não menos relevante, atinente à eficiência prática da medida. Eis um aspecto fundamental das medidas coercitivas: elas não são pena, não são castigo; precisam eficientemente funcionar como meio de pressão psicológica.

Em resumo, o julgador deverá buscar qual é ponto certo de equilíbrio quando escolhe um determinado método coercitivo nas execuções para pagamento de quantia certa. Essa medida tem que se mostrar eficaz, do contrário, além de todos os contrapontos já mencionados, gera um descrédito no próprio Poder Judiciário.

4 AS DECISÕES NOS TRIBUNAIS SOBRE A EXTENSÃO DO ART. 139, IV, DO CPC NAS EXECUÇÕES DE QUANTIA CERTA

A questão, por óbvio, chegou aos Tribunais. Mas, como adiante se verificará, inexiste um consenso quanto à extensão da aplicação do inciso IV do art. 139 do CPC, havendo tanto julgados que fazem uma exegese restritiva do dispositivo e outros, ao contrário, potencializam a clausula geral.

Vejamos, portanto, algumas das decisões que vêm ocorrendo sobre esse tema. Em sentido de interpretação restrita:

> HABEAS CORPUS - SUSPENSÃO DA CARTEIRA DE HABILITAÇÃO (CNH) - DESCABIMENTO - ART. 139, IV, CPC - Providência que se mostra prematura e que não está ligada diretamente ao direito de crédito - Paciente que exerce a função de "agente de segurança" junto a Tribunal Regional do Trabalho, sendo a habilitação para dirigir requisito essencial ao exercício de

> sua profissão – Além disso, a medida não decorre da prática de infração de trânsito, prevista na Lei nº 9.503/97 (Código de Trânsito Brasileiro)– Providência que se mostra de duvidosa eficácia, desproporcional e inadequada – ORDEM CONCEDIDA. (TJ-SP 21439288220178260000 SP 2143928-82.2017.8.26.0000, Relator: Sérgio Shimura. Data de Julgamento: 15-1-2018, 23.ª Câmara de Direito Privado. Data de Publicação: 15-1-2018)
>
> EXECUÇÃO. MEDIDAS COERCITIVAS EXCEPCIONAIS. ART. 139, IV, CPC/2015. Apesar de o Código de Processo Civil ampliar o rol de medidas coercitivas que o juiz pode determinar, este, guiado pelo princípio da razoabilidade e proporcionalidade, deve observar o ordenamento jurídico, não lhe cabendo aplicar medidas que violem direitos fundamentais ou sejam desarrazoadas em relação ao crédito trabalhista que se busca tutelar. [...] Apesar de a execução ser realizada no interesse do credor, não se podem tomar medidas que não guardem relação com o recebimento da parcela trabalhista. Nem a CNH, nem o passaporte ou cartões de crédito do devedor guardam relação com a natureza creditícia, e importam em violação dos direitos fundamentais, ferindo a dignidade humana dos executados, o que não pode ser aquiescido por este Egrégio Tribunal. Afinal, a base estrutural do ordenamento jurídico é a Constituição Federal, e esta prevê em seu art. 5º, XV, o direito de ir e vir. Assim, acolher a pretensão da agravante de suspender a CNH e recolher o passaporte significa limitara liberdade de locomoção, garantida constitucionalmente, e aplicar sanção incompatível com a Justiça Trabalhista. (TRT-3 – AP: 01769201301103005 0001769-50.2013.5.03.0011, Relator: Convocado Antônio Carlos R. Filho, Nona Turma. Data de Publicação: 28-2-2018).

Noutro sentido, temos:

> AGRAVO DE INSTRUMENTO. EXECUÇÃO DE HONORÁRIOS ADVOCATÍCIOS. MEDIDAS EXECUTIVAS INFRUTÍFERAS. APLICAÇÃO DO ART. 139, IV, CPC. SUSPENSÃO DA CNH. POSSIBILIDADE APREENSÃO DO PASSAPORTE. VIOLAÇÃO AO DIREITO DE LOCOMOÇÃO. DECISÂO REFORMADA EM PARTE. 1– O art. 139, IV, do CPC prevê as denominadas medidas executivas atípicas, a fim de que o magistrado possa determinar medidas indutivas, coercitivas, mandamentais

ou sub-rogatórias necessárias ao cumprimento da ordem judicial, inclusive nas ações que tenham por objeto prestação pecuniária. 2-Tendo sido adotadas todas as medidas executivas típicas, e evidenciado que o devedor se furta a adimplir com suas obrigações, mostra-se cabível a aplicação de medidas executórias atípicas com o fito de alcançar a efetividade do provimento jurisdicional. 3– A aplicação das medidas atípicas deve observar os fins sociais e o bem comum, resguardando a dignidade humana tanto dos devedores, quanto dos credores. 4– A suspensão da CNH não ofende o direito constitucional de ir e vir previsto no art. 5º, XV, da CF, porquanto a locomoção do recorrente poderá se dar livremente por outros meios. 5– Não sendo instrumento imprescindível à atividade profissional do devedor, a apreensão da habilitação para direção de veículos não é medida ofensiva à dignidade. 6– De outro lado, a apreensão do passaporte constitui ofensa ao direito de ir e vir, tendo em vista a impossibilidade do executado sem a posse do documento, ausentar-se do território nacional. 7– Recurso conhecido e parcialmente provido. (TJ-DF 07026741120188070000 DF 0702674-11.2018.8.07.0000, Relator: Josaphá Francisco dos Santos. Data de Julgamento: 21-6-2018, 5.ª Turma Cível. Data de Publicação: Publicado no DJE: 2-7-2018.)

AGRAVO DE INSTRUMENTO. EXECUÇÃO DE ALIMENTOS. SUSPENSÃO DA HABILITAÇÃO PARA DIRIGIR VEÍCULO AUTOMOTOR. CABIMENTO. 1. No caso, cabível a determinação judicial de suspensão da habilitação para dirigir veículo automotor do executado, nos termos do art. 139, IV, do CPC, na medida em que o exequente já tomou todas as providências que estavam ao seu alcance no intuito de receber o débito alimentar, sem sucesso. 2. Trata-se de providência tendente a assegurar efetividade à decisão que condenou o devedor ao pagamento de pensão, e que se justifica plenamente, porque a situação enfrentada é de natureza singular, já que, não obstante todas as providências adotadas pela parte credora, não houve êxito na cobrança dos alimentos devidos. 3. Além disso, na seara alimentar é admitida a adoção de medidas até mais drásticas que a aqui questionada, do que é exemplo a prisão civil, que, extrapolando as segregações de natureza penal, encontra conformidade não só na lei, como no pacto de São José da Costa Rica, de que o Brasil é signatário. 4. Não há que se cogitar de imposição de pena perpétua, uma vez que a matéria tratada possui natureza

> civil e cessará tão logo adimplida a obrigação do devedor, não sendo necessário maior esforço para concluir que direito deve prevalecer no cotejo entre o direito à vida e à existência digna e o de dirigir veículo automotor. Agravo de Instrumento provido. (Tribunal de Justiça do RS. Agravo de Instrumento 70076587492. Oitava Câmara Cível. Relator: Ricardo Moreira Lins Pastl, Julgado em 12-4-2018)

Observa-se que o próprio sentido do que vem a ser razoável e proporcional varia de julgador para julgador, justamente porque a norma é aberta e somente pelo caso concreto é que se pode aquilatar qual a medida mais eficaz. De qualquer sorte, é interessante se atentar que a medida escolhida qualquer que seja ela, tem que ter a potencialidade de atingir o resultado do inadimplemento. Do contrário, não se justifica e seria realmente transmudar a natureza da medida de coerção em punição, o que definitivamente não é o objetivo do art. 139, IV, do CPC.

5 CONSIDERAÇÕES FINAIS

Tamanha é a dificuldade pelo que se pode verificar de qual é a medida justa ou a exata medida da justiça no caso concreto. O credor tem legítimo interesse em receber seu crédito e o devedor deve satisfazer a obrigação na medida de suas possibilidades. É o princípio da execução equilibrada, de forma que o princípio da menor onerosidade da execução deve ser contrabalanceado pelo princípio da utilidade da execução em prol do exequente.

Desta forma, prevê o art. 805 do CPC que, sempre que a execução possa se desenvolver por mais de um meio, deve-se optar por aquele que seja menos gravoso ao executado, fruto do respeito ao princípio da preservação da dignidade humana e que, inclusive, se erige como fundamento da República Federativa do Brasil. Exatamente por conta disso, as medidas coercitivas em sede de execução de pagamento de quantia certa são extremamente válidas e um avanço para o processo civil, que deixa as amarras do método típico nesse tipo de execução.

Contudo, será a partir de cada caso em concreto, das peculiaridades do credor como, por exemplo, trata-se de um credor de alimentos, assim como da postura do devedor que muitas vezes se mostra recalcitrante e desleal para com a execução buscando subterfúgios para não pagar, é que se aquilatará qual a medida mais justa para o caso em concreto.

Não é possível, em um método atípico e aberto, pensar-se em uma solução pronta. Não se pode partir da premissa, por exemplo, de que em toda e qualquer situação não se deve bloquear a CNH do devedor, à guisa de exemplificação. Haverá situações em que essa medida extrema se tornará necessária, não como caráter punitivo, mas pedagógico com o intuito de que o executado cumpra a obrigação e noutros a referida medida será totalmente inócua e ineficaz, não justificando sua aplicação.

Achar o fiel da balança na execução será o grande desafio do julgador na busca do cumprimento de sua missão constitucional de entregar uma justiça rápida e eficaz.

REFERÊNCIAS

BRASIL. Constituição (1988). Constituição da República Federativa do Brasil. Brasília: Senado, 1988.

BRASIL. Lei 13.105, de 16 de março de 2015. Código de Processo Civil. **Diário Oficial [da] República Federativa do Brasil**, Brasília, DF, 17 mar. 2015.

BUENO, Cássio Scarpinella. **Curso sistematizado de processo civil**: tutela jurisdicional executiva. v. 3. 7. ed. rev. e atual. São Paulo: Saraiva, 2014.

GAJARDONI, Fernando da Fonseca. A revolução silenciosa da execução por quantia. 24.08.2015. Disponível em: <http://jota.info/artigos>.

GUERRA, Marcelo Lima. **Direitos fundamentais e proteção do credor na execução civil**. São Paulo: RT, 2003.

MARINONI, Luiz Guilherme; ARENHART, Sergio Cruz; MITIDIERO, Daniel. **Novo código de processo civil**. v. 2. 2. ed. São Paulo: RT, 2016.

TALAMINI, Eduardo. Medidas judiciais coercitivas e proporcionalidade: a propósito do bloqueio do WhatsApp por 48 horas (em 17/12/15). Disponível em: <www.migalhas.com>.

WATANABI, Kazuo. **Da cognição do processo civil**. 2. ed. São Paulo: Bookseller, 2000.

CAPÍTULO 12

A AÇÃO DE EMBARGOS À EXECUÇÃO: a prática dos tribunais e o Código de Processo Civil de 2015

Gabriela Durães Caldeira[1]

Resumo: Este Capítulo tem como tema "Os embargos à execução no Código de Processo Civil de 2015". Os objetivos dessa pesquisa foram analisar as principais mudanças com relação aos Embargos à Execução, fazendo uma comparação entre as disposições do Código de Processo Civil de 1973 e o atual Código, além de tecer algumas considerações de ordem prática referentes ao instituto em comento. Quanto à Metodologia empregada, destaca-se a pesquisa bibliográfica, com a consulta a livros e artigos científicos, além das leis e julgados de diversos tribunais brasileiros.

Palavras-chave: Execução por Quantia Certa. Título Executivo Extrajudicial. Embargos à Execução. Novo Código de Processo Civil.

1 INTRODUÇÃO

O presente Capítulo tem como objetivo fazer uma revisão das principais modificações ocorridas com relação aos Embargos à Execução por ocasião da vigência do Código de Processo Civil (CPC) de 2015.

---

[1] Bacharela em Direito pela Universidade Estadual de Montes Claros – UNIMONTES. Acadêmica do Curso de pós-graduação em Direito Tributário da Instituição de Ensino Superior do grupo Estácio/CERS.

Contudo, antes de abordar as mudanças específicas e suas interpretações, é necessário compreender os motivos que levaram à elaboração do referido diploma normativo. Tenha-se em conta que atual CPC, cuja lei foi publicada em 17 de março de 2015, por questão de *vacatio legis* prevista no art. 1.045, entrou em vigor na data de 18 de março de 2016, quando se completou um ano da sua publicação.

Em uma primeira aproximação, na Exposição de Motivos do Código de 2015, a preocupação primordial dos legisladores consistiu em explicitar a harmonização do sistema processual com as garantias constitucionais do Estado Democrático de Direito. Destaca-se a razoável duração do processo no combate à morosidade.

Nessa direção, as reformas propostas, nas palavras de Ronaldo Brêtas de Carvalho Dias (2007, p. 217-218) "[...] *apregoam os permanentes objetivos de conferir celeridade à tramitação dos processos e de evitar a morosidade da atividade jurisdicional, conferindo-lhe racionalidade e eficiência.*". Para este autor, devem ser combatidas as demoras exageradas da prestação jurisdicional, já que as dilações indevidas no processo constituem uma violação do princípio constitucional da eficiência, por sua qualidade de estruturador do Estado Democrático de Direito brasileiro. Esta posição é adotada também por Isabela Dias Neves.

Para Elpídio Donizetti Nunes (2017a), no atual diploma processual os institutos aproveitaram, em larga medida, o conteúdo do Código de 1973. Contudo, a lógica do novo Código é diferente, pois as mudanças começam pela sua própria estrutura e divisão, alterando-se a sistematização.

Nesse norte, passa-se primeiro à análise das principais disposições contidas no CPC de 1973 acerca da Ação de Execução por quantia certa e dos Embargos à Execução, bem como das inovações encaminhadas pelo atual CPC. Depois, então, enfrenta-se a discussão de dois temas de grande repercussão prática quanto aos Embargos à Execução:

a) a exigência de explicitação de uma fundamentação fática mais específica nos pedidos de nulidade de cláusula contratual;

b) a apresentação de planilha de cálculo quando os embargos à execução versarem sobre excesso na execução, em contraposição à planilha original da execução.

2. OS EMBARGOS À EXECUÇÃO NO CÓDIGO DE PROCESSO CIVIL DE 1973

2.1 A Defesa do Executado na Ação de Execução por Quantia Certa Contra Devedor Solvente

Na vigência do Código de Processo Civil de 1973, as disciplinas eram tratadas no Livro II – Do Processo de Execução, no Título II – Das Diversas Espécies de Execução, e Título III – Dos Embargos do Devedor.

Lecionava-se que a ação de execução por quantia certa, que também era chamada de execução por expropriação, consistia na modalidade executória que incidia nas circunstâncias em que havia uma obrigação do devedor em pagar ao seu credor quantia certa em dinheiro, por meio de um título executivo judicial ou extrajudicial, sendo que poderia se dirigir a devedores solventes e insolventes, havendo procedimentos distintos em cada situação.

O art. 580 do referido diploma normativo determinava que a execução poderia ser instaurada caso o devedor não satisfizesse a obrigação certa, líquida e exigível, consubstanciada em título executivo.

Especificamente com relação à Execução por quantia certa contra devedor solvente, o art. 646 determinava que tinha por objeto expropriar bens do devedor, a fim de satisfazer o direito do credor.

Desse modo, o executado era citado para, no prazo de três dias, efetuar o pagamento da dívida (*caput* do art. 652). Não efetuado o pagamento, o Oficial de Justiça procedia imediatamente à penhora de bens e a sua avaliação, lavrando o respectivo auto (art. 652, § 1º).

Aqui cabe ressaltar que no processo de execução propriamente dito não há discussão de mérito, mas apenas atos judiciais tendentes à realização de uma obrigação. A eventual defesa do devedor se faz em processo diverso, no âmbito dos embargos. Esses, sim, contraditórios e de conhecimento. Os embargos à execução figuram como a principal via de defesa, como se explicita na seguinte lição:

> Configuram eles incidentes em que o devedor, ou terceiro, procura defender-se dos efeitos da execução, não só visando evitar a deformação dos atos executivos e o descumprimento de regras processuais, como também resguardar direitos materiais supervenientes ou contrários ao título executivo, capazes de neutralizá-lo ou de reduzir-lhe a eficácia, como pagamento, novação, compensação, remissão, ausência de responsabilidade patrimonial, etc. (THEODORO JÚNIOR, 2017, p. 782).

Sob a égide do CPC de 1973, no Título III, recebiam a denominação de embargos do devedor e eram tratados no art. 736 e seguintes. Em tal Título eram tratados os embargos à execução contra a Fazenda Pública, os embargos à execução e os embargos na execução por carta.

De modo geral, poderiam ser opostos independentemente de penhora, depósito ou caução. Além disso, eram oferecidos no prazo de quinze dias, contados da data da juntada aos autos do mandado de citação, com autuação em apartado (apensos).

Outra característica relevante consiste no fato de que aos embargos do executado não se atribuía o efeito suspensivo. Contudo, a requerimento do embargante, o juiz poderia atribuir tal efeito aos embargos quando eram atendidos os requisitos do § 1º do referido dispositivo, quais sejam, que a execução estivesse garantida por penhora, depósito ou caução, e que o prosseguimento da execução manifestamente pudesse causar ao executado grave dano de difícil ou incerta reparação.

Ainda quanto às regras do CPC de 1973, no Capítulo III - Dos Embargos à Execução, vale destacar as matérias que poderiam ser arguídas pelo executado em sua defesa, sendo elencadas em cinco incisos, quais sejam, (i) a nulidade da execução, por não ser executivo o título apresentado; (ii) a penhora incorreta ou a avaliação errônea; (iii) o excesso de execução ou a cumulação indevida de execuções; (iv) a retenção por benfeitorias necessárias ou úteis, nos casos de títulos para entrega de coisa certa, e (v) qualquer outra matéria que lhe seria lícito deduzir como defesa em processo de conhecimento.

Em síntese, essas são as principais características da Ação de Execução por quantia certa contra devedor solvente e dos Embargos do Devedor no Código de Processo Civil de 1973. Vistos tais aspectos, para o devido contraste, passa-se à análise das principais alterações introduzidas pelo novo Código.

3 UMA BREVE ANÁLISE À LUZ DO ATUAL CÓDIGO DE PROCESSO CIVIL

3.1 As Principais Mudanças Introduzidas pelo novo Diploma Legal com Relação à Execução por Quantia Certa e aos Embargos à Execução

No novo Código, conferido pela Lei 13.105, de 16-03-2015, a matéria é tratada na parte especial, no Livro II - Do Processo de Execução, Título II - Capítulo IV - Da execução por quantia certa, e no Título III - Dos embargos à execução.

A respeito do processo de execução, muitos autores consideram que as mudanças empregadas foram tímidas, mas ficou claro o objetivo de tornar o processo mais efetivo.

Como exemplo, pode-se citar o art. 824 (cujo correspondente é o art. 767 do CPC/73), que aprimorou sua redação, ao determinar que "*A execução por quantia certa realiza-se pela expropriação de bens do executado, ressalvadas as execuções especiais*.". Nesse ponto, tem-se que a expropriação de bens é um meio de satisfação do crédito objeto da execução por quantia certa, como explica Nunes (2017b), havendo a previsão de satisfação por modo diverso, no caso das execuções especiais.

Quanto ao desenvolvimento da referida modalidade de execução, pode-se citar quatro fases: (i) a proposição; (ii) a apreensão de bens; (iii) a expropriação; (iv) o pagamento.

Outra mudança notável pode ser encontrada no *caput* do art. 827. Diferente do critério de arbitramento por apreciação equitativa estabelecido no CPC/73, trouxe a previsão expressa do percentual de dez por cento referente aos honorários advocatícios na execução de título extrajudicial.

Já o *caput* do art. 829 (correspondente ao art. 652, do CPC/73), aperfeiçoou sua redação, esclarecendo que o executado será citado para pagar a dívida no prazo de três dias, contados da citação. Quanto a isso, não resta dúvida alguma no sentido de que o prazo de três dias úteis para o pagamento se inicia com a própria citação e não com a juntada, aos autos, do mandado cumprido.

Ainda, como exemplo da celeridade almejada pelo atual Código, pode-se citar o § 1º do art. 830, que reduziu de três para duas as tentativas para que o Oficial de Justiça encontre o executado. Houve também uma inovação, na admissão expressa de citação do executado por hora certa.

Merece destaque, também, a inovação de afastamento da impenhorabilidade de rendimento mensal superior a cinquenta salários mínimos, determinada pelo § 2º do art. 833 do CPC/2015. Com essa previsão, passou-se a admitir a penhora de importância acima de cinquenta salários mínimos mensais para pagamento de dívidas não alimentares, garantindo-se, ao mesmo tempo, um valor mínimo para a sobrevivência do executado, bem como uma possibilidade maior de satisfação da execução.

Já no tocante aos Embargos à Execução, como considera Cassio Scarpinella Bueno (2017), o CPC de 2015 preserva os embargos como forma de defesa do executado, e dedica a eles todo um título, o III, renomeado de "embargos à execução", não "embargos do devedor", como se dava no CPC de 1973, sendo esta a primeira notória mudança.

Os embargos do executado conservam a natureza de ação de conhecimento autônoma, de acordo com Nunes (2017a), embora incidental. Daí a correta determinação de que a autuação seja em apartado, com apensamento ao processo de execução.

O *caput* do art. 914 do atual CPC reproduziu o *caput* do art. 736 do CPC/73, dispondo que o executado poderá se opor à execução por meio de embargos, independentemente de penhora, depósito ou caução.

Com relação ao prazo para oposição, continuam estabelecidos os quinze dias, de acordo com o *caput* do art. 915. Aqui, a inovação se dá quanto ao início do prazo que, agora, deve observar as regras contidas no art. 231, do atual CPC. No entanto, nas palavras de Nunes (2017a), se houver mais de um executado, o prazo para a propositura dos embargos flui a partir da juntada do respectivo ato de citação.

No tocante às matérias arguíveis nos Embargos à Execução, observou-se, essencialmente, o que vigorava nos artigos 739-A, § 5º, 743 e 745 do CPC/73. Contudo, o art. 917 do CPC de 2015 trouxe uma redação mais bem elaborada, esclarecendo, por exemplo, a questão do excesso de execução, que será explicada no tópico seguinte.

Quanto ao art. 918, a novidade se encontra no inciso II, que autoriza a rejeição liminar pelo Juiz não só em casos de indeferimento da petição inicial, mas também quando houver improcedência liminar do pedido.

Enfim, no que tange aos efeitos dos embargos, o art. 919 reproduziu o art. 739-A do CPC/73, estabelecendo que os embargos à execução não terão efeito suspensivo. Contudo, observando-se os requisitos do § 1º, o Juiz poderá apreciar o eventual pedido de atribuição de efeito suspensivo, assim como ocorria no Código de 1973.

Foram repassadas, brevemente, as principais mudanças introduzidas no atual Código de Processo Civil com relação à Ação de Execução por quantia certa e aos Embargos à Execução. Passa-se, adiante, à análise da necessidade de explicitação do pedido quanto se tratar de pedido de reconhecimento de nulidade de cláusula contratual e algumas situações de aplicação prática das novas regras aos Embargos.

4 OS REFLEXOS DO ATUAL CPC NA APLICAÇÃO PRÁTICA DOS EMBARGOS À EXECUÇÃO

a) Da alegação de excesso de execução e a ausência de planilha de cálculos.

Conforme tratado anteriormente, os Embargos à Execução, como um dos meios de defesa do executado, ostentam natureza de ação. Assim sendo, sua petição inicial deve atender aos requisitos dos artigos 319 e 320 do atual Código.

Nesse sentido, colhe-se a lição de que os embargos servem para impugnar o título executivo, a dívida exequenda ou o procedimento executivo, podendo o embargante discutir a validade do título, a inexistência da dívida ou um defeito do procedimento executivo:

> Daí se infere que cabe ao embargante o ônus da prova de suas alegações, incumbindo-lhe provar a alegada insubsistência do crédito exequendo. Não é o embargado que tem de provar a subsistência do crédito; ao embargante é que cabe comprovar sua insubsistência, o que reafirma que os embargos são, substancialmente, uma defesa (DIDIER JÚNIOR, 2017, p. 762)

Em consequência, por determinação do § 3º do art. 917 do CPC/2015, ao alegar que o exequente pleiteia quantia superior à do título, o embargante deve declarar na petição inicial o valor que entende correto, apresentando demonstrativo discriminado com a atualização do cálculo. Todavia, na prática, muitas vezes os embargantes deixam de observar esse dispositivo legal, não indicando o valor que entendem ser correto, nem apresentando a planilha de cálculos atualizada.

Em vista disso, para tais casos, o § 4º do art. 917, que trouxe uma resolução mais bem elaborada e elucidativa, determina que, sendo o excesso de execução seu único fundamento, os embargos à execução serão rejeitados liminarmente, sem resolução do mérito. Em contrapartida, caso haja outro fundamento, os embargos serão processados, mas o Juiz não conhecerá da alegação de excesso de execução.

Como exemplo da aplicação prática do referido dispositivo, há o seguinte precedente do Tribunal de Justiça de Minas Gerais (TJMG):

> EMENTA: APELAÇÃO CÍVEL - EMBARGOS À EXECUÇÃO - CERCEAMENTO DE DEFESA - REJEIÇÃO - EXCESSO DE EXECUÇÃO - ÚNICO FUNDAMENTO - AUSÊNCIA DE PLANILHA DE CÁLCULO - DESCUMPRIMENTO DO ARTIGO 917, §§ 3º e 4º, DO CPC/2015 - DISPOSITIVO DA SENTENÇA ALTERADO. - Não há cerceamento de defesa quando os documentos constantes dos autos permitem o julgamento do processo no estado em que se encontra, sendo prescindível maior dilação probatória.
>
> - ***Consoante dispõe o artigo 917, §§ 3º e 4º, do CPC/2015, quando o embargante/executado alegar excesso de execução, deverá este declarar em sua inicial o valor que entende ser o correto, apresentando demonstrativo discriminado e atualizado de seu cálculo, sob pena dos embargos à execução serem rejeitados liminarmente, caso o excesso seja o único fundamento destes.***
>
> - ***Considerando que o único fundamento dos embargos foi o de excesso de execução e que não foi apresentada a memória de cálculo dos valores incontroversos, deve o presente feito deve ser extinto sem resolução do mérito, com fulcro no artigo 918, II c/c art. 917, § 4º, I, ambos do CPC/2015.*** (TJMG - Apelação Cível 1.0209.14.003793-5/001, Relator(a): Des.(a) Shirley Fenzi Bertão, 11.ª Câmara Cível, julgamento em 08-11-2017, publicação da súmula em 17-11-2017) (grifo nosso).

Observe-se que, no exame caso concreto, o Magistrado deve se atentar aos fundamentos da petição inicial dos Embargos, pois caso a alegação de excesso de execução seja seu único fundamento, e não exista a planilha de cálculo, o Magistrado deverá rejeitar os Embargos liminarmente. Porém, havendo outros fundamentos, o Juiz dará prosseguimento aos Embargos, mas não será viável o exame da alegação de excesso.

B) DA FORMULAÇÃO DE PEDIDOS GENÉRICOS DE REVISÃO DO CONTRATO DE QUE ORIGINA O TÍTULO EXECUTIVO EXTRAJUDICIAL

Outra situação bastante corriqueira, na prática do foro, é a formulação de pedido genérico de revisão de cláusulas contratuais em sede de Embargos à Execução.

Conforme já assinalado, a petição inicial dos Embargos deve atender aos requisitos dos artigos 319 e 320 do atual Código de Processo Civil.

O inciso IV do art. 319 determina que a petição inicial deve indicar o pedido com as suas especificações. Já o art. 324 estabelece que o pedido deve ser determinado. Por força dos referidos dispositivos, não se tratando de execução legal, o pedido inicial deve ser certo e determinado. Em palavras diretas, o pedido há de ser claro e preciso naquilo que se espera obter e acerca de seu preciso fundamento fático.

Nessa lógica, Alexandre Santiago, Desembargador do TJMG, Relator da Apelação Cível 1.0024.11.306386-1/003, critica a postura adotada pelos embargantes no caso examinado, afirmando que, em demandas deste gênero e natureza, eles se limitam a alegar erros no contrato, mas sequer cuidam de demonstrar um mínimo de direito ao propor as ações.

Quando o autor não especifica as cláusulas que alega serem abusivas, não é possível proceder à prestação jurisdicional pretendida. Vale explicar que, se os pedidos não forem elaborados de forma certa e determinada, não será viável a apreciação pelo Judiciário, sob pena de nulidade da decisão. Nessa perspectiva, embora se refira à ação de revisão de contrato, colaciona-se o julgado adiante transcrito para demonstrar o raciocínio que vem sendo adotado em sede de Embargos à Execução:

> APELAÇÃO CÍVEL - AÇÃO DE REVISÃO DE CONTRATO - IMPOSSIBILIDADE DE PEDIDO GENÉRICO - DISCRIMINAÇÃO DAS CLÁUSULAS A SEREM REVISTAS - DESCUMPRIMENTO DA NORMA LEGAL - CAPITALIZAÇÃO - RECURSO NÃO PROVIDO.
>
> ***- Os pedidos de revisão de cláusulas contratuais formulados de forma genérica, sem discriminar as supostas abusividades a serem revistas, não podem ser analisados pelo Judiciário, sob pena de nulidade da decisão.***
>
> - De acordo com as Súmulas 539 e 541, ambas do STJ, a partir do advento da MP n. 1.963-17/2000, verificada a contratação da capitalização de juros, que também poderá ser verificada pelo percentual anual significar mais que o duodécuplo do mensal, não há que se falar em abusividade. (TJMG -Apelação Cível 1.0024.11.306386-1/003, Relator(a): Des.(a) Alexandre Santiago, 11.ª Câmara Cível, julgamento em 23-08-0017, publicação da súmula em 29-08-2017) (grifo nosso).

Em outro giro, deve-se levar em consideração que, quando se trata de contratos bancários, é vedado ao Magistrado conhecer, de ofício, da abusividade das cláusulas, conforme redação da Súmula 381[2] do Superior Tribunal de Justiça. Houve muitas críticas à edição da referida Súmula, e registra-se que houve recuo do STJ em padronizar o entendimento por meio da técnica de recurso repetitivo, inteligência do parágrafo segundo do art. 543-C do Código de Processo Civil. Isso porque, por certo, que não há entendimento uniforme dos Ministros daquele Tribunal sobre o tema.

Por esse motivo, caso o embargante pretenda ver declarada a abusividade de determinada cláusula do contrato que origina o título executivo, deverá especificá-la, apontando a suposta ilegalidade, sob pena de não apreciação do pedido pelo Judiciário.

4 CONCLUSÃO

Conquanto tímidas, as mudanças introduzidas pelo atual Código de Processo Civil quanto à Execução por quantia certa e aos Embargos à Execução devem alcançar o objetivo de conferir celeridade e eficiência à tramitação dos processos.

Pela leitura da Lei 13.105/15, na linha de construção do devido processo constitucional, percebe-se a nítida finalidade da disciplina atual de sintonizar as regras legais com os princípios constitucionais, gerando um processo mais célere, eficiente e justo.

Acrescente-se que o atual Código de Processo Civil permite uma melhor solução no enfretamento de questões de ordem prática, exigindo-se mais clareza e informação mais específica na petição inicial. Essa transparência da fundamentação falta quando não se apresenta a planilha de

[2] A título de esclarecimento, considere-se que não se trata de Súmula Vinculante, e houve muita resistência quando de sua edição. As críticas ao disposto na Súmula 381 apontam a existência de possível lesão ao princípio da inafastabilidade da jurisdição. Em outro ponto, porque houve ampliação do entendimento inicial que versava tão somente sobre a matéria a ser discutida em sede de recurso especial, conforme se verifica dos precedentes considerados para sua edição. E, ainda, porque o conteúdo da Súmula contraria a própria posição reiterada na jurisprudência do Superior Tribunal de Justiça no que toca à possibilidade de o Judiciário conhecer de ofício da nulidade de cláusulas contratuais abusivas, sobretudo nas relações de consumo, por se tratar de normas de ordem pública.

cálculo, nos casos em que se alega excesso de execução. E também quando há apresentação de pedido genérico de revisão de cláusulas do contrato que origina o título executivo, sem a devida explicitação da fundamentação e indicação precisa da nulidade.

Conclui-se que as regras do atual Código, no cuidado de exigir uma redação mais bem elaborada e elucidativa, favorecem melhor comunicação e ampliam o entendimento, garantindo-se com isso segurança aos operadores do Direito. Estimula-se com essa determinação maior eficiência do diálogo no âmbito do devido processo civil.

REFERÊNCIAS

BRAGA, Paula Sarno; CUNHA; Leonardo Carneiro; DIDIER JÚNIOR, Fredie; OLIVEIRA, Rafael Alexandria de. **Curso de direito processual civil**: execução. v. 5. 7. ed. rev. atual. e ampl. Salvador: JusPodivm, 2017.

BRASIL. (Constituição). Constituição da República Federativa do Brasil de 1988. Brasília, DF: Senado, 1988.

BRASIL. Lei 5.869, de 11de janeiro de 1973. Institui o Código de Processo Civil. **Diário Oficial [da] República Federativa do Brasil**, Brasília, DF, 17 jan. 1973.

BRASIL. Lei 13.105, de 16 de março de 2015. Código de Processo Civil. **Diário Oficial [da] República Federativa do Brasil**, Brasília, DF, 17 mar. 2015.

BUENO, Cassio Scarpinella. **Novo código de processo civil anotado.** 3. ed. São Paulo: Forense, 2017.

DIAS, Ronaldo Brêtas de Carvalho. Apontamentos sobre o estado democrático de direito. *In:* **Revista do Instituto dos Advogados de Minas Gerais.** Belo Horizonte, 2003.

DIAS, Ronaldo Brêtas de Carvalho. As reformas do código de processo civil e o processo constitucional. *In:* DIAS, Ronaldo Brêtas de Carvalho; NEPOMUCENO, Luciana Diniz (Coord.). **Processo civil reformado**. Belo Horizonte: Del Rey, 2007. p. 217-252.

GEHLEN, Elisa. Os principais aspectos da execução no novo CPC. Disponível em: <http://www.gazetadopovo.com.br/vida-publica/justica-e-direito/artigos/os-principais-aspectos-da-execucao-no-novo-cpc-1rmlc2dpllpjp982h6oud5qks>. Acesso em: 8 dez. 2017.

LAKATOS, Eva Maria; MARCONI, Marina de Andrade. **Metodologia do trabalho científico**. 4. ed. São Paulo: Atlas, 1992.

MAROSTICA, Vinícius. Processo de execução no novo CPC. Disponível em: <https://vinimslima.jusbrasil.com.br/artigos/401017950/processo-de-execucao-no-novo-cpc>. Acesso em: 5 dez. 2017.

NEVES, Daniel Amorim Assumpção. **Manual de direito processual civil:** volume único. 9. ed. Salvador: JusPodivm, 2017.

NEVES, Isabela Dias. Direito à razoável duração do processo no estado democrático de direito. *In:* **Revista do Instituto dos Advogados de Minas Gerais.** Belo Horizonte, 2006.

NUNES, Elpídio Donizetti. **Curso didático de direito processual civil**. 20. ed. rev. atual. e ampl. São Paulo: Atlas, 2017a.

NUNES, Elpídio Donizetti. **Novo código de processo civil comentado**. 2. ed. rev. atual. e ampl. São Paulo: Atlas, 2017B.

THEODORO JÚNIOR, Humberto. **Curso de direito processual civil**. v. III. 50. ed. rev. atual. e ampl. Rio de Janeiro: Forense, 2017.

THEODORO JÚNIOR, Humberto. **Revista Síntese de Direito Civil e Processual Civil**. Porto Alegre, Ed. Síntese, ano VI, nº 36, jul.-ago. 2005.

ZENATTI, Paulo Ricardo. Execução por quantia certa contra devedor solvente. Disponível em: <https://www.direitonet.com.br/artigos/exibir/8271/Execucao-por-quantia-certa-contra-devedor-solvente>. Acesso em: 5 dez. 2017.

CAPÍTULO 13

OS RECURSOS NO CÓDIGO DE PROCESSO CIVIL DE 2015

Bárbara Livio[1]
Clemence Moreira Siketo[2]

1 INTRODUÇÃO

O presente trabalho se propõe a discorrer sobre algumas das inovações realizadas pelo Código de Processo Civil de 2015 (NCPC) na seara recursal. Não é – e nem haveria de ser – pretendido eventual esgotamento de qualquer tópico, primeiramente porque é impossível, bem como porque se objetiva destacar as inovações trazidas pela novel codificação e a forma como as Cortes Superiores entendem o tema.

Esclareça-se, por oportuno, que terão superficiais tratativas aspectos gerais recursais e especificamente os recursos de agravo, apelação, embargos de declaração e pioneira técnica de ampliação de julgamento, uma vez que – aparentemente – se fazem mais presentes aos operadores processuais.

2 DISPOSIÇÕES PRELIMINARES

Antes de se adentrar ao fascinante e convidativo tema, convém revisitarmos clássicos conceitos e princípios que serviram de vetores

---

1 Juíza de Direito. Graduada em Direito na Universidade Presbiteriana Mackenzie.
2 Procurador do Município de Santo André. Especialista em Direito Processual Civil pela PUCCAMP e em Direito da Economia e da Empresa pela FGV-SP.

consagrados perante o antigo Código e que novamente foram prestigiados pela atual sistematização.

Recurso, conforme tradicional e consagrada definição, revela-se como uma das formas de impugnar decisões judiciais. Nas palavras de Humberto Theodoro Júnior (2016, p. 939):

> Recurso em direito processual tem um acepção técnica e restrita, podendo ser definido como o meio impugnativo apto para provocar, dentro da relação processual ainda em curso, o reexame de decisão judicial, pela mesma autoridade judiciária, ou por outra hierarquicamente superior, visando obter-lhe a reforma, invalidação, esclarecimento ou integração.

Vale ressaltar que coexistem no ordenamento jurídico diversas outras formas de impugnação de decisões, como as ações autônomas de impugnação e os sucedâneos recursais.

Importante considerar que os recursos se diferem das ações autônomas quanto à relação jurídica processual em que se operam. Com efeito, os primeiros são manifestações endoprocessuais, ou seja, ainda no curso de uma relação processual originária. Por sua vez, as segundas se destinam a guerrear provimentos judiciais por meio de novas relações jurídicas quando incabíveis quaisquer recursos na relação originária, seja pelo esgotamento de suas hipóteses, seja pela sua não previsão legal. A teor, mencionam-se a ação rescisória, o mandado de segurança contra ato judicial e a *querela nulitatis insanabilis* entre outras.

Ainda há de se considerar que, a par dos recursos propriamente ditos e das ações autônomas, também ganham espaço os chamados "*sucedâneos recursais*", que se alocam em posição intermediária aos dois anteriores, resultando em verdadeiro *tertium genus* apto a ensejar também efeitos impugnativos. Os mais conhecidos são o pedido de reconsideração, o pedido de suspensão da segurança, a remessa necessária e a correição parcial (THEODORO JÚNIOR, 2016, p. 940).

3 O PRINCÍPIO DA TAXATIVIDADE

Quanto às espécies de recursos existentes, o legislador entendeu por construir uma estrutura recursal taxativa e restritiva, ou seja, todas as hipóteses de cabimento de recursos são previstas pelo legislador, seja no Código de Processo Civil, seja na legislação esparsa. Nesta ordem de ideias, recurso é apenas aquilo que o legislador diz que o é.

Nas palavras de Daniel Amorim Assumpção Neves (2016, p. 1.486):

> A conclusão é gerada de uma interpretação do art. 22, I, da CF, que atribui à União a competência exclusiva para legislar sobre processo. Entendendo-se que a criação de um recurso é nitidamente legislar sobre processo e sendo tal tarefa privativa da União, somente a lei federal poderá prever um recurso, que por essa razão estarão previstos no ordenamento processual de forma exaustiva, em rol legal numerus clausus.

Fala-se em proibição da atipicidade recursal, uma vez que todos devem ser devidamente previstos por lei federal em sentido estrito. Isso, sob a égide legal anterior, gerava dúvidas em relação ao então chamado Agravo Regimental.

Segundo parte da doutrina, o referido recurso não era válido porque não previsto em lei federal, mas apenas disciplinado seu processamento em Regimentos Internos de Tribunais. Criação que se mostraria inviável porque a logística constitucional cravada pelo art. 22, I, do Texto Maior, que confere competência exclusiva à União para tanto, não podendo Regimento Interno de Tribunais disciplinar o tema.

Contudo, o atual Código de Processo Civil prezou por apurada tecnicidade e tratou o expediente recursal como Agravo Interno, disciplinando-o a partir do art. 1.021, o que superou a antiga celeuma. Isto porque o Agravo Interno possui aplicabilidade nas mesmas hipóteses do antigo Agravo Regimental, sendo despicienda a sua atualização.

Ainda nas palavras de Neves (2016, p. 1.486):

> Entendo que em decorrência da amplitude consagrada pelo art. 1.021 do Novo CPC, quanto ao cabimento do agravo interno não se justifica mais em nosso sistema processual a manutenção do agravo regimental. A partir do momento em que toda decisão monocrática do relator passa a ser recorrível por um recurso expressamente previsto no Código de Processo civil, não há mais qualquer utilidade nas previsões regimentais quanto ao cabimento do agravo regimental.

Nesta ordem de ideias, a divergência restou superada sem diminuição quantitativa nas espécies de recursos cabíveis.

4 A VOLUNTARIEDADE E A REMESSA NECESSÁRIA

Segundo grande parcela da doutrina, como Theodoro Júnior e Neves, a voluntariedade é requisito essencial e caracterizador dos recursos, o que justifica afirmar que não há que se falar em recurso sem que a parte sucumbente deseje manifestar processualmente seu inconformismo. Com efeito, tal entendimento encontra alicerce no próprio princípio dispositivo, vez que cabe às partes se socorrerem do Poder Judiciário, que é inerte, para a tutela do bem da vida pretendido.

Como reflexo deste princípio, é possível que as partes desistam de recursos interpostos, mesmo se já houver sido reconhecida a repercussão geral da questão em recursos extraordinários ou especiais repetitivos (artigo 998, *caput*, e parágrafo único, do CPC).

Nestas hipóteses, conforme o Enunciado 213 do Fórum Permanente de Processo Civil (FPPC), "*o resultado do julgamento não se aplica ao recurso de que se desistiu*". No mesmo sentido, destaca-se o Enunciado 352 do FPPC:

> É permitida a desistência do recurso de revista repetitivo, mesmo quanto eleito como representativo da controvérsia, sem necessidade de anuência da parte adversa ou dos litisconsortes; a desistência, contudo, não impede a análise da questão jurídica objeto de julgamento do recurso repetitivo.

Outro desdobramento relevante quanto ao princípio da voluntariedade é o reconhecimento, ou não, do caráter recursal da remessa necessária, disciplinada no artigo 496 e seguintes do CPC.

Com efeito, para aqueles que entendem que a voluntariedade não é mais elemento essencial da teoria geral dos recursos, corrente minoritária, a remessa necessária – como condição de eficácia de determinadas decisões judiciais – também gozaria de natureza recursal.

No ponto, convém acrescentar que Fredie Souza Didier Júnior, antigamente adepto da corrente majoritária no sentido de que a voluntariedade é, sim, elemento informador dos recursos, filiou-se a esta corrente divergente, o que robustece o pensamento ampliativo do que se entende como recurso.

O instituto ora tratado – antes disciplinado nos artigos 475 e seguintes da legislação revogada – agora vem elencado a partir do art. 496 e com substancial inovação inclusive com reflexos sobre entendimentos já sumulados perante Cortes Superiores.

A novel legislação, atenta às diferenças fático-econômicas de cada ente político individualmente considerado, previu, de forma escalonada, o valor da condenação que serviria de baliza a autorizar ou não o reexame.

Assim, estabeleceu como parâmetro para a União Federal, as condenações inferiores a mil salários mínimos; para os Estados e o Distrito Federal e Municípios sedes de Capitais, condenações inferiores a quinhentos salários mínimos; e para os demais Municípios, condenações inferiores a cem salários mínimos. Assim, caso os valores das condenações sejam inferiores ao estabelecido não está franqueada *ope legis* a subida dos autos à superior instância.

Perceba-se que, não obstante alterado o padrão legislativo anterior, o qual limitava a sessenta salários mínimos indistintamente (art. 475, § 2º), o atual regramento ensejou superação parcial da Súmula de número 490 do Superior Tribunal de Justiça, que também estava alinhada ao revogado limite.

Ainda sobre as hipóteses de remessa necessária, o parágrafo 4º do art. 496 do Código de Processo Civil também restringiu o cabimento da remessa quando a decisão se basear em entendimento firmado em incidente de resolução de demanda repetitiva ou assunção de competência.

A restrição possui dois aspectos práticos importantes: prestigia-se o sistema de precedentes de entendimentos o que confere segurança jurídica e previsibilidade nas decisões, bem como obsta que incontáveis remessas de teses que, já isoladas no ordenamento jurídico e com baixa possibilidade de acolhimento, assolariam os Tribunais demandando mais custos e dispêndios com infindáveis demandas.

5 EMBARGOS DE DECLARAÇÃO

Quanto às decisões passíveis de recurso mediante oposição de Embargos de Declaração, vale ressaltar que todas as espécies de decisão podem ser embargadas desde que, nos termos do artigo 1.022 do NCPC, exista obscuridade, contradição, omissão ou erro material.

Há, portanto, uma mudança no critério para determinação do recurso cabível, altera-se da análise da decisão impugnada para o equívoco que se pretende sanar.

Com efeito, apesar de o artigo 1.022 do Código de Processo Civil ser claro em sua redação de que "*cabem embargos de declaração contra qualquer decisão judicial*", o e. Supremo Tribunal Federal tem feito uma interpretação restritiva, de modo a conferir o efeito interruptivo do prazo apenas nos casos de efetivo cabimento do Recurso, sem se importar com o acolhimento ou não da pretensão recursal.

Como se pode notar:

> EMBARGOS DE DECLARAÇÃO. Não cabem embargos de declaração contra a decisão de Presidente do Tribunal que não admite Recurso Extraordinário. Por serem incabíveis, caso a parte oponha os embargos, estes não irão suspender ou interromper o prazo para a interposição do agravo do art. 1.042 do CPC/2015. Como consequência, a parte perderá o prazo para o Agravo. Nas palavras do STF: os embargos de declaração opostos contra a decisão de presidente do Tribunal que não admite Recurso Extraordinário não suspendem ou interrompem o prazo para interposição de agravo, por serem incabíveis. (STF. 1.ª Turma. ARE 688776 ED/RS e ARE 685997 ED/RS, Rel. Min. Dias Toffoli. Julgado em 28-11-2017 (Info 886).

Na mesma linha, o Superior Tribunal de Justiça também entende que não cabem os Embargos de Declaração contra a decisão que inadmite o Recurso Especial.

Com efeito, apesar da extensa aplicabilidade do recurso, o entendimento majoritário do Superior Tribunal de Justiça consiste em não conferir o efeito interruptivo ao recurso quanto restar demonstrado que a oposição dos embargos não era cabível.

Nas palavras de Theodoro Júnior (2016, p. 1.076):

> Considerando que os Embargos de Declaração não se destinam ao reexame das questões já decididas, o Superior Tribunal de Justiça tem acentuado, reiteradamente, que se a parte usar o recurso fora dos permissivos do art. 1.022, e o empregar para

> simplesmente encobrir verdadeiro pedido de reconsideração será o caso de não lhes reconhecer a força interruptiva do prazo do recurso principal prevista no art. 1.026.

É necessário, portanto, cautela para a interpretação realizada pelas Cortes Superiores a fim de evitar eventual reconhecimento preclusivo quanto à interposição de expedientes recursais eventualmente cabíveis das decisões embargadas.

Ainda sobre o tema, o legislador avançou significantemente em prol dos recorrentes que – para além de pretender o aclaramento de decisões judiciais – também tinham por escopo o prequestionamento de teses a fim de franquear acesso a Instâncias superiores. Inteligência das Súmulas 356 do Supremo Tribunal Federal e 98 do Superior Tribunal de Justiça.

Nesta linha, o art. 1.025 aduz que são incluídos no Acórdão os elementos que o embargante suscitou, para fins de prequestionamento, ainda que os Embargos de Declaração sejam inadmitidos ou rejeitados, caso o Tribunal superior considere existentes erro, omissão, contradição ou obscuridade.

É nítida a sensibilidade do legislador, atento à realidade processual em questão, pois esta previsão gera grande economia de tempo, posto que muitas vezes o Tribunal *a quo* se omite diante de Embargos de Declaração, exigindo do recorrente a apresentação de Recurso Especial por ofensa a lei federal (dos próprios aclaratórios a fim de prequestionamento). Se o Superior Tribunal de Justiça acolhesse esta tese, haveria de devolver os autos para a Instância inferior a fim de corrigir o equívoco.

De acordo com Theodoro Júnior (2016, p. 1.075):

> Com essa postura, o novo CPC adotou orientação que já vinha sendo aplicada pelo STF, segundo sua Súmula 356 no sentido de ser suficiente a oposição de embargos de declaração pela parte para se entender realizado o prequestionamento necessário para viabilidade do recurso extraordinário.

Agora, em já se reconhecendo prequestionada a matéria, já está a Corte Superior apta a julgar o recurso em sua inteireza.

6 RECORRIBILIDADE DE DECISÕES INTERLOCUTÓRIAS E SENTENÇAS PARCIAIS

Noutro giro, em vista da classificação acima trazida quanto ao cabimento de recurso de Agravo de Instrumento ou Apelação em face de decisões interlocutórias, é preciso uma análise conjunta dos artigos que versam sobre ambos os recursos (arts. 1.009 e 1.015).

O art. 1.015 do CPC prevê em rol taxativo, mas passível de interpretação extensiva, as hipóteses nas quais será possível a interposição do Agravo, quando da prolação de interlocutórias.

Cumpre destacar que o legislador de 2015 optou por excluir do ordenamento a figura do Agravo Retido que existia anteriormente. Assim, o recurso de Agravo apenas é possível nas formas de Instrumento, Interno ou em Recurso Especial ou Extraordinário e quando expressamente previsto.

Todavia, apesar de ser um rol exaustivo, é possível que as hipóteses trazidas nos incisos desse artigo sejam lidas de forma ampla, com base em uma interpretação extensiva.

Nesse particular, conquanto não esteja expressamente prevista no rol do art. 1.015, a decisão interlocutória, relacionada à definição de competência, continua desafiando recurso de Agravo de Instrumento, por uma interpretação analógica ou extensiva da norma do inciso III do art. 1.015 do CPC.

A possibilidade de pronta recorribilidade da decisão advém de uma interpretação lógico-sistemática do CPC, considerando que o § 3º do art. 64 afirma que "*o juiz decidirá imediatamente a alegação de incompetência*" (§ 3º do art. 64).

Esse é também o entendimento da doutrina especializada:

> [...] A interpretação extensiva da hipótese de cabimento de agravo de instrumento prevista no inciso III do art. 1.015 é plenamente aceitável. É preciso interpretar o inciso III do art. 1.015 do CPC para abranger as decisões interlocutórias que versam sobre competência. O foro de eleição é um exemplo de negócio jurídico processual; a convenção de arbitragem, também. Ambos, a sua maneira, são negócios que dizem respeito à competência do órgão jurisdicional (DIDIER JÚNIOR, 2016, p. 237-238).

No mesmo sentido, vale destacar o julgamento proferido pelo Superior Tribunal de Justiça (STJ), de relatoria do Ministro Luís Felipe Salomão, no Recurso Especial 1679909/RS, julgado em 14 de novembro de 2017, DJe 01-02-2018.

De forma correlata, o STJ também decidiu que é possível interpor Agravo de Instrumento contra decisão que não concede efeito suspensivo aos embargos à execução:

> PROCESSUAL CIVIL. AGRAVO DE INSTRUMENTO CONTRA DECISÃO QUE INDEFERIU PEDIDO DE CONCESSÃO DE EFEITO SUSPENSIVO AOS EMBARGOS À EXECUÇÃO. POSSIBILIDADE. ART. 1.015, X, DO CPC/2015. INTERPRETAÇÃO EXTENSIVA. ISONOMIA ENTRE AS PARTES. PARALELISMO COM O ART. 1.015, I, DO CPC/2015. NATUREZA DE TUTELA PROVISÓRIA. 1. A questão objeto da controvérsia é eminentemente jurídica e cinge-se à verificação da possibilidade de interpor Agravo de Instrumento contra decisões que não concedem efeito suspensivo aos Embargos à Execução. 2. Na hipótese dos autos, a Corte Regional entendeu que não é impugnável por meio de Agravo de Instrumento a decisão que deixou de atribuir efeito suspensivo aos Embargos à Execução, pois o rol do art. 1.015 do Código de Processo Civil de 2015 é taxativo. 3. Em uma interpretação literal e isolada do art. 1.015, X, do CPC, nota-se que o legislador previu ser cabível o Agravo de Instrumento contra as decisões interlocutórias que concederem, modificarem ou revogarem o efeito suspensivo aos Embargos à Execução, deixando dúvidas sobre qual seria o meio de impugnação adequado para atacar o decisum que indefere o pedido de efeito suspensivo aos Embargos à Execução. 4. A situação dos autos reclama a utilização de interpretação extensiva do art. 1.015, X, do CPC/2015. 5. Em que pese o entendimento do Sodalício a quo de que o rol do citado art. da nova lei processual é taxativo, não sendo, portanto, possível a interposição de Agravo de Instrumento, nada obsta a utilização da interpretação extensiva. 6. "As hipóteses de agravo de instrumento estão previstas em rol taxativo. A taxatividade não é, porém, incompatível com a interpretação extensiva. Embora taxativas as hipóteses de decisões agraváveis, é possível interpretação extensiva de cada um dos seus tipos". (Curso de Direito Processual Civil, vol. 3. Fredie Didie Jr. e Leonardo Carneiro da Cunha. ed. JusPodivm, 13. ed., p. 209). [...]. (REsp 1694667/PR, Rel. Ministro Herman Benjamin, Segunda Turma. Julgado em 5-12-2017, DJe 18-12-2017) (INFO 617)

Cumpre destacar que o art. 1.009 do CPC prevê em seu § 1º que as questões resolvidas na fase de conhecimento, se a decisão a seu respeito não comportar Agravo de Instrumento, não são cobertas pela preclusão e devem ser suscitadas em preliminar de apelação, eventualmente interposta contra a decisão final *ou nas contrarrazões.*

Da conjugação de ambos os artigos extrai-se que: as interlocutórias são provimentos judiciais impugnáveis mediante recurso. Mas nem sempre o mesmo e nem sempre com a qualidade de imediatidade, pois ora será possível a interposição do Agravo pela forma de Instrumento (quando atendidas as hipóteses expressamente previstas) ou pela oportunidade diferida, por meio de apelação ou por ocasião de suas contrarrazões.

7 JUÍZO DE ADMISSIBILIDADE E EFEITOS DO RECURSO DE APELAÇÃO

Aprofundando um pouco sobre estes recursos, convém trazer a lume que a apelação ganhou nova roupagem jurídica quanto ao aspecto do juízo de prelibação com a nova sistematização.

A dicção do § 3º do art. 1.010 não deixa dúvidas que a análise dos pressupostos recursais somente será oportuna quando os autos se encontrarem na superior instância. Resta consignado no texto legal: após as formalidades previstas nos §§ 1º e 2º, os autos serão remetidos ao Tribunal pelo Juiz, independentemente de juízo de admissibilidade.

Desta feita, de rigor a imperiosa atenção dos operadores quanto ao momento correto de análise dos pressupostos recursais. Ademais, na eventualidade de aferição de preclusão temporal pelo Juiz singular, é cabível – à míngua de recurso específico previsto – a apresentação de Reclamação a fim de preservar a competência da instância superior, nos termos do art. 988 e seguintes.

8 AGRAVO DE INSTRUMENTO

Quanto ao recurso de Agravo de Instrumento, importante pontuar consideráveis inovações realizadas pelo novo Código, bem como a intepretação ofertada pela jurisprudência. Vejamos.

O § 3º do art. 1.017, notadamente inspirado por uma visão mais instrumental e na busca pela prolação de decisões de mérito, aduz que "*Na falta da cópia de qualquer peça ou no caso de algum outro vício que comprometa a admissibilidade do agravo de instrumento, deve o relator aplicar o disposto no art. 932, parágrafo único*". Assim, o que pretende o legislador é, ao final, vocacionar uma decisão que enfrente o mérito recursal em detrimento de apenas rejeitá-lo em razão de deficiência instrutória.

O mesmo artigo, em seu § 5º, já alinhado às realidades dos processos eletrônicos, aduz que há expressa dispensa de juntada de peças, uma vez que o Tribunal possui meios de diretos de acessar o conteúdo que haveria de ser colacionado quando da interposição do Recurso. Todavia, a jurisprudência, de forma complementar, esclarece quando e como deve se regrada essa dispensa, ao exigir a dupla tramitação eletrônica dos autos (tanto na origem quando do recurso). Confira-se:

> AGRAVO DE INSTRUMENTO. A disposição constante do art. 1.017, § 5º, do CPC/2015, que dispensa a juntada das peças obrigatórias à formação do agravo de instrumento em se tratando de processo eletrônico, exige, para sua aplicação, que os autos tramitem por meio digital tanto no primeiro quanto no segundo grau de jurisdição. (STJ. 3.ª Turma. REsp 1.643.956-PR, Rel. Min. Ricardo Villas Bôas Cueva. Julgado em 9-5-2017) (Info 605).

E, por fim, o Superior Tribunal de Justiça, em sintonia com a doutrina pátria, estendeu ao recurso de Agravo de Instrumento a aplicação teoria da causa madura (art. 1.013, parágrafo 3º) que legalmente se restringe à Apelação, na qual o feito estando em prontas condições de julgamento deve ser enfrentado pela Instância superior. Com esse permissivo, otimiza-se a dinâmica processual (REsp. 1.215.368-ES, Rel. Min. Herman Benjamin, julgado em 1º-6-2016 – Info 590).

9 AMPLIAÇÃO DE JULGAMENTO

O NCPC, em mais uma de suas inovações, não mais trouxe a previsão dos antigos Embargos Infringentes, pela qual era possível a impugnação de julgamentos colegiados quando de decisões não unânimes, mediante a observância de certas especificidades. Por outro lado, mesmo não havendo o referido recurso, criou-se a técnica de "*Ampliação de Colegiado*" em face de constatada divergência, ou seja, não havendo julgamento unânime.

O instituto está previsto no art. 942 e seguintes do atual diploma e assim prescreve:

> ***Art. 942.*** Quando o resultado da apelação for não unânime, o julgamento terá prosseguimento em sessão a ser designada com a presença de outros julgadores, que serão convocados nos termos previamente definidos no regimento interno, em número suficiente para garantir a possibilidade de inversão do resultado inicial, assegurado às partes e a eventuais terceiros o direito de sustentar oralmente suas razões perante os novos julgadores.

Valendo-nos da visão majoritária no início deste trabalho – quanto à perspectiva de voluntariedade recursal – por óbvio não se trata de recurso (tampouco ação impugnativa ou mesmo sucedâneo recursal), mas como técnica de julgamento pioneiramente inserida, que não guarda relação com qualquer predecessora.

Vê-se que a intenção do legislador foi a de ampliar de forma significativa o debate, quando o julgamento colegiado aparentar-se dúbio e infirme, diante da constatada divergência. É possível também extrair daí o caminhar rumo à segurança jurídica, posto que com essa ampliação cognitiva o Tribunal se envergará a uniformizar a própria jurisprudência, evitando decisões conflitivas sobre o mesmo assunto.

Com isso, em resgate a proposta alinhada no início do presente trabalho, esperamos de alguma forma ter trazido contribuição de qualquer cambiante aos operadores do Direito, no sentido de elucidar de uma forma singela, porém direta e clara quanto a algumas inovações aportadas pela novel codificação.

Renova-se o entendimento de que as vertentes sobre os assuntos escolhidos são infinitas, porém a opção fora por aquelas que se apresentam de maneira mais cotidiana aqueles que com o Direito Processual prezam de maior contato.

REFERÊNCIAS

BRASIL. Lei 13.105, de 16 de março de 2015. Código de Processo Civil. **Diário Oficial [da] República Federativa do Brasil**, Brasília, DF, 17 mar. 2015.

DIDIER JÚNIOR, Fredie Souza. **Curso de direito processual civil**. v. 1. Salvador: JusPodivm, 2016.

MONTENEGRO FILHO, Misael. **Curso de direito processual civil**: teoria geral dos recursos, recursos em espécie e processo de execução. v. 2. 11. ed. São Paulo: Atlas, 2015.

NEVES, Daniel Amorim Assumpção. **Manual de direito processual civil**: volume único. 8. ed. Salvador: JusPodivm, 2016.

THEODORO JÚNIOR, Humberto. **Curso de processo civil**: execução forçada, processo nos tribunais, recursos e direito intertemporal. v. III. 48. ed. rev. amp. Rio de Janeiro: Forense, 2016.

CAPÍTULO 14

O CABIMENTO DO AGRAVO DE INSTRUMENTO NO CPC/2015 A PARTIR DA ABORDAGEM CRÍTICA DA TESE DA TAXATIVIDADE MITIGADA

***Eluiz Antônio Ribeiro Mendes e Bispo*[1]**

1 INTRODUÇÃO

O presente capítulo tem como escopo analisar a disciplina de cabimento do recurso de Agravo de Instrumento posta pelo Código de Processo Civil, instituído pela Lei 13.105, de 16 de março de 2015 (CPC/2015), sob o pano de fundo da nova tese da taxatividade mitigada pela urgência decorrente da inutilidade do julgamento da questão no recurso de apelação. Esta interpretação foi cunhada pela Corte Especial do Superior Tribunal de Justiça (STJ), por ocasião do julgamento dos Recursos Especiais (REsp.) 1.696.396/MT e 1.704.520/MT, no rito dos representativos de controvérsia repetitiva.

O sistema anterior (Código de Processo Civil de 1973 – CPC/1973) concebia, em termos gerais, uma ampla recorribilidade imediata das decisões interlocutórias, orientado (o sistema) pelo critério do dano grave ou de difícil reparação. O atual Código modificou esse panorama ao eleger expressamente as matérias que seriam agraváveis de imediato e relegar as demais para análise em sede de preliminar de Apelação.

---

[1] Professor (efetivo) de Direito Processual Civil da Universidade Estadual de Montes Claros (Unimontes). Especialista em Direito Público e Econômico-Empresarial. Mestre em Sociedade, Ambiente e Território (UFMG-Unimontes). Advogado militante.

O presente estudo convida o leitor a revisitar as noções elementares da teoria recursal e, sobretudo, as transformações por que passou o agravo de instrumento ao longo de sua história até chegar ao modelo atual. Sem a pretensão de esgotar o assunto, este trabalho lança luzes sobre um tema contemporâneo, e que ainda está longe de ser pacificado, não obstante tenha sido esse o propósito do STJ com a interpretação referida.

2 NOÇÕES ELEMENTARES SOBRE OS RECURSOS CÍVEIS

Recurso é uma palavra polissêmica. Na linguagem jurídica comum, costuma estar associada ao meio empregado por quem pretenda defender o seu direito, quando se diz que irá, por exemplo, recorrer às vias ordinárias, às medidas protetivas (individuais ou do seu patrimônio), enfim, recorrer ao próprio Judiciário. Porém, em uma acepção mais técnica e estrita, recurso pode ser entendido como o remédio jurídico, previsto em lei, destinado a provocar o reexame de decisão judicial, no mesmo processo em que proferida, com a finalidade de obter-lhe a invalidação, a reforma, o esclarecimento ou a integração (cf. MOREIRA, 2012, n. 135, p. 232).

A rigor, é perfeitamente possível estabelecer uma correspondência lógica entre o conceito processual de recurso e a sua raiz etimológica: se recurso é refluxo, correr de novo, refazer o curso ou voltar ao lugar de onde saiu (MICHAELIS, 2020), então há similitude com o sentido técnico-jurídico que lhe é dado como meio de impugnação de decisão judicial com o fito de reexaminá-la.[2]

Nessa ordem de ideias, o sistema processual brasileiro assegura às partes o direito a um duplo julgamento que pode ser relativizado, naturalmente, nas causas de competência originária do Supremo Tribunal Federal (STF), conforme art. 102, inciso I, da Constituição Federal de 1988 (CF/88).

Do início ao fim, o processo é recheado de atos processuais praticados pelos sujeitos que nele atuam (partes, serventuários[3], auxiliares,

---

[2] Registra-se que, além dos recursos, também integram o chamado "sistema de impugnação de decisões judiciais" as **ações autônomas de impugnação** (*v.g.* ação rescisória, *querela nullitatis*, embargos de terceiro, mandado de segurança, *habeas corpus* e reclamação) e os **sucedâneos recursais** (pedidos de reconsideração e de suspensão da segurança, por exemplo).

[3] Os atos praticados pelo escrivão ou chefe de Secretaria, por conta de delegação do Magistrado (art. 152, VI e art. 203, § 4º do CPC; e 93, inciso XIV, da CF/88) são irrecorríveis, mas podem ser revistos pelo próprio Magistrado, a partir de provocação feita nos autos, sem maiores formalidades.

Procuradores, terceiros, Juiz, e outros). Esses atos se sucedem em cadeia sequencial lógica, ritmada, progressiva e complexa, em constante contraditório (art. 7º do CPC/2015; art. 5º, inciso LV, da CF/1988) e cooperação (art. 6º do CPC/2015). Todavia, nem tudo que se pratica no (e para o) processo pode ser alvo de recurso, o que afasta, por exemplo, os atos judiciais de realização de audiências, de colheita de provas, de impulsionamento do processo, etc. Com efeito, somente os atos jurisdicionais decisórios podem ser desafiados pelos recursos (ABELHA, 2016).

Uma vez aquilatada a espécie de pronunciamento do órgão judicial (artigos 203 e 204 do CPC/2015), será possível apontar, no catálogo da lei, pela singularidade e taxatividade recursais, o recurso adequado à sua impugnação, quase que como numa operação de tabuada ou do mecanismo químico da chave-fechadura. A identificação dos pronunciamentos jurisdicionais é, portanto, tão importante para a definição do recurso cabível que o CPC/2015 inaugurou uma classificação até então irrelevante no sistema do CPC/1973: há, de um lado, as decisões interlocutórias agraváveis e, de outro, as não agraváveis, como se verá mais adiante.

Além do mais, a admissibilidade dos recursos fica condicionada à demonstração de requisitos intrínsecos (cabimento, legitimação, interesse e inexistência de fato impeditivo ou extintivo do poder de recorrer) e extrínsecos (tempestividade, preparo e regularidade formal)[4], segundo a tradicional lição de Moreira (2012).

Necessário relevar que o cabimento (pressuposto intrínseco) traduz-se no binômio recorribilidade-adequação: recorribilidade quanto à existência em lei do remédio recursal próprio para a decisão judicial que se pretende combater; adequação enquanto correlação biunívoca existente entre o recurso e a decisão judicial vergastada. Lembre-se que para cada decisão judicial existe, regra geral, um recurso-tipo que lhe é próprio.

Em tal contexto a regra da taxatividade, aliada aos preceitos de segurança jurídica, ganha importância quando diz que a enumeração dos recursos está limitadamente prevista em lei (*numerus clausus*). A CF/88, em seu artigo 21, inciso I, reserva à União a competência legislativa privativa para criá-los

4 Os primeiros (intrínsecos) levam em consideração a existência do direito de recorrer. Os outros (extrínsecos), como o nome já diz, relacionam-se não propriamente com a existência, mas sim com o exercício do direito de recorrer, por serem externos e alheios à decisão recorrida.

(ou autorizar a sua criação), razão pela qual nem se cogita da possibilidade dos Estados-membros (art. 24, inciso XI, da CF/88) ou das próprias partes (autonomia da vontade; art. 190 do CPC/2015) criarem novas tipologias recursais.

Um passeio pela história do Direito Processual brasileiro revela que o cabimento de recurso contra decisão interlocutória sofreu manifesta variação ao longo dos anos, com alternância de períodos de recorribilidade ou não. Se para compreender o presente e idealizar o futuro faz-se necessário pensar o passado, na esteira da célebre frase do historiador grego Heródoto, é que se fará uma ligeira digressão histórico-evolutiva do agravo a partir de suas raízes romano-germânicas a fim de compreender melhor o seu atual regime jurídico.

3 BREVE ESCORÇO HISTÓRICO DO AGRAVO DE INSTRUMENTO

A discrepância entre as decisões que põem fim ao processo (terminativas) e as que não o fazem (interlocutórias) é percebida no Direito Romano, que conheceu dois tipos de pronunciamentos do Juiz: as *sententias*, ato normal de julgamento da *res in iudicium deducta* (bem da vida juridicamente resguardado deduzido em juízo), que a partir do julgamento passava a ser *res judicata* (coisa julgada), passíveis, pois, de impugnação recursal pela *appellatio*, e as *interlocuciones*, que eram os demais pronunciamentos exarados no curso do processo, mas que não tinham por escopo "julgar a coisa levada a juízo" e, por isso, eram irrecorríveis. Nesse itinerário, quando fosse denegado algum direito por decisão interlocutória, o Juiz determinaria que se consignasse a irresignação por escrito a fim de que a parte prejudicada pudesse suscitá-la na Apelação contra a Sentença final (GUEDES, 2009).

O mecanismo recursal para as interlocutórias surgiria e se aperfeiçoaria, porém, no Direito português, consequentemente herdado pelo Direito brasileiro (CORRÊA, 2001). No sistema lusitano, a recorribilidade das decisões interlocutórias sempre foi motivo de polêmica. Houve períodos em que se permitiu recorrer – com maior ou menor amplitude – e períodos em que se impediu totalmente a recorribilidade (CORRÊA, 2001).

No Brasil, no âmbito da legislação cível, as Ordenações Filipinas permaneceram aplicáveis até o Código Civil de 1916 e, na seara do Direito Processual, foram cumpridas "*até 1890 – ao menos oficialmente, quando então se determinou a aplicação do Regulamento 737/1850 ao processo civil e comercial*", como pontua Guedes (2009, p. 231).

Encerrado o período de permissão constitucional legislativa para que os Estados-membros legislassem em matéria processual (Constituição de 1891), a unidade do Direito Processual foi reconquistada na Constituição Federal de 1934 e sacramentada com o advento do Código de Processo Civil de 1939 (CPC/1939). Nele, admitiam-se três modalidades de agravo: agravo de petição, agravo de instrumento e o agravo no auto do processo.[5]

Verifica-se, portanto, que o CPC/1939 – tal qual o CPC/2015, como se verá à frente – estabelecia um rol exaustivo de decisões interlocutórias agraváveis de imediato por Instrumento com base em sua potencialidade para comprometer o pronunciamento de mérito, o que redundou, inevitavelmente, em duras críticas, visto que várias decisões interlocutórias não seriam recorríveis de imediato por qualquer das três modalidades de agravo, tornando-se, nesse caso, irrecorríveis. Esclarece Alvim (2006, p. 81) que a consequência não poderia ter sido outra: aumento desenfreado dos chamados sucedâneos recursais.[6]

O CPC/1973, de Buzaid, disciplinou a matéria em direção oposta. Optou-se, então, por um regime de ampla recorribilidade das interlocutórias

5 Eis as peculiaridades de cada modalidade: i) o agravo de petição tinha efeito suspensivo e era cabível contra decisões terminativas do processo, com hipótese aberta de cabimento, desde que preenchido este requisito; ii) os agravos de instrumento e no auto do processo tinham seu cabimento na casuística enumerada pelo legislador no art. 842 do Código; iii) o agravo no auto do processo, como o nome mesmo dizia, ficava retido nos autos, ao passo que o agravo por instrumento levava à formação de um instrumento próprio, que seria processado à parte no órgão *ad quem* (ABELHA, 2016, p. 1.437).

6 "*Desde o rol pretensamente taxativo previsto no CPC/39 e que foi, relembre-se, severamente criticado por tornar irrecorríveis decisões interlocutórias de grande relevância, tem-se discutido, nos âmbitos doutrinário e jurisprudencial, acerca do cabimento do mandado de segurança contra ato judicial, a ponto de, em 1963, ter sido editada a Súmula 267/STF, segundo a qual 'não cabe mandado de segurança contra ato judicial passível de recurso ou correição' e que, lida* a contrario sensu, *significa dizer que cabe mandado de segurança contra ato judicial irrecorrível. Por ocasião da entrada em vigor do CPC/73, havia a expectativa de que, enfim, o uso do mandado de segurança contra ato judicial seria minimizado, quiçá dizimado, porque todas as interlocutórias seriam recorríveis pelo agravo de instrumento* [...]." (Superior Tribunal de Justiça. REsp. 1704520/MT. Relatora Min. Nancy Andrighi, julgamento em 5-12-2018).

com livre possibilidade de escolha da forma do Agravo (Retido ou por Instrumento). Mas, o Código sofreu sucessivas reformas, com destaque para as alterações introduzidas pela Lei 11.187/2005 que transformou o Agravo Retido em regra do sistema e estabeleceu a previsão do Agravo de Instrumento para as hipóteses expressamente indicadas de decisão suscetível de causar à parte lesão grave ou de difícil reparação ou nos casos de inadmissão de Apelação, ou ainda nas decisões relativas aos efeitos em que a Apelação fosse recebida. Fora dessas hipóteses, o relator deveria convertê-lo em retido.

Sucede que a prática forense demonstrou o contrário: a espécie instrumental era a mais utilizada, pois *o que "os litigantes pretendiam era provocar o imediato reexame da questão recorrida" (SICA, 2016, folhas 4)*. Houve significativo aumento da interposição de recursos, e os Tribunais se viram com demasiada sobrecarga de Agravos respaldados pelo critério do dano.

Por força dessa circunstância, e sem perder de vista a necessidade de se imprimir uma duração razoável ao processo (art. 5º, inciso LXXIII, da CF/88) e primar para que o mérito das demandas fosse resolvido, mecanismos de restrição do cabimento do recurso começaram a ser engendrados servindo de inspiração para a elaboração do CPC/2015. Isso orientou a escolha legislativa por um sistema recursal simplificado e de franco desestímulo ao destaque de questões incidentais para discussões em vias recursais antes da Sentença, com alteração (pelo menos em sua dimensão temporal) do regime das preclusões[7] e reavivando, quanto ao Agravo de Instrumento, a técnica do catálogo fechado de hipóteses de cabimento.

---

7 A preclusão, em sua concepção clássica, opera-se em três diferentes dimensões: a) **preclusão temporal** é a perda de uma faculdade processual oriunda de seu não-exercício no prazo ou termo fixados pela lei processual. Os exemplos típicos dessa modalidade são os que se passam quando o réu não apresenta a contestação no prazo previsto em lei e quando a parte vencida não recorre em tempo hábil da decisão que lhe é adversa. b) **preclusão lógica** é a que decorre da incompatibilidade da prática de um ato processual com outro já praticado, a exemplo da purga da mora que preclui o direito processual do réu de contestar a ação de despejo por falta de pagamento; o manejo da *declinatória fori* perante o Juiz da causa, que preclui o direito de excepcioná-lo por suspeição; e c) **preclusão consumativa** que ocorre quando a faculdade processual já foi exercida validamente, calcando-se na regra do *non bis in idem* (THEODORO JÚNIOR, 2001).

4 BALANÇO GERAL DO CABIMENTO DO AGRAVO DE INSTRUMENTO NA ESTRUTURA DO CPC/2015

Nos moldes do art. 994 do CPC/2015, há um "recurso-tipo" de Agravo que admite três formas distintas de interposição: por Instrumento, Interno e em Recurso Especial ou Extraordinário. Tratar-se-á da primeira modalidade: Agravo de Instrumento.

Se no Código anterior a decisão interlocutória era o pronunciamento do Juiz que resolvia uma questão incidente, no CPC/2015, a sua definição passou a ter um caráter residual: o que não for Sentença é decisão interlocutória. Com efeito, se o pronunciamento tem conteúdo decisório e não se encaixa na definição do § 1º do art. 203 do CPC/2015, será, então, uma interlocutória (DIDIER JÚNIOR; CUNHA, 2017). O campo de incidência das interlocutórias se revela exuberante e fértil, pouco importando a fase ou o módulo processual.

Estimulado pelo mote da simplificação recursal, o CPC/2015 eliminou a figura do Agravo Retido e cunhou um rol de decisões agraváveis por Instrumento (art. 1.015 e p. único):

> ***Art. 1.015.*** Cabe agravo de instrumento contra as decisões interlocutórias que versarem sobre:
> I – tutelas provisórias;
> II – mérito do processo;
> III – rejeição da alegação de convenção de arbitragem;
> IV – incidente de desconsideração da personalidade jurídica;
> V – rejeição do pedido de gratuidade da justiça ou acolhimento do pedido de sua revogação;
> VI – exibição ou posse de documento ou coisa;
> VII – exclusão de litisconsorte;
> VIII – rejeição do pedido de limitação do litisconsórcio;
> IX – admissão ou inadmissão de intervenção de terceiros;
> X – concessão, modificação ou revogação do efeito suspensivo aos embargos à execução;
> XI – redistribuição do ônus da prova nos termos do art. 373, § 1º;
> XII – (VETADO);
> XIII – outros casos expressamente referidos em lei.

> ***Parágrafo único***. Também caberá agravo de instrumento contra decisões interlocutórias proferidas na fase de liquidação de sentença ou de cumprimento de sentença, no processo de execução e no processo de inventário.[8]

O legislador não deixou a decisão interlocutória irrecorrível; apenas postergou seu exame para momento futuro, em homenagem ao princípio da duração razoável do processo (art. 4º do CPC/2015, combinado com o art. 5º, LXXVIII, da CF/88). Nesse prumo, por força do art. 1.009, § 1º do Código, estabeleceu-se que as demais decisões permaneceriam imunes à preclusão e poderiam ser desafiadas pela apelação ou nas contrarrazões do referido recurso.

Nesse particular, merece destaque o seguinte excerto do Parecer 956, de 2014, da Relatoria do Senador Vital do Rêgo, quando da devolução do Projeto de Lei ao Senado Federal:

> O projeto de novo Código de Processo Civil segue o caminho da simplificação recursal e do desestímulo ao destaque de questões incidentais para discussões em vias recursais antes da sentença, especialmente quando, ao final do procedimento, esses temas poderão ser discutidos em recurso de apelação. Por essa razão, [...] não se exacerbou nas hipóteses de cabimento de agravo de instrumento. Essa espécie recursal ficou restrita a situações que, realmente, não podem aguardar rediscussão futura em eventual recurso de apelação (BRASIL, Senado Federal, 2014, folhas 78).

O Projeto de Lei não passou incólume às críticas. A proposta de Emenda 92, do Senador Aloysio Nunes Ferreira, conquanto rejeitada pela

---

8 A limitação imposta pelo artigo 1.015 do CPC/2015 somente se aplica à fase de conhecimento. A opção do legislador foi estabelecer regimes distintos em razão da fase procedimental ou de especificidades relacionadas a determinadas espécies de processo. O caput do artigo 1.015 do CPC é aplicável somente à fase de conhecimento, conforme orienta o § 1º do artigo 1.009 do Código, que, ao tratar do regime de preclusões, limita o alcance do primeiro dispositivo apenas às questões resolvidas naquela fase. O parágrafo único, a seu turno, excepciona a regra do *caput* e dos demais incisos do dispositivo e dita um novo regime para as fases subsequentes à cognição (liquidação e cumprimento de Sentença), para o processo executivo e o inventário.

Casa, aventou a possibilidade de tornar o Agravo de Instrumento um recurso cabível contra qualquer decisão interlocutória. Portanto, a questão se revelou polêmica desde a sua gestação.

Voltando ao rol do art. 1.015 do CPC/2015, há um ponto em comum entre todas as hipóteses daquele catálogo legal: a **urgência *in re ipsa***, ou seja, uma presunção de que nesses casos é justo que a decisão interlocutória seja agravável por Instrumento levando ao Tribunal direta e imediatamente o conhecimento da matéria impugnada. Não sendo assim, poderia haver um prejuízo insuportável para a parte ou para o próprio processo em razão da inutilidade do julgamento diferido se a impugnação fosse feita apenas na sentença (ABELHA, 2016).

Por isso que o elenco do artigo em tela é exaustivo, fechado, e as decisões interlocutórias agraváveis, na fase de conhecimento, sujeitam-se a uma taxatividade legal. E, torna-se ao argumento, somente lei pode criar hipóteses de decisões agraváveis na fase de conhecimento (DIDIER JÚNIOR; CUNHA, 2017).

Sem dúvida, um dos objetivos do CPC/2015 foi delimitar, em diversas circunstâncias, a discricionariedade acentuada do intérprete e do julgador. Buscou-se garantir maior previsibilidade às decisões, em deferência aos princípios da segurança jurídica, da não-surpresa e da boa-fé objetiva, tão caros aos jurisdicionados. O art. 1.015 do CPC/2015 representa essa tendência, na medida em que pretende ser taxativo, ou pelo menos pretendia, até o STJ resolver mitigá-lo. Isso será analisado mais adiante.

O mecanismo *numerus clausus* não constitui inovação do legislador de 2015, tendo sido a solução adotada no art. 842 do CPC de 1939, como explicitado alhures. Se Alfredo Buzaid decidiu por alterar por completo o regime de Agravo de Instrumento que vigorava em 1939, a opção do Legislador foi seguir um caminho inverso em 2015, revisitando o sistema de 1939, há muito criticado. Com efeito, a doutrina passou a vislumbrar e propor formas alternativas para impugnar outras decisões interlocutórias que também demandam urgência decorrente da inutilidade do julgamento da questão no recurso de Apelação. A síntese desse debate hermenêutico pode ser configurado em três correntes, a saber: 1.ª) rol taxativo e sua interpretação restritiva; 2.ª) rol taxativo, comportando, porém, interpretação extensiva ou analógica; e 3.ª) rol meramente exemplificativo.

A primeira corrente, dominante desde o início da vigência do Código, tanto na doutrina (Como exemplos: ARAÚJO, 2016; BECKER, 2017;

SICA, 2015; GAJARDONI et al, 2017) quanto na jurisprudência do STJ (conferir: Superior Tribunal de Justiça. Segunda Turma. Resp. 1700308/PB. Rel. Ministro Herman Benjamin. Julgamento em: 17-4-2018), criou raízes a partir dos intensos debates travados nas Casas legislativas (PLC 8.046/2010 - Câmara dos Deputados; e PLS 166/2010 - Senado Federal) e sustenta a restrita taxatividade do rol do art. 1.015 do CPC/2015 e, ainda que o inciso XIII remeta a "*outros casos expressamente referidos em lei*", seria certo que deveria haver lei que permitisse o seu cabimento. Veda-se a discricionariedade do Magistrado para verificar, diante de situações não previstas, se é o caso ou não de decisão agravável fora das hipóteses legais (BECKER, 2017). Por esse motivo, chegou-se a cogitar do uso Mandado de Segurança como alternativa de combate das interlocutórias não agraváveis de plano.

A segunda corrente também defende a taxatividade do rol do artigo 1.015, porém com a possibilidade de interpretá-lo extensiva ou analogicamente. Cada inciso do dispositivo legal poderia ser ampliado, por meio de interpretações não literais, de modo a acomodar situações semelhantes ou próximas àquelas expressamente arroladas. Esta posição foi acolhida por significativa parcela da doutrina (Como exemplo: ALVIM et al, 2016; BUENO, 2015; DIDIER JÚNIOR; CUNHA, 2018; MARANHÃO, 2016; ROCHA; MIRANDA NETTO, 2018) e chegou a ter ressonância no STJ (Conferir: STJ. Superior Tribunal de Justiça. Segunda Turma. Resp. 1695936/MG. Rel. Ministro Herman Benjamin. Julgamento em: 21-11-2017).

Por fim, a terceira corrente, minoritária, porém com nomes de relevo, defendia o caráter exemplificativo do rol cujos incisos seriam apenas ilustrações de hipóteses de cabimento do agravo de instrumento, havendo outras situações em que o recurso seria possível. A recorribilidade imediata das interlocutórias deve ser avaliada sob a óptica de elementos de interesse recursal, ordem pública, nulidades absolutas e de eventual inutilidade futura da impugnação diferida por meio de apelação (Como exemplo: TUCCI, 2017; GONZALEZ, 2016; FERREIRA, 2017).

A partir deste "estado da arte" que se descortinou após a vigência do CPC/2015, o Colendo STJ dispôs-se a "pacificar" a questão por ocasião do julgamento dos Recursos Especiais 1.696.396/MT e 1.704.520/MT sob o cogente rito dos recursos representativos de controvérsia repetitiva descrita no **Tema 988**, cuja tese foi fixada nos seguintes termos: "*o rol do art. 1.015 do CPC é de taxatividade mitigada, por isso admite a interposição de agravo de instrumento quando verificada a urgência decorrente da inutilidade do* *julgamento da questão no recurso de apelação*." Ainda, modularam-se os efeitos para que a tese jurídica somente se aplique às decisões interlocutórias proferidas após a publicação do Acórdão.[9]

Passa-se ao exame da tese explicitada.

5 CRÍTICAS À TESE DA TAXATIVIDADE MITIGADA

Extrai-se do voto vencedor proferido pela Ministra Nancy Andrighi[10] dois pilares centrais: a) o filtro constitucional pelo qual o processo deve passar, especificamente o art. 1.015 do CPC/2015, de modo a lhe conferir uma interpretação que mais bem se coaduna com a sua razão de existir e com as normas fundamentais insculpidas pelo próprio CPC; b) a insuficiência das hipóteses elencadas taxativamente que, em princípio, deveriam abrigar o maior número possível de decisões merecedoras de reexame imediato, em virtude do prejuízo causado às partes e ao processo.

Para além da rejeição de todo o debate doutrinário e jurisprudencial formado pelas três correntes pré-existentes, ao criar uma quarta, denominada "taxatividade mitigada", o STJ, inevitavelmente, acabou por extrair um sentido que não estava presente originalmente na opção legislativa. Isso porque, na medida em que a urgência contida em situações que não poderiam aguardar rediscussão em eventual Apelação foi, evidentemente, a baliza utilizada para restringir as hipóteses de cabimento do Recurso e, não ao contrário, ampliá-las.

A simplificação recursal, sem, contudo, cercear o direito de defesa, fora a tônica do Código. E não havia divergência específica quanto a isso.

Não se discutem os inconvenientes da tramitação de uma demanda perante juízo incompetente ou que não se examine desde já pedido de segredo de justiça ou que o processo seja anulado, em grau de Apelação, depois de anos em curso. Por mais que o sistema taxativo atual revisite e até resgate as ideias do CPC/1939 e, por isso mesmo, apresente falhas por não contemplar situações que mereceriam impugnação imediata, não se

---

[9] Os recursos foram afetados em 28-2-2018. O mérito foi julgado em 5-12-2018 e os Acórdãos publicados em 19-12-2018, com trânsito em julgado certificado em 22-2-2019. Disponíveis em: <www.stj.jus.br>.

[10] Dispensa-se a transcrição das ementas por economia. As ideias centrais dos julgados constam do corpo do texto.

pode interpretá-lo conforme o modelo que se entende ser o melhor, mas sim de acordo com o estabelecido pelo Poder Legislativo, composto pelos representantes do povo, eleitos democraticamente com a função de legislar, como bem pontuou o Ministro Og Fernandes[11]

No caso em comento, ao ignorar o elenco legal e içar a urgência como critério (tipo por objetivo) para o cabimento do Agravo de Instrumento, não teria o STJ afastado a aplicação da regra sem, contudo, declará-la inconstitucional?

Pergunta-se mais: qual o critério definidor da urgência decorrente da inutilidade do julgamento da questão na Apelação? Quais os parâmetros que serão utilizados pelos Tribunais para definir se determinada questão encerra em si a urgência que a habilita ser imediatamente conhecida? Nesse ponto, concorda-se com Streck, Sousa e Gouveia Filho (2018) quanto aos perigos de se mitigar o que é taxativo: o STJ reescreveu o direito positivo para deixar ao arbítrio do julgador do caso definir se admite ou não o Agravo.

A nova tese criada pelo STJ, ao arrepio das competências constitucionais, subverte o sistema e faz com que o critério excepcional da urgência se torne regra, pois partes tentarão recorrer imediatamente sob tal pretexto por temor à preclusão. Em outras palavras: recairá sobre a própria parte decidir qual será o recurso apropriado contra determinada decisão interlocutória e seu regime de preclusão, o que viola nitidamente a escolha legislativa por um rol absolutamente taxativo que detém urgência *in re ipsa*.

Em outras palavras, a aferição do requisito de urgência para o cabimento ou não da interposição de Agravo de Instrumento traz consigo o inevitável risco de preclusão da decisão desfavorável à parte. Nessa lógica, passa a ser imprescindível definir quais questões seriam, de fato, consideradas urgentes e, portanto, capazes de mitigar a regra do rol taxativo, sob pena de preclusão. Ficam as partes e seus patronos à mercê da avaliação subjetiva dos Tribunais, aos quais caberá definir os casos em que seria possível ou não a interposição de recurso de Agravo de Instrumento.

Por conta disso, o número de Agravos de Instrumento (e também de Agravos Internos) aumentará demasiadamente e o retorno ao panorama

[11] A referência ao Ministro do Superior Tribunal de Justiça Geraldo Og Nicéas Marques Fernandes que participou do julgamento dos recursos especiais nos quais houve a fixação da tese de taxatividade mitigada.

processual anterior, na vigência do CPC/1973, será inevitável. A determinação de quais interlocutórias seriam agraváveis passa a ser feita casuisticamente e está, em última análise, submetida ao alvedrio do julgador, "*transformando a parte em apostador num jogo em que as cartas são dadas pelo Judiciário*" (BECKER, 2017, p. 244). E por cautela, os advogados certamente preferirão agravar de imediato contra quaisquer decisões que apreciem questões que reputem urgentes a ficar à mercê do futuro juízo de valor do Tribunal quando da eventual Apelação.

A constatação empírica desse fenômeno pode ser feita numa rápida pesquisa ao repositório eletrônico de decisões do Tribunal de Justiça do Estado de Minas Gerais (TJMG). Já se constata a rejeição de diversos Agravos de Instrumento, monocraticamente (art. 932, inciso III, do CPC) ou pelo Colegiado, com fundamento na inaplicabilidade do precedente vinculativo do STJ e, consequentemente, na ausência de urgência ou perigo da demora. São emblemáticos, por exemplo, o Agravo 1.0000.20.018063-6/001 (interposto contra decisão que determinou a emenda à Petição Inicial), e o Agravo 1.0026.17.003254-8/001 (contra decisão que indeferiu o pedido de esclarecimentos e homologou o laudo pericial), também o 1.0024.14.212452-8/0001 (contra decisão que indeferiu pedido de contraprova) e o Agravo 1.0000.19.035872-1/002 (contra decisão que rejeitou o reconhecimento dos efeitos da revelia diante do comparecimento espontâneo do réu).

As decisões unipessoais proferidas nos referidos recursos foram publicadas no Diário do Judiciário Eletrônico (DJ-*e*) entre os dias 20 e 21 de fevereiro de 2020. Há inúmeros outros casos de agravos aviados contra decisões que, por exemplo, indeferem o desentranhamento de documentos, a produção de prova oral em audiência ou que reconhecem a revelia, ficando nesses exemplos só para se limitar à lista exibida na primeira página da consulta.[12]

Outro julgado bastante elucidativo da insegurança jurídica a que os jurisdicionados estarão submetidos em decorrência da vagueza e da discricionariedade na definição do critério da urgência, foi proferido pela Quarta Câmara Cível do Egrégio TJMG nos autos do Agravo Interno 1.0000.19.148893-1/002 aviado contra decisão do Relator que já havia

[12] Disponível em: <https://www5.tjmg.jus.br/jurisprudencia/decisaoResultado.do?palavrasConsulta=agravo+e+taxatividade+e+mitigada&tipoFiltro=and&codigoCompostoRelator=&dataInicial=&dataFinal=&resultPagina=10&pesquisar=Pesquisar>. Acesso em: 27 fev. 2020.

inadmitido o Agravo de Instrumento, por ausência de previsão no rol do art. 1.015, interposto contra decisão que determinou a inclusão de litisconsorte no polo passivo da demanda. O julgamento não foi unânime e ficou vencido o segundo vogal que aplicou a tese do STJ para autorizar o conhecimento do Agravo de Instrumento obstado. Segue a ementa:

> DIREITO PROCESSUAL CIVIL - AGRAVO INTERNO - NÃO CONHECIMENTO DE AGRAVO DE INSTRUMENTO - DETERMINAÇÃO DE EMENDA DA INICIAL, PARA A INCLUSÃO DE LITISCONSORTES PASSIVOS - HIPÓTESE NÃO PREVISTA NO ROL DO ARTIGO 1.015 DO CÓDIGO DE PROCESSO CIVIL - ENTENDIMENTO DO SUPERIOR TRIBUNAL DE JUSTIÇA - TESE DA TAXATIVIDADE MITIGADA - TEMA 988 - URGÊNCIA DECORRENTE DA INUTILIDADE DO JULGAMENTO DA QUESTÃO NO RECURSO DE APELAÇÃO - INEXISTÊNCIA - AGRAVO DESPROVIDO.
>
> – Não há como reformar decisão de não conhecimento de agravo de instrumento, quando se verifica que as hipóteses de cabimento do referido recurso estão taxativamente elencadas no artigo 1.015 do Código de Processo Civil, donde não se inclui a hipótese de decisão que determina a emenda da inicial, para a inclusão de litisconsortes passivos.
>
> – A tese firmada no Superior Tribunal de Justiça, quando do julgamento dos Recursos Especiais 1.704.520 e 1.696.396, submetidos ao rito dos recursos repetitivos, foi a da taxatividade mitigada, permitindo, apenas em caráter excepcional, a apreciação de casos que envolvam situações de urgência decorrente da inutilidade do julgamento da questão no recurso de apelação; ***o que não é o caso.***
>
> ***V.V - Mesmo que não expressamente prevista no rol do artigo 1.015, do CPC/15, tratando-se de decisão interlocutória relativa à determinação de inclusão de litisconsortes passivos, fica autorizado o conhecimento do recurso de Agravo de Instrumento.*** (TJMG - Agravo Interno Cv 1.0000.19.148893-1/002. Relator(a): Des.(a) Moreira Diniz. Quarta Câmara Cível. Julgamento em: 20-2-2020. Publicação da Súmula em: 21-2-2020). (grifos nossos).

Os Tribunais realizarão o cotejo analítico (*distinguishing*) entre o Acórdão paradigmático do STJ e o caso concreto para, em reconhecendo a existência de fundamentos argumentativos distintivos capazes de afastar o precedente, determinar que a decisão deverá ser objeto de questionamento posterior à Sentença, em novo recurso a ser interposto.

Não se contorna o problema quando a parte retardar a impugnação e só questionar a matéria na Apelação (ou nas contrarrazões), situação na qual o Tribunal poderá perfeitamente não conhecer da questão por entender que ela deveria ter sido atacada anteriormente, operando-se, assim, a preclusão temporal.

A tese do STJ balda a função paradigmática que inspira a própria Corte. Como ponderou a Ministra Maria Thereza de Assis Moura, ao inaugurar a divergência, a fixação de uma tese ampla como esta "*frustra a pretensão de pacificar e uniformizar a aplicação do direito federal pela sistemática do recurso representativo da controvérsia*". Logo, tal assertiva apenas reforça a compreensão de que a tese mitigadora trará insegurança jurídica.

6 CONSIDERAÇÕES FINAIS

No presente capítulo foram analisadas as hipóteses de cabimento do Agravo de Instrumento no CPC/2015 a partir da repercussão da tese da taxatividade mitigada construída pelo STJ.

As divergências doutrinárias que permearam o tema ao longo dos anos – e não poderia ser diferente após a edição do CPC/2015 –, incentivaram a criação da tese que acabou por resgatar o critério da urgência como requisito para o cabimento recursal, em clara contradição ao texto legal. Nem mesmo no STJ o debate foi tranquilo: a tese foi tomada por apertada maioria de sete votos a cinco, o que demonstra que ainda há muito a debater.

O STJ foi criativo ao atribuir ao texto legal um sentido diverso do externado pelo legislador para criar uma nova hipótese, geral e abstrata, de cabimento do recurso de Agravo de Instrumento. A ordem jurídica foi, assim, inovada ao arrepio do regime de competências que a CF/88 cuidadosamente distribuiu aos poderes constituídos.

A insegurança jurídica paira sobre os processos e inúmeros Agravos estão sendo interpostos contra quaisquer decisões interlocutórias em que se entenda estar presente a urgência, porque, se não o fizer, corre-se o risco do relator sequer conhecer da matéria quando da apreciação da futura e eventual apelação, por entender que não há mais a urgência.

Não era essa a expectativa com o Novo Código. Não foi isso que o legislador efetivamente pretendeu. Por isso, os Tribunais deverão se atentar para a sua função nomofilácica, criar precedentes seguros e que confiram segurança jurídica, estabilidade, coerência e, sobretudo, previsibilidade aos jurisdicionados.

Somente nesse rumo poderá ser restabelecido o autêntico espírito do legislador.

REFERÊNCIAS

ABELHA, Marcelo. **Manual de direito processual civil.** 6. ed. Rio de Janeiro: Forense, 2016.

ALVIM, Teresa Arruda. **Os agravos no CPC brasileiro.** 4. ed. São Paulo: Revista dos Tribunais, 2006.

ALVIM, Teresa Arruda et al. **Primeiros comentários ao novo código de processo civil**: artigo por artigo. 2. ed. São Paulo: Revista dos Tribunais, 2016.

ARAÚJO, José Henrique Mouta. A recorribilidade das interlocutórias no novo CPC: variações sobre o tema. In: **Revista de Processo**. São Paulo, Ed. RT, n. 251, p. 207-228, jan. 2016.

BECKER, Rodrigo Frantz. O rol taxativo (?) das hipóteses de cabimento do agravo de instrumento. Publicações da Escola da AGU, Brasília, v. 9, n. 4, p. 237-252, out./dez. 2017. Disponível em: <https://seer.agu.gov.br/index.php/EAGU/article/view/2020/1745>. Acesso em: 4 jan. 2019.

BRASIL. (Constituição). Constituição da República Federativa do Brasil de 1988. Brasília, DF: Senado, 1988.

BRASIL. Lei 5.869, de 11 de janeiro de 1973. Institui o Código de Processo Civil. **Diário Oficial [da] República Federativa do Brasil**, Brasília, DF, 17 jan. 1973, republicado no **Diário Oficial [da] República Federativa do Brasil**, Brasília, DF, 27 jul. 2006.

BRASIL. Lei 13.105, de 16 de março de 2015. Código de Processo Civil. **Diário Oficial [da] República Federativa do Brasil**, Brasília, DF, 17 mar. 2015.

BRASIL. Senado Federal. Comissão Temporária do Código de Processo Civil. Parecer 956, de 2014. Disponível em: <https://legis.senado.leg.br/sdleg-getter/documento?dm=4202793&ts=1547910662753&disposition=inline>. Acesso em: 25 fev. 2020.

BUENO, Cassio Scarpinella. **Manual de direito processual civil**: inteiramente estruturado à luz do novo CPC. São Paulo: Saraiva, 2015.

CAVALCANTI, Márcio André Lopes. **Vade mecum de jurisprudência**: dizer o direito. 6. ed. Salvador: JusPodivm, 2019.

CORRÊA, Joel Machado. **Recurso de agravo**: história e dogmática por mais de 500 anos. São Paulo: Iglu, 2001.

DIDIER JÚNIOR, Fredie; CUNHA, Leonardo Carneiro da. **Curso de direito processual civil.** v. 1. 19. ed. Salvador: JusPodivm, 2017.

DIDIER JÚNIOR, Fredie; CUNHA, Leonardo Carneiro da. **Curso de direito processual civil**: meios de impugnação às decisões judiciais e processos nos tribunais. 15. ed. Salvador: JusPodivm, 2018.

FERREIRA, William Santos. Cabimento do agravo de instrumento e a ótica prospectiva da utilidade: o direito ao interesse na recorribilidade de decisões interlocutórias. In: **Revista de Processo**. São Paulo, Ed. RT, n. 263, p. 193-203, jan. 2017.

GAJARDONI, Fernando da Fonseca, et al. **Execução e recursos**: comentários ao CPC de 2015. São Paulo: Método, 2017.

GONZALEZ, Gabriel Araújo. **A recorribilidade das decisões interlocutórias no código de processo civil de 2015**. Salvador: JusPodivm, 2016.

GUEDES, Clarissa. A impugnação das decisões interlocutórias no direito lusitano. Revista Eletrônica de Direito Processual – PEDP, v. IV, 2009. Disponível em: <http://www.arcos.org.br/periodicos/revista-eletronica-de-direito-processual/volume-iv>. Acesso em: 25 fev. 2020.

MARANHÃO, Clayton. Agravo de instrumento no código de processo civil de 2015: entre a taxatividade do rol e um indesejado retorno do mandado de segurança contra ato judicial. In: **Revista de Processo**. São Paulo, Ed. RT, n. 256, p. 147-168, jun. 2016.

MICHAELIS. Dicionário brasileiro da língua portuguesa. Versão eletrônica. Disponível em: https://michaelis.uol.com.br. Acesso em: 24 fev. 2020.

MINAS GERAIS. TJMG. Tribunal de Justiça do Estado de Minas Gerais. Apelação Cível 1.0000.19.148893-1/002. Relator(a): Des.(a) Moreira Diniz. Quarta Câmara Cível. Data do julgamento: 20 fev. 2020. Data da publicação da Súmula: 21 fev. 2020. Disponível em: <www.tjmg.jus.br>. Acesso em: 22 fev. 2020.

MOREIRA, José Carlos Barbosa. Saneamento do processo e audiência preliminar. In: **Revista de Processo**, v. 40, p. 109, out. 1985.

______. **O novo processo civil brasileiro**. 23. ed. Rio de Janeiro: Forense, 2005.

______. **Comentários ao código de processo civil**. 16. ed. Rio de Janeiro: Forense, 2012.

NEVES, Daniel Amorim Assumpção. **Manual de direito processual civil**. 8. ed. Salvador: JusPodivm, 2016.

ROCHA, Felippe Borring; MIRANDA NETTO, Fernanda Gama de. A recorribilidade das decisões interlocutórias sobre direito probatório. In: **Revista Brasileira de Direito Processual**. Belo Horizonte, Ed. Fórum, nº 101, p. 99-123, jan./mar. 2018.

SICA, Heitor Vitor Mendonça. Recorribilidade das interlocutórias e sistemas de preclusões no novo CPC: primeiras impressões. In: **Revista Magister de Direito Civil e Processual Civil**, Porto Alegre, Ed. Magister, n. 65. p. 22-66, mar./abr. 2015.

SICA, Heitor Vitor Mendonça. Recorribilidade das interlocutórias e sistema de preclusões no novo CPC: primeiras impressões. 7 de abril de 2016. Disponível em: <https://edisciplinas.usp.br/pluginfile.php/4230963/mod_resource/content/1/Heitor%20Sica%20-%20Recorribilidade%20das%20interlocuto%CC%81rias%20e%20sistema%20de%20precluso%CC%83es%20no%20Novo%20CPC.pdf>. Acesso em: 26 fev. 2020.

STRECK, Lenio Luiz; SOUSA, Diego Crevelin de; GOUVEIA FILHO, Roberto Campos. Por que o STJ deve rever a decisão sobre a taxatividade do artigo 1.015. 13-8-2018. Disponível em: <https://www.conjur.com.br/2018-ago-13/stj-rever-decisao-taxatividade-11015>. Acesso em: 4 jan. 2019.

THEODORO JÚNIOR, Humberto. **Curso de direito processual civil.** v. III. 51. ed. Forense, 2018.

______. A preclusão no processo civil. In: **Revista dos Tribunais**, São Paulo, Ed. RT, n. 784, fev. 2001.

TUCCI, José Rogério Cruz e. Ampliação do cabimento do recurso de agravo de instrumento. 18-7-2017. Disponível em: <https://www.conjur.com.br/2017-jul-18/paradoxo-corte-ampliacao-cabimento-recurso-deagravo-instrumento>. Acesso em: 25 fev. 2020.

CAPÍTULO 15

A TÉCNICA DO JULGAMENTO ESTENDIDO: alcance e polêmicas

Fernando de Vasconcelos Lins[1]

1 INTRODUÇÃO

Do clamor à celeridade que permeia o Novo Código de Processo Civil (CPC/2015), contraposto com a intensa discussão acerca da eficácia das decisões colegiadas não unânimes (COUY, 2015, p. 25-27), a legislação processual atualizada sobrepôs à hipótese recursal dos Embargos Infringentes a técnica de Julgamento Estendido, prevista ineditamente pelo artigo 942 do CPC/2015, mediante a qual se opera a ampliação do colegiado recursal em casos de julgamento heterogêneo.

Apesar de subsistir, em boa medida, o escopo das regras procedimentais anteriores, a automática ampliação do julgamento naturalmente impactou a experiência dos aplicadores do direito, produzindo dúvidas acerca de sua abrangência e também polêmicas relativas a seus resultados, efeitos que serão estudados a seguir.

2 SISTEMA NORMATIVO ANTERIOR

Convém, prefacialmente, recuar a investigação ao exame, breve que seja, da espécie recursal extinta, sem o qual não é possível compreender

[1] Desembargador do Tribunal de Justiça de Minas Gerais.

adequadamente os fundamentos e o alcance da inovação do Código no particular.

Recurso sem paralelo no Direito comparado, com exceção do antigo Direito português, em que reside sua matriz histórica, os Embargos Infringentes eram objeto de críticas contundentes da doutrina, que, apontando seu anacronismo e o desserviço que prestava à efetividade e à duração razoável do processo, preconizava desde muito sua abolição.

Todavia, em coerência com a tradição pátria de preferir a segurança à celeridade, a peculiar espécie recursal foi mantida por largo período no sistema, sob a justificativa de que a falta de unanimidade no órgão colegiado pode indicar a necessidade de um debate mais aprofundado sobre a questão decidida, ponderando-se que "*não raras vezes, quem mais bem aprecia a causa, percebendo determinado detalhe, sobretudo em matéria de fato, é o prolator do voto vencido*.". (DIDIER JÚNIOR, 2013, p. 235-236)

Percorrendo sinuosa trajetória ao longo de sua evolução, os Embargos Infringentes conheceram significativas alterações no regramento de suas hipóteses de cabimento, ora alargadas, ora restringidas pela legislação processual.

Se, ao tempo da redação original do artigo 530 do Código de Processo Civil de 1973 (CPC/73), bastava à sua admissão a ausência de unanimidade no julgamento de Apelação ou de ação rescisória, as alterações promovidas pela Lei 10.352, de 2001, restringiram o cabimento do recurso à impugnação de Acórdão que, além de não unânime, reformasse a sentença de mérito, em apelação, ou julgasse procedente a ação rescisória. Pareceu bem ao legislador tomar em consideração não apenas o fato da não unanimidade isoladamente, mas também a relação de conformidade entre a Sentença e o Acórdão, afastando o cabimento dos infringentes quando sentença e acórdão convergissem, ainda que vencido um dos Desembargadores.

Com o advento do Novo Código de Processo Civil, o curso existencial do recurso em questão chegou ao fim. Não obstante, a ideia de submeter o Acórdão não unânime a reexame no mesmo Tribunal que o proferiu não foi superada, conforme será elucidado a seguir.

3 SUBSTITUIÇÃO DOS EMBARGOS INFRINGENTES PELA TÉCNICA DE JULGAMENTO PREVISTA NO ART. 942, NCPC

O Novo Código de Processo Civil, dentre as inúmeras modificações ao antigo, retirou do rol de recursos a previsão de interposição de Embargos Infringentes, conforme se observa pela simples leitura do art. 944, criando, por outro lado, a técnica de Julgamento que, embora tenha natureza de incidente processual e não recursal, em muito se assemelha ao extinto Recurso.

A técnica de Julgamento consiste na ampliação do julgamento, de ofício, quando o resultado da apelação for não unânime. Não sendo possível o prosseguimento do julgamento na mesma sessão, designar-se-á nova sessão, na qual deverão estar presentes outros julgadores que componham o órgão colegiado, a serem convocados de acordo com o previsto no Regimento Interno de cada Tribunal, de modo que o número de Desembargadores seja suficiente para garantir a possibilidade de inversão do resultado inicial. É o que se extrai do art. 942 do CPC/2015, *verbis*:

> ***Art. 942***. Quando o resultado da apelação for não unânime, o julgamento terá prosseguimento em sessão a ser designada com a presença de outros julgadores, que serão convocados nos termos previamente definidos no regimento interno, em número suficiente para garantir a possibilidade de inversão do resultado inicial, assegurado às partes e a eventuais terceiros o direito de sustentar oralmente suas razões perante os novos julgadores.
>
> ***§ 1º*** Sendo possível, o prosseguimento do julgamento dar-se-á na mesma sessão, colhendo-se os votos de outros julgadores que porventura componham o órgão colegiado.
>
> ***§ 2º*** Os julgadores que já tiverem votado poderão rever seus votos por ocasião do prosseguimento do julgamento.
>
> [...]

Quanto às hipóteses de cabimento, o Código expressamente prevê, no § 3º do dispositivo parcial e anteriormente transcrito, a sua aplicação nos julgamentos não unânimes proferidos, além da apelação, em "*ação rescisória, quando o resultado for a rescisão da sentença, devendo, nesse caso, seu prosseguimento ocorrer em órgão de maior composição previsto no regimento interno;*" (inciso I); "*agravo de instrumento, quando houver reforma da decisão que julgar parcialmente o mérito.*" (inciso II).

Já o § 4º do art. 942, do CPC/2015 cuidou de apontar as situações em que, ainda que o julgamento não tenha sido unânime, não deverá ser aplicada a técnica de Julgamento, quais sejam: incidente de assunção de competência e ao de resolução de demandas repetitivas; remessa necessária e julgamento não unânime proferido, nos Tribunais, pelo plenário ou pela Corte Especial.

Acerca da composição do órgão julgador, é importante destacar que somente nos casos de julgamento não unânime de Apelação ou de Agravo de Instrumento o mesmo órgão colegiado será competente para prosseguir no Julgamento de forma estendida do ponto controvertido.

Diversamente, nas ações rescisórias, sendo necessário aplicar a técnica de Julgamento, o órgão competente para julgar terá composição mais ampla, esta prevista no Regimento Interno do Tribunal. Sobre este ponto, esclarece o processualista Alexandre Freitas Câmara:

> Neste caso, será preciso verificar se o órgão mais amplo é ou não formado pelos integrantes do órgão colegiado que deu início ao julgamento. Figure-se, por exemplo, caso de o julgamento ter sido iniciado em uma das Turmas do STJ, prevendo seu regimento interno que a competência será transferida, nessa hipótese, para a Sessão. Ora, como os integrantes da Turma também compõem a Sessão, bastará tomar os votos faltantes. Pode acontecer, porém, de o regimento interno determinar a transferência da competência para órgão com formação completamente distinta (por exemplo, seria possível que o regimento interno de um Tribunal de Justiça previsse que a competência seria transferida de uma Câmara para o Órgão Especial, sendo possível que nenhum integrante daquela seja membro deste). Nesta hipótese, o julgamento deverá ser reiniciado, e os votos proferidos no órgão de menor composição não deverão ser computados. (CÂMARA, 2016, p. 441)

Diante deste novo instituto, é possível aferir três principais inovações em relação ao sistema processual civil. Primeiro, em virtude de a técnica de Julgamento não ter natureza recursal, evidentemente deixa de existir a possibilidade de apresentação de razões e contrarrazões após o julgamento não unânime. Segundo, o órgão colegiado deverá obrigatoriamente ser composto pelos julgadores que iniciaram o julgamento do Recurso, não sendo mais possível renovar totalmente a turma julgadora, sendo permitido ao Desembargador que já tiver votado rever o voto por ocasião do prosseguimento do julgamento. Terceiro, foi eliminado o segundo requisito imprescindível à interposição da antiga modalidade recursal, qual seja, necessidade de que o acórdão não unânime reforme a Sentença de mérito.

Por fim, em virtude de a técnica do prolongamento do Julgamento substituir o recurso de Embargos Infringentes, os entendimentos sedimentados nas Súmulas 88[2], 169[3], 207[4], 255[5] e 390[6] do STJ estão superados.

4 PONTOS CONTROVERTIDOS DOS LIMITES DE APLICAÇÃO E EXTENSÃO DA NOVA TÉCNICA DO JULGAMENTO

Em virtude, justamente, da similitude entre as duas técnicas processuais, dos Embargos Infringentes, previstos no Código de 1973, e do Julgamento Estendido instituído pelo Novo Código, e da inevitável comparação entre ambas, surgem diversas dúvidas quanto aos limites das hipóteses de cabimento do Julgamento Estendido em seus diversos aspectos: pressupostos de aplicação, espécies recursais em que pode ser empregado e limitação interna da controvérsia em análise para fins de complementação do julgado.

No que toca aos pressupostos de aplicação do novo instituto no âmbito dos recursos de Apelação, alguns defendem que o requisito da modificação da Sentença de Primeira Instância também deva ser imprescindível à complementação do julgamento. A justificativa é de que o Novo Código manteve esta condição nos casos da ação rescisória, cujo Acórdão não unânime deve necessariamente rescindir a sentença, e no Agravo de Instrumento, em que a decisão colegiada deve reformar a monocrática de Primeira Instância que julgou parcialmente o mérito, consoante se depreende da previsão trazida no § 3º do art. 942, já elucidada anteriormente.

A exigência de tal pressuposto deve ser compreendida como uma opção específica do legislador que expressamente manteve o requisito nos casos da Ação Rescisória e do Agravo de Instrumento, trazidos em separado no parágrafo supramencionado. A própria técnica legislativa de individualizar as duas situações em um parágrafo apartado de seu *caput* revela

---

2 Súmula 88 STJ: "*São admissíveis embargos infringentes em processo falimentar*".

3 Súmula 169 STJ: "*São inadmissíveis embargos infringentes no processo de mandado de segurança*".

4 Súmula 207 STJ : "*É inadmissível recurso especial quando cabíveis embargos infringentes contra o acórdão proferido no tribunal de origem*".

5 Súmula 255 STJ: "*Cabem embargos infringentes contra acórdão, proferido por maioria, em agravo retido, quando se tratar de matéria de mérito*.".

6 Súmula 390 STJ: "*Nas decisões por maioria, em reexame necessário, não se admitem embargos infringentes*.".

que se trata de situações singulares não aplicáveis à regra geral, não havendo que se falar, portanto, que tal requisito deva ser exigido quando da apreciação dos Recursos de Apelação.

As dúvidas relativas às espécies recursais em que a nova técnica pode ser empregada não parecem ter razão de ser, eis que o Novo Código, como já visto, trouxe a delimitação expressa dos casos em que o Julgamento terá prosseguimento com a presença de outros julgadores em caso de decisão colegiada não unânime.

Ainda que restem dubiedades, o Superior Tribunal de Justiça já se manifestou quanto ao tema referenciando que, sob a previsão legal específica, não é admissível ampliação de suas hipóteses de cabimento, consignando expressamente que a técnica não é extensível aos julgamentos no âmbito da Corte Superior. Conveniente a transcrição de trecho da ementa do julgado:

> [...] Entendo por inaplicável o art. 942 do Novo CPC (técnica de complementação de julgamento), tendo em vista que, para que essa técnica seja adotada, é necessário que o acórdão não unânime seja proferido no julgamento da Apelação, Agravo de Instrumento ou Ação Rescisória, o que não é a hipótese dos autos, que trata de recurso de Embargos de Declaração julgados, por maioria, por esta Corte Superior. (EDcl nos EDcl nos EDcl no AgRg no AREsp 705.844/SP, Rel. Ministro Herman Benjamin, Segunda Turma, julgado em 06/10/2016, DJe 19/10/2016)

Um terceiro ponto que eventualmente pode gerar dúvidas se refere ao limite interno de aplicação do instituto no Julgamento em análise. Em outras palavras, não havendo consenso entre os Magistrados que compõem a Turma julgadora, sobre quais pontos devem se manifestar aqueles que irão compor o Julgamento Estendido – acerca de todos os temas levantados na primeira parte do julgamento ou apenas sobre a questão divergente?

Diante da interrogação, parte dos Tribunais brasileiros, ao exemplo do que tem ocorrido no de Minas Gerais, tem optado por aplicar a técnica de extensão do julgamento somente no ponto controvertido que originou a dissonância no caso em análise. Nesse sentido, os julgadores convocados a complementar a Turma julgadora devem se manifestar somente quanto à questão não unânime, no caso de haver divergência parcial quanto ao voto condutor do julgamento, não havendo necessidade de externarem suas opiniões quanto às demais questões pacificadas.

Um último ponto que merece esclarecimento é que a complementação do Julgamento somente ocorrerá se o resultado não for unânime, isto é, se houver voto divergente que irá provocar uma modificação na resolução final da controvérsia. Portanto, não deve ser aplicada na hipótese de haver votos com fundamentações diferentes que levam a uma mesma conclusão.

Sobre o tema, já se manifestou a doutrina:

> A regra do art. 942 do CPC somente se aplica quando o resultado não for unânime. Se o resultado for unânime, não se aplica a regra, mesmo que haja divergência na fundamentação. A aplicação da regra depende de divergência no resultado, e não na fundamentação. (DIDIER JÚNIOR; CUNHA, 2016, p. 80)

5 IMPRESSÕES QUANTO À APLICAÇÃO DA TÉCNICA DE AMPLIAÇÃO DO JULGAMENTO COLEGIADO EM CASO DE DIVERGÊNCIA, NA PRÁTICA DOS TRIBUNAIS DE JUSTIÇA

Por derradeiro, deve-se ponderar acerca da repercussão do novo procedimento de julgamento sobre a rotina processual, em confronto com o escopo legislativo pretendido em sua introdução.

Na Exposição de Motivos do Código de Processo Civil, redigida em junho de 2010, ou seja, antes da alteração legislativa que incluiu a técnica de ampliação do julgamento colegiado em caso de divergência, nota-se que a intenção do legislador foi extirpar do sistema processual os Embargos Infringentes, justificando esta opção pela busca da celeridade.

Todavia, posteriormente, em alteração do Projeto de Lei ocorrido na Câmara dos Deputados (substitutivo 8.046/2010), visando a atender a insatisfação e questionamentos da comunidade jurídica quanto à extinção de uma modalidade recursal, foi incluída na novel legislação processual a técnica de ampliação do julgamento colegiado em caso de divergência que, conforme ressaltado, não se trata de modalidade recursal, mas sim de técnica de julgamento.

Em primeira aproximação, é de se registrar que não se tem notícias de que, na elaboração do Projeto do Novo Código de Processo Civil, tenham sido realizados estudos estatísticos ou instaurado um debate mais aprofundado sobre o impacto dos Embargos Infringentes nos julgamentos dos Tribunais e no reflexo de sua previsão na demora na resolução das demandas (COUY, 2015, p. 25-27.).

Um ano após a entrada em vigor do Novo Código de Processo Civil, um dos debates que se propõe é justamente se essa nova técnica de julgamento, aplicada de ofício, trouxe ou não celeridade e maior segurança jurídica.

Conforme anteriormente explanado, nota-se que, especificamente no Recurso de Apelação, que atualmente é a modalidade recursal em maior número nos Tribunais de Justiça, a ampliação do julgamento é aplicada em todas as hipóteses de resultado não unânime, ainda que se trate de direitos disponíveis e que os votos vencedores estejam confirmando a Sentença.

A princípio, embora essa técnica, por aumentar o número de julgadores a apreciar a questão, possa trazer uma maior segurança jurídica ao jurisdicionado, não se pode olvidar que o simples fato de existir um voto divergente não enseja à conclusão de que o resultado alcançado pelo colegiado seja injusto ou inadequado, sobretudo quando confirma o pronunciamento judicial de lavra do juízo de Primeiro Grau.

Ademais, a nova sistemática de julgamento acaba por supor que as partes estejam insatisfeitas com o resultado da Apelação, ainda que a divergência tenha sido instaurada somente quanto a um ponto do mérito ou relativamente a uma preliminar, sem oportunizar aos reais interessados na rápida solução do litígio o direito de se manifestarem quanto à sua intenção em ver a questão reapreciada pelos demais integrantes da Câmara.

Também não se pode perder de vista que a ampliação do julgamento colegiado pode trazer alguns problemas de ordem prática, sobretudo nos Tribunais em que as Câmaras não são compostas por cinco julgadores, o que, ao contrário da exegese legal, acaba por dilatar e atrasar o resultado final da demanda.

No entanto, igualmente não pode se olvidar que, por não ser tratar de Recurso, sendo uma técnica aplicada automaticamente, acaba por reduzir a necessidade da prática de atos pelas partes, podendo o julgamento ser concluído na mesma sessão, nos moldes estabelecidos no art. 942, § 1º, do CPC/2015, além de introduzir no jurisdicionado a certeza de que a questão trazida à apreciação jurisdicional foi objeto do mais amplo debate.

Conclui-se, portanto, que, como todo instituto que inova no ordenamento jurídico, a técnica de ampliação do julgamento colegiado em caso de voto divergente provoca críticas e questionamentos que somente poderão ser aquilatados com a experiência vivenciada com o passar do tempo pelos Tribunais de Justiça e pelos operadores do Direito, porquanto privilegia, de um lado, a profundidade da apreciação jurisdicional, e, de outro, impinge possível e indesejado atraso na resolução definitiva da demanda.

REFERÊNCIAS

ALVIM, Angélica Arruda et al. **Comentários ao código de processo civil**. São Paulo: Saraiva, 2016.

BECKER, Rodrigo Frantz. Artigo 942 do novo CPC pode massacrar a divergências nos julgamentos. In: Revista Consultor Jurídico, 27 de março de 2015. Disponível em: <http://www.conjur.com.br/2015-mar-27/artigo-942-cpc-massacrar-divergencia-julgamentos>. Acesso em: 11 mar. 2017.

BRASIL. Lei 13.105, de 16 de março de 2015. Código de Processo Civil. **Diário Oficial [da] República Federativa do Brasil**, Brasília, DF, 17 mar. 2015.

CÂMARA, Alexandre Freitas. **O novo processo civil brasileiro**. 2. ed. Rio de Janeiro: Atlas, 2016.

COUY, Giselle Santos. **Da extirpação dos embargos infringentes no novo código de processo civil:** um retrocesso ou avanço? novo CPC doutrina selecionada: processo nos tribunais e meios de impugnação às decisões judiciais. v. 6. Salvador: JusPodivm, 2015.

DIDIER JÚNIOR, Fredie. **Curso de direito processual civil**. v. 3. 11. ed. Salvador: JusPodivm, 2013.

DIDIER JUNIOR, Fredie; CUNHA, Leonardo Carneiro. **Curso de direito processual civil**: processo nos tribunais. v. 3. 13 ed. Salvador: JusPodivm, 2016;

FREIRE, Rodrigo da Cunha da Lima. A técnica da complementação do julgamento da apelação no novo CPC. Disponível em: <http://portalprocessual.com/a-tecnica-da-complementacao-do-julgamento-da-apelacao-no-novo-cpc/>. Acesso em: 11 mar. 2017.

MOREIRA, José Carlos Barbosa. Novas vicissitudes dos embargos infringentes. In: **Revista de Processo**, São Paulo, Ed. RT, a. 28, n. 109, p. 113-123, jan.-mar. 2003.

NEVES, Daniel Amorim Assumpção. **Comentários ao novo código de processo civil**. Rio de Janeiro: Forense, 2015.

SOUZA, Bernardo Pimentel. **Introdução aos recursos cíveis e à ação rescisória**. 10. ed. São Paulo: Saraiva, 2014.

STRECK, Lenio. **Comentários ao código de processo civil**. 11. ed. São Paulo: Saraiva, 2016.

THEODORO JÚNIOR, Humberto. **Curso de direito processual civil**. v. 3. 50. ed. Rio de Janeiro: Forense, 2015.

CAPÍTULO 16

OS JUIZADOS ESPECIAIS CÍVEIS E A (IN)APLICAÇÃO DO CÓDIGO DE PROCESSO CIVIL DE 2015

Famblo Santos Costa[1]

1 INTRODUÇÃO

O presente estudo procura refletir sobre a aplicabilidade de alguns dispositivos do Código de Processo Civil de 2015 nos Juizados Especiais Cíveis, especificamente quanto ao juízo de admissibilidade do recurso inominado e relativo à contagem dos prazos do Código de Processo Civil de 2015.

Perante os Juizados Especiais, o processo é diferenciado, pois se vale de um procedimento extremamente ágil e participativo, para resolver as causas cíveis de menor complexidade, diminuindo a litigiosidade contida e concorrendo para a redução dos conflitos que não chegam ao Poder Judiciário.

A regulamentação infraconstitucional do Sistema dos Juizados Especiais foi realizada pela Lei Federal 9.099, de 1995; Lei Federal 10.259, de 2001, e Lei Federal 12.153, de 2009. Essa legislação orienta principiologicamente o processo e o procedimento a ser observados para a prestação da tutela jurisdicional diferenciada das causas cíveis de menor complexidade.

---

1 Juiz de Direito do Estado de Minas Gerais e Mestre em Direito pela Universidade Federal de Santa Catarina.

Os princípios orientadores da oralidade, da simplicidade, da informalidade, da economia processual e da celeridade não excluem os princípios constitucionais, dentre eles o da razoável duração do processo e os meios que garantam a celeridade de sua tramitação. Porém, sempre interpretados para cumprir o objetivo central que é resolver as demandas de menor complexidade, diminuir a litigiosidade contida e reduzir os conflitos sociais.

Estes princípios orientadores e constitucionais serão utilizados para se interpretar a (in)aplicabilidade dos arts. 219, 1.007 e 1.010 do novo Código de Processo Civil no processo diferenciado dos Juizados Especiais.

Para se buscar uma interpretação condizente com os princípios e com a finalidade dos Juizados Especiais serão utilizadas a comparação do Código de Processo Civil de 1973 com o novo Código de Processo Civil, mas sem se esquecer das Leis do Sistema dos Juizados Especiais.

A solução interpretativa que se chegará, neste presente Capítulo, está longe de se tentar esgotar o assunto e, mesmo, impor uma interpretação mais condizente ou cômoda para aqueles que atuam nos Juizados Especiais. Mas, sem se esquecer que a melhor interpretação é aquela que procura sempre efetivar os direitos fundamentais expressos ou implícitos na Constituição da República de 1988.

O estudo será dividido em três partes, sendo que a primeira será desenvolvida uma breve definição de princípios, para que em seguida sejam trabalhados os princípios regentes do processo dos Juizados Especiais Cíveis. Em seguida, passa-se a analisar a contagem dos prazos processuais e os recursos, em especial o juízo de admissibilidade do recurso inominado, mas tudo comparando os Códigos de Processo Civil, revogado e atual, com as Leis do Sistema dos Juizados Especiais. Por fim, serão tecidas algumas conclusões.

2 OS PRINCÍPIOS

Muito se escreve sobre normas jurídicas. E o que se tem como sedimentado na doutrina é a sua divisão em regras jurídicas e princípios jurídicos.[2] Sem querer estender demasiadamente, pretende-se conceituar os princípios jurídicos, para só depois trabalhar com os princípios que regem o processo dos Juizados Especiais Cíveis.

---

2 Para a compreensão dos princípios e normas, inclusive sobre as suas distinções evolutivas analisando Josef Esser, Karl Larenz, Claus-Wilhelm Canaris, Robert Alexy e Ronald Dworkin, pesquise Ávila (2003, p. 22-77).

Na lição de Celso Antônio Bandeira de Mello (2003, p. 817-818), princípio é

> mandamento nuclear de um sistema, verdadeiro alicerce dele, disposição fundamentalmente que se irradia sobre diferentes normas compondo-lhes o espírito e servindo de critério para sua exata compreensão e inteligência exatamente por definir a lógica e a racionalidade do sistema normativo, no que lhe confere a tônica e lhe dá sentido harmônico. É o conhecimento dos princípios que preside a intelecção das diferentes partes componentes do todo unitário que há por nome sistema jurídico positivo.

Também, Vezio Crisafulli, citado por Paulo Bonavides (1999, p. 230), diz que

> princípio é, com efeito, toda norma jurídica, enquanto considerada como determinante de uma ou de muitas outras subordinadas, que a pressupõem, desenvolvendo e especificando ulteriormente o preceito em direções mais particulares (menos gerais), das quais determinam, e, portanto, resumem, potencialmente, o conteúdo: sejam, pois, estas efetivamente postas, sejam, ao contrário, apenas dedutíveis do respectivo princípio geral que as contém.

O mesmo doutrinador italiano afirma que "*todo princípio tem eficácia e que 'os princípios são normas escritas e não escritas, das quais logicamente derivam as normas particulares (também estas escritas e não escritas) e às quais inversamente se chega partindo destas últimas'.*" (CRISAFULLI, Vezio. **La costituzione e le sue disposizioni di principi**, *apud* BONAVIDES, 1999, p. 245).

Assim sendo, é com este último conceito que se serão analisados os princípios regentes do processo dos Juizados Especiais Cíveis.

3 OS PRINCÍPIOS REGENTES DO PROCESSO DOS JUIZADOS ESPECIAIS CÍVEIS

Cândido Rangel Dinamarco, ao lecionar sobre a tutela jurisdicional diferenciada e os processos diferenciados, esclarece que "*tutela jurisdicional diferenciada é a proteção concedida em via jurisdicional mediante meios processuais particularmente ágeis e com fundamento em uma cognição sumária.*" (DINAMARCO, 2005b, p. 735).

Disserta, ainda, o doutrinador Cândido Rangel Dinamarco, que a **tempestividade** é a razão que leva a lei a instituir meios mais céleres para se obter a tutela jurisdicional e indicar as hipóteses em que eles são adequados, cabendo ao legislador, discricionariamente, a escolha do modo de impulsionar a celeridade processual: a) ao se satisfazer com uma cognição superficial, ou seja, não exauriente no plano vertical; b) ao excluir o conhecimento de pretensões que virtualmente poderiam ser agregadas ao processo, ou de questões que poderiam ser suscitadas (cognição incompleta, plano cognitivo horizontal); c) ao instituir procedimentos concentrados, sem fases bem delineadas como as do procedimento ordinário (DINAMARCO, 2005b, p. 735-736).

O processo dos Juizados Especiais é um processo diferenciado, pois se vale de um procedimento extremamente ágil e participativo, para diminuir a litigiosidade contida e concorrendo para a redução dos conflitos que não chegam ao Poder Judiciário (DINAMARCO, 2005b, p. 740).

Os Juizados Especiais possuem sua base jurídica na Constituição da República de 1988, no art. 98, inciso I, que dispõe que a União, o Distrito Federal e Territórios, e os Estados criarão os

> juizados especiais, providos por juízes togados, ou togados e leigos, competentes para a conciliação, o julgamento e a execução de causas cíveis de menor complexidade e infrações penais de menor potencial ofensivo, mediante os procedimentos oral e sumaríssimo, permitidos, nas hipóteses previstas em lei, a transação e o julgamento de recursos por turmas de juízes de primeiro grau.

As Leis ordinárias que regulamentam os Juizados Especiais são: a) a Lei 9.099, de 1995; b) a Lei 10.259, de 2001; e, c) a Lei 12.153, de 2009.

As Leis que estruturam os Juizados Especiais possuem princípios orientadores do desenvolvimento deste processo diferenciado, que são os da oralidade, da simplicidade, da informalidade, da economia processual e da celeridade.[3]

Passa-se a definir os princípios orientadores do processo dos Juizados Especiais. Porém, é importante alertar que não se pretenderá, neste estudo,

---

[3] Cabe registrar que os princípios do contraditório, ampla defesa, devido processo legal, fundamentação também são aplicáveis aos processos dos Juizados Especiais Cíveis.

propor uma definição científica, sob pena de se limitar a atuação do processo diferenciado e excluir causas que não chegariam ao Poder Judiciário.

O processo desenvolvido nos Juizados Especiais é eminentemente oral[4], desde a propositura da demanda, a contestação em audiência e a prolação imediata da sentença pelo Juiz, permeados por intenso diálogo com e entre as partes, seja para ouvi-las ou para desenrolar as tentativas de conciliação, e, também, pela simplificação da documentação das audiências (mesmo dos depoimentos orais), buscando-se a concentração dos atos processuais, a identidade física do Juiz, a irrecorribilidade em separado das interlocutórias e, consequentemente, a aceleração da tutela jurisdicional.

O procedimento simplificado dos Juizados Especiais dispensa maiores formalidades e se impedem certos incidentes do processo ordinário. Para isso, não se admitem a reconvenção, a ação declaratória incidental e os infindáveis recursos, proporcionando uma tutela jurisdicional mais rápida.

Lembra Felippe Borring Rocha (2017, p. 33) que o princípio da simplicidade orienta que toda atividade desenvolvida deverá ser externada de modo compreensível pelas partes, especialmente para aquelas desacompanhadas de advogado, para melhorar a compreensão e participação daqueles que não dispõem de conhecimentos jurídicos.

A informalidade dispensa o autor, ao propor a ação, de maiores formalidades, bastando que constem, de forma simples e em linguagem acessível, o nome, a qualificação e o endereço das partes, os fatos e fundamentos de maneira resumida e o objeto da pretensão e o seu valor. As intimações não exigem maiores formalidades. O processo é inteiramente gratuito em primeiro grau de jurisdição, salvo no momento de recorrer. Não é exigido o patrocínio de qualquer das partes por advogado. Não são devidos honorários de sucumbência na primeira instância, salvo quando o recurso é improvido e mantida a Sentença.

As causas submetidas ao Juizado Especial exigem o menor gasto de dinheiro, com a minimização da quantidade de atos processuais, a concentração

---

4 *"É preciso lembrar, no entanto, que para um processo ser oral não é necessário, nem desejável, abolir a forma escrita. Com efeito, processo oral é aquele que oferece às partes meios eficazes para praticarem os atos processuais por meio da palavra falada, ainda que esses atos tenham que ser registrados por escrito."* (ROCHA, 2017, p. 29).

de atos processuais, a não exigência de acompanhamento das partes por advogado, a gratuidade dos atos processuais e ausência de condenação em honorários de sucumbência, principalmente na Primeira Instância.

A celeridade está ligada à menor complexidade das causas submetidas aos Juizados Especiais, com concentração de atos processuais, não repetição de atos, ainda que nulos, mas que tenham atingidos sua finalidade, prazos exíguos para a conclusão do procedimento, recurso recebidos, em regra, somente no efeito devolutivo (DINAMARCO, 2005b; MARINONI; ARENHART; MITIDIERO, 2016b).

4 OS RECURSOS, O JUÍZO DE ADMISSIBILIDADE E OS PRAZOS NO CÓDIGO DE PROCESSO CIVIL E NOS JUIZADOS ESPECIAIS CÍVEIS

Foram estabelecidas algumas definições, sem a pretensão de esgotar o tema dos princípios, posto que se poderia levar à compreensão de que somente os princípios anteriormente descritos seriam aplicáveis aos processos dos Juizados Especiais Cíveis, o que excluiriam outros princípios processuais constantes na Constituição e elevando-os a uma categoria de hiperprincípios e hipergeneralização principiológica.

Sendo assim, serão analisados dois pontos surgidos com o novo Código de Processo Civil, quais sejam, os prazos contados em dias úteis e o juízo de admissibilidade dos recursos, e a sua (in)aplicabilidade nos processos dos Juizados Especiais Cíveis.

4.1 Os Prazos no Novo Código de Processo Civil e nos Juizados Especiais Cíveis

O Código de Processo Civil de 1973 dispunha sobre os prazos processuais nos arts. 177 a 192, porém o art. 178 estabelecia a respeito da contagem que "*o prazo, estabelecido pela lei ou pelo juiz, é contínuo, não se interrompendo nos feriados.*".

Portanto, a contagem dos prazos processuais era realizada em dias corridos e uma vez iniciada aquela, o que acontecer no curso da contagem é irrelevante. Ou seja, não se descontavam feriados, salvo as regras constantes do antigo § 1º do art. 184 e os casos de interrupção ou suspensão de prazos (DINAMARCO, 2005a).

O Código de Processo Civil de 2015 inovou a questão da contagem dos prazos processuais no art. 219 ao dispor que "*na contagem de prazo em dias, estabelecido por lei ou pelo juiz, computar-se-ão somente os dias úteis*". E o parágrafo único restringiu a aplicação desta contagem somente aos prazos processuais.

Prazo, na definição de Cândido Rangel Dinamarco, é a distância temporal entre dois fatos ou atos, ou a quantidade de tempo medida entre eles. Diz, ainda, o doutrinador que as limitações temporais contidas nas normas que estabelecem os prazos são responsáveis pela determinação do ritmo em que se desenvolve a dinâmica do processo (DINAMARCO, 2005a, p. 550-551).

A existência de prazos processuais, afirmam Marinoni, Arenhart e Mitidiero (2016a), evidencia a característica necessariamente temporal do processo, e assinala a tentativa do legislador infraconstitucional em dimensionar de acordo com o direito fundamental ao processo com prazo razoável à sua duração para se alcançar o direito fundamental à tutela tempestiva.

Com relação à inovação a respeito da contagem do prazo em dias úteis, o doutrinador Daniel Amorim Assunção Neves admite que, como advogado militante no contencioso cível, não teria como deixar de saudar efusivamente a novidade legislativa, principalmente porque o advogado simplesmente não tem descanso com prazos em trâmite durante o final de semana.

O doutrinador, ainda, explica seu ponto de vista quanto à alegação de ofensa ao princípio da celeridade, dizendo que

> o processo demora demais, muito além do tempo razoável previsto no art. 5º, LXXVIII, da CF, mas culpar os prazos por isso é inocência. A culpa na realidade é do tempo morto, ou seja, o tempo de espera entre os atos processuais, principal culpado pela morosidade procedimental. Com audiências sendo designadas para meses depois, com autos conclusos a perder de vista, com esperas dramáticas pela mera juntada de uma peça, entender que a contagem de prazos somente durante os dias úteis irá atrasar o andamento do processo é trabalhar em paralelo com a realidade (NEVES, 2015, p. 178).

Do mesmo modo, Felippe Borring Rocha (2017, p. 134) explica que a contagem dos prazos processuais em dias úteis se trata de uma medida salutar e consagra o princípio da isonomia, pois nem todos os envolvidos no processo trabalham de maneira ininterrupta, inclusive aos sábados, domingos e feriados.

O presente estudo não se propõe pesquisar a comodidade pessoal dos Advogados ou a "culpa" do Poder Judiciário na demora da prestação jurisdicional, mas a possível violação do princípio da celeridade (art. 2º da Lei 9.099/95). Mesmo porque o fim maior do processo é a efetividade dos direitos fundamentais, independentemente da satisfação das partes, procuradores ou do Estado, consagrada no art. 9º da Lei 10.259, de 2001, e no art. 7º da Lei 12.153, de 2009, que acabaram com o prazo diferenciado – prazo em dobro para manifestação nos autos, conforme art. 180, 183 e 186 do Código de Processo Civil de 2015 – para a prática de qualquer ato processual pelas pessoas jurídicas de direito público (incluindo-se os órgãos públicos).

As Leis 9.099/1995, 10.259/2001 e 12.153/2009 não possuem dispositivo específico a respeito dos prazos. Entretanto, a Lei 9.099, de 1995, nos arts. 3º, inc. II, 48, 52 e 53, determina de forma implícita a aplicação subsidiária do Código de Processo Civil. Porém, nenhum dispositivo enumerado se refere à contagem de prazos processuais. E a Lei 12.153, de 2009, no art. 27, é expresso quanto à aplicação subsidiária do Código de Processo Civil.

A discussão atual é se a contagem dos prazos processuais nos Juizados Especiais Cíveis passa a ser em dias úteis, como no art. 219 do CPC/2015, ou se se continua em dias corridos, basicamente porque o Sistema dos Juizados Especiais não possui dispositivo a respeito.

A Escola Nacional de Formação e Aperfeiçoamento de Magistrados realizou, no período de 26 a 28 de agosto de 2015, o Seminário "*O Poder Judiciário e o novo CPC*", e dentre vários Enunciados elaborou o de nº 45 que diz: "*A contagem dos prazos em dias úteis (art. 219 do CPC/2015) aplica-se ao sistema de Juizados Especiais.*".

O Fórum Permanente de Processualistas Civis elaborou dois Enunciados a respeito da aplicação da contagem dos prazos em dias úteis nos Juizados Especiais Cíveis, que são o de n.º 415 ("*Os prazos processuais no sistema dos Juizados Especiais são contados em dias úteis.*") e o de n.º 416 (A contagem do prazo processual em dias úteis prevista no art. 219 aplica-se aos Juizados Especiais Cíveis, Federais e da Fazenda Pública.).

No Senado Federal, tramita um Projeto de Lei 36/2018, de autoria do Senador Elber Batalha, que acrescenta o art. 12-A à Lei 9.099, de 26 de setembro de 1995, para estabelecer que na contagem de prazo para a prática de qualquer ato processual, inclusive para a interposição de recursos, serão computados somente os dias úteis.

A Ordem dos Advogados do Brasil interpôs Arguição de Descumprimento de Preceito Fundamental (ADPF) 483, perante o Supremo Tribunal Federal (STF), que sustenta a inconstitucionalidade de decisões judiciais que aplicam a contagem dos prazos em dias corridos e pede que o STF determine que os prazos processuais sejam contados em dias úteis.

O Fórum Nacional de Juizados Especiais (FONAJE) possui os Enunciados 164 que dispõe que "O art. 229, *caput*, do CPC/2015, não se aplica ao Sistema de Juizados Especiais."; o de nº 165 ("*Nos Juizados Especiais Cíveis, todos os prazos serão contados de forma contínua.*"); e o Enunciado da Fazenda Pública de nº 13 ("*A contagem dos prazos processuais nos Juizados da Fazenda Pública será feita de forma contínua, observando-se, inclusive, a regra especial de que não há prazo diferenciado para a Fazenda Pública – art. 7º da Lei 12.153/09.*").

A 42.ª edição do Fórum Nacional de Juizados Especiais (FONAJE), realizada entre os dias 08 a 11 de novembro de 2017, divulgou uma Carta em que ratificava a posição do FONAJE a respeito da contagem dos prazos processuais nos Juizados Especiais. E o fez nos seguintes termos:

> Os magistrados dos Juizados Especiais do Brasil, reunidos no XLII Encontro do Fórum Nacional de Juizados Especiais – FONAJE, nos dias 8, 9 e 10 de novembro de 2017, em Curitiba, Capital do Paraná, sob o tema "A preservação dos fundamentos da Justiça Cidadã", vêm a público para:
> ***– reafirmar que a aplicação do Código de Processo Civil aos Juizados Especiais pressupõe expressa remissão ou compatibilidade com os critérios informadores do Sistema;***
> ***– ratificar a posição do FONAJE no sentido de que os prazos processuais devem ser contados em dias corridos; e que qualquer alteração deste critério depende de específica previsão legislativa.*** [...] (Grifos nossos)

Além disso, o Fórum Nacional dos Juizados Especiais (FONAJE) emitiu Notas Técnicas 01/2016, reforçando a não aplicabilidade do art. 219 do CPC/2015 ao Sistema dos Juizados Especiais e fundamentando no princípio constitucional da razoável duração do processo e na incompatibilidade com o critério informador da celeridade ao rito dos Juizados Especiais.

Na Câmara dos Deputados tramita um Projeto de Lei 4.982/2016, de autoria do Deputado Federal João Rodrigues, que acrescenta à Lei 9.099, de

1995, a Seção IV-A ao Capítulo II, a fim de estabelecer no art. 13-A a forma de contagem dos prazos de forma contínua nos Juizados Especiais Cíveis.

É fato que existe uma divergência entre os Tribunais Estaduais sobre a contagem dos prazos processuais nos Juizados Especiais.

Para uma análise sobre a melhor aplicabilidade da contagem dos prazos processuais nos Juizados Especiais, faz-se necessária a transcrição de uma lição dos doutrinadores Marinoni, Arenhart e Mitidiero (2016b, p. 317-318):

> É preciso compreender que o procedimento dos Juizados Especiais é pensado sob a ótica das tutelas diferenciadas, buscando-se adaptar o rito (e a forma de proteção do direito como um todo) às particularidades do direito material posto a exame. O direito processual não pode tratar a todos os direitos indiferentemente, porque isso seria ignorar as peculiaridades vivenciadas por espécie de direito e por situação concreta. ***A mentalidade que informa os Juizados Especiais é precisamente esta: verificado que o conflito de menor complexidade tem certas particularidades próprias, é preciso adotar a jurisdição de instrumento capaz de lidar com esse litígio, sob pena de o conflito não encontrar na jurisdição estatal campo suficientemente adequado para ser resolvido.*** Assim, o rito do juizado especial não é, verdadeiramente, menos "garantístico", mas adequado para a realidade da situação concreta. (Grifos nossos).

Os doutrinadores Marinoni, Arenhart e Mitidiero (2015) expressam, a partir da obra de Ovídio Baptista da Silva, que um procedimento uniforme discrimina posições sociais e situações substanciais, devendo os procedimentos variarem conforme as necessidades carentes de tutela[5], ou seja, mais do que um procedimento adequado ao direito material, serão necessárias técnicas processuais capazes de responder aos diversos casos concretos.

---

[5] Na definição de Marinoni, Arenhart e Mitidiero (2015. p. 70), "tutela" significa o resultado jurídico-substancial do processo, representando o impacto do processo no plano do direito material. Quando se teoriza o tema das "tutelas", tem-se em mira exatamente a imprescindibilidade da identificação das situações de direito material para o delineamento das técnicas processuais capazes de outorgar efetividade à prestação jurisdicional e, assim, colocá-la em uma dimensão realmente capaz de concretizar o direito fundamental à tutela jurisdicional efetiva.

Cândido Rangel Dinamarco leciona da mesma maneira:

> As hipóteses de tutela jurisdicional diferenciada são relacionadas com direitos aos quais o constituinte ou o legislador entendeu conveniente oferecer uma solução mais rápida, sendo por isso que se contenta com uma cognição sumária, sem exigir as delongas da cognição plena. A busca da tempestividade da tutela jurisdicional, integrante da garantia constitucional de acesso à justiça (Const., art. 5º, inc. XXXV), é a razão que leva a lei a instituir esses instrumentos mais céleres e indicar as hipóteses em que cada espécie de processo é adequada (DINAMARCO; LOPES, 2016, p. 126).

Assim, as causas submetidas ao processo dos Juizados Especiais Cíveis são aquelas de menor complexidade, para dirimir a litigiosidade contida e reduzir os conflitos que não chegam ao Poder Judiciário, cujo procedimento sumaríssimo é orientado pelos princípios da oralidade, simplicidade, informalidade, economia processual e celeridade, sem se descuidar do princípio constitucional da razoável duração do processo e os meios que garantam a celeridade de sua tramitação.

A contagem dos prazos processuais no processo dos Juizados Especiais Cíveis em dias úteis, como estabelecido no art. 219 do novo Código de Processo Civil, é incompatível com o princípio orientador da celeridade e com o princípio constitucional da razoável duração do processo e os meios que garantam a celeridade de sua tramitação.

Não é justificativa plausível a de que a contagem dos prazos processuais em dias úteis seja mais cômoda para os Advogados, que trabalhariam nos fins de semana e feriados, pois é fato que, também, os Juízes e Advogados Públicos trabalham nos finais de semana, feriados e férias. E nem por isso necessitam de prazos em dias úteis para cumprir suas funções. Mesmo porque não é certeza que, com os prazos contados em dias úteis, estes profissionais deixarão de trabalhar nos fins de semana. Mas, é certo que o trâmite processual se prolongará, mesmo que por poucos dias, de forma indevida.

E mais: a comodidade de quem não é parte na ação (advogados, advogados públicos e Magistrados), não pode se sobrelevar ao interesse do titular do direito, que busca uma tutela efetiva, justa e célere.

Entretanto, em 31 de outubro de 2018, foi publicada a Lei 13.728 que alterou "*a Lei 9.099, de 26 de setembro de 1995, para estabelecer que, na contagem de prazo para a prática de qualquer ato processual, inclusive para a interposição de recursos, serão computados somente os dias úteis.*".

O acréscimo na Lei dos Juizados Especiais ocorreu com o art. 12-A que dispõe:

> *Art. 12-A*. Na contagem de prazo em dias, estabelecido por lei ou pelo juiz, para a prática de qualquer ato processual, inclusive para a interposição de recursos, computar-se-ão somente os dias úteis.

Com a modificação da Lei 9.099, de 1995, tem-se uma maior segurança jurídica, em razão da divergência judicial se a contagem dos prazos processuais seguem ou não o disposto no Código de Processo Civil de 2015, mesmo que com o prejuízo do princípio orientador da celeridade e do princípio constitucional da razoável duração do processo.

4.2 O Juízo de Admissibilidade dos Recursos no Novo Código de Processo Civil e nos Juizados Especiais Cíveis

O recurso é um ato de inconformismo da parte que pede uma nova decisão diferente daquela que lhe desagrada ou prejudica, instaurando-se, assim, um novo procedimento, chamado procedimento recursal (DINAMARCO; LOPES, 2016).

Os recursos são sujeitos a certos pressupostos ou requisitos para que possam ser julgados pelo mérito, sendo que o juízo de admissibilidade recursal é uma apreciação feita pelo órgão prolator da decisão ou Sentença recorrida ou pelo Tribunal, em relação à existência do direito de recorrer e da regularidade do seu exercício.

Cabe um destaque quanto a posição dos doutrinadores Marinoni, Arenhart e Mitidiero (2016b, p. 329) que entendem que a admissão de recurso no procedimento dos Juizados Especiais contra Sentença atenta contra os princípios da oralidade e da celeridade.

A análise do presente texto será restrita ao juízo de admissibilidade do recurso inominado, posto que se assemelha ao recurso de Apelação.

As Leis 9.099/1995, 10.259/2001 e 12.153/2009 não preveem a quem caberá o juízo de admissibilidade recursal, o que se aplicará as regras do Código de Processo Civil, de forma subsidiária. Mas, sempre consagrando o princípio orientador da celeridade e o princípio constitucional da razoável duração do processo e os meios que garantam a celeridade de sua tramitação.

O Código de Processo Civil de 1973 previa no art. 518, e parágrafos, que o juízo de admissibilidade do recurso de Apelação era da competência do Juiz, que deveria declarar os efeitos em que recebe, podendo facultativamente, após a apresentação da resposta do recorrido, reexaminar os pressupostos de admissibilidade do recurso.

O novo Código de Processo Civil inovou quanto ao juízo de admissibilidade prevendo que caberá, no caso de Apelação, ao Tribunal, o que proporciona celeridade ao procedimento recursal. Diz o artigo:

> ***Art. 1.010.*** A apelação, interposta por petição dirigida ao juízo de primeiro grau, conterá:
>
> [...]
>
> ***§ 3º Após as formalidades previstas nos §§ 1º e 2º, os autos serão remetidos ao tribunal pelo juiz, independentemente de juízo de admissibilidade.***

Entretanto, o Enunciado FONAJE 166 dispõe que "*nos Juizados Especiais Cíveis, o juízo prévio de admissibilidade do recurso será feito em primeiro grau.*".

Assim, para a consagração do princípio orientador da celeridade e do princípio constitucional da razoável duração do processo e os meios que garantam a celeridade de sua tramitação, o juízo de admissibilidade do recurso inominado deverá ocorrer somente pela Turma Recursal, devendo ser superado o Enunciado FONAJE 166.

Do mesmo modo, o art. 43 da Lei 9.099, de 1995, deverá ser interpretado em consonância com os princípios elencados anteriormente, para que o efeito suspensivo somente poderá ser dado pela Turma Recursal.

Felippe Borring Rocha (2017) defende que a competência para dar o efeito suspensivo ao recurso é do Relator, na Turma Recursal, nos moldes do que estabelece o art. 932 do Código de Processo Civil, e coadunando com a visão de que o juízo de admissibilidade deve ser feito exclusivamente pela Turma Recursal (art. 1.010, § 3º, do CPC).

O preparo recursal possui previsão específica no art. 42 da Lei 9.099, de 1995, que será feito, independentemente de intimação, nas 48 horas seguintes à interposição, sob pena de deserção. O preparo compreende todas as despesas processuais, inclusive aquelas dispensadas em Primeiro Grau de jurisdição, ressalvada a hipótese de assistência judiciária gratuita (parágrafo único do art. 54 da Lei 9.099, de 1995).

O novo Código de Processo Civil trouxe uma inovação quanto ao preparo recursal no art. 1.007, relativo à insuficiência do valor do preparo, não comprovação do recolhimento do preparo e equívoco no preenchimento da guia de custas. Diz o artigo:

> ***Art. 1.007.*** No ato de interposição do recurso, o recorrente comprovará, quando exigido pela legislação pertinente, o respectivo preparo, inclusive porte de remessa e de retorno, sob pena de deserção.
>
> *§ 1º* São dispensados de preparo, inclusive porte de remessa e de retorno, os recursos interpostos pelo Ministério Público, pela União, pelo Distrito Federal, pelos Estados, pelos Municípios, e respectivas autarquias, e pelos que gozam de isenção legal.
>
> ***§ 2º A insuficiência no valor do preparo, inclusive porte de remessa e de retorno, implicará deserção se o recorrente, intimado na pessoa de seu advogado, não vier a supri-lo no prazo de 5 (cinco) dias.***
>
> *§ 3º* É dispensado o recolhimento do porte de remessa e de retorno no processo em autos eletrônicos.
>
> ***§ 4º O recorrente que não comprovar, no ato de interposição do recurso, o recolhimento do preparo, inclusive porte de remessa e de retorno, será intimado, na pessoa de seu advogado, para realizar o recolhimento em dobro, sob pena de deserção.***
>
> *§ 5º* É vedada a complementação se houver insuficiência parcial do preparo, inclusive porte de remessa e de retorno, no recolhimento realizado na forma do § 4º.
>
> *§ 6º* Provando o recorrente justo impedimento, o relator relevará a pena de deserção, por decisão irrecorrível, fixando-lhe prazo de 5 (cinco) dias para efetuar o preparo.
>
> ***§ 7º O equívoco no preenchimento da guia de custas não implicará a aplicação da pena de deserção, cabendo ao relator, na hipótese de dúvida quanto ao recolhimento, intimar o recorrente para sanar o vício no prazo de 5 (cinco) dias.***

Esta inovação é totalmente descabida no âmbito do Código de Processo Civil - apesar da opção do legislador ordinário - e, também, no âmbito de aplicação no Sistema dos Juizados Especiais, por duas razões: a primeira, porque o art. 43 da Lei 9.099, de 1995, possui previsão expressa; e segunda, porque a concessão de prazo para suprir complementação do valor do preparo e comprovação do recolhimento do preparo não é compatível com o princípio orientador da celeridade e com o princípio constitucional da razoável duração do processo e os meios que garantam a celeridade de sua tramitação.

Inclusive, o Fórum Nacional de Juizados Especiais (FONAJE) emanou o Enunciado 168 dispondo que "*não se aplica aos recursos dos Juizados Especiais o disposto no artigo 1.007 do CPC 2015*".[6]

5 CONCLUSÕES

Buscou-se estudar algumas inovações introduzidas no Processo Civil brasileiro pelo novo Código de Processo Civil e se estas seriam ou não aplicáveis ao Sistema dos Juizados Especiais.

A conclusão a que se pode chegar é que o princípio constitucional da razoável duração do processo e os meios que garantam a celeridade de sua tramitação, bem como os princípios orientados dos Juizados Especiais Cíveis da oralidade, da simplicidade, da informalidade, da economia processual e da celeridade, são incompatíveis com a aplicação de alguns artigos do novo Código de Processo Civil.

A contagem dos prazos processuais em dias úteis (art. 219 do CPC e art. 12-A da Lei 9.099, de 1995, acrescido pela Lei 13.728, de 2018) é incompatível com o Sistema dos Juizados Especiais, pois provocará uma demora injustificada da prestação jurisdicional. Principalmente porque as causas submetidas ao processo diferenciado dos Juizados Especiais são de menor complexidade e que têm por objetivo atingir aquelas demandas e conflitos sociais que não seriam solucionadas pelo Poder Judiciário.

6 Cabe registrar que, equivocadamente, o Fórum Permanente de Processualistas Civis (FPPC) emanou o Enunciado 98 que prevê que os §§ 2º e 4º do art. 1.007 do CPC se aplicam aos Juizados Especiais, o que viola frontalmente os princípios da celeridade e da razoável duração do processo.

Do mesmo modo, o art. 1.007 do novo Código de Processo Civil é totalmente incompatível com o Sistema dos Juizados Especiais, pois visará privilegiar aquela parte, que mesmo relapsa, é mais forte economicamente, em detrimento do hipossuficiente social e econômico. Mas, também, provocará uma demora injustificada da solução final da demanda.

Por outro lado, o juízo de admissibilidade do recurso inominado é totalmente compatível com a aplicação do art. 1.010 do novo Código de Processo Civil, pois diminuirá uma análise quantos os pressupostos ou requisitos recursais por parte do Juiz monocrático, e, ao fim, a prestação jurisdicional será mais célere e efetiva.

Assim, as inovações do novo Código de Processo Civil buscaram uma maior eficácia jurisdicional, mas os Juizados Especiais têm objetivos diferenciados que precisam ser observados, para se alcançar uma sociedade mais pacífica, justa e solidária.

REFERÊNCIAS

ÁVILA, Humberto. **Teoria dos princípios**: da definição à aplicação dos princípios jurídicos. 2. ed. São Paulo: Malheiros, 2003.

BONAVIDES, Paulo. **Curso de direito constitucional**. 8. ed. São Paulo: Malheiros, 1999.

BRASIL. (Constituição). Constituição da República Federativa do Brasil de 1988. Brasília, DF: Senado, 1988.

BRASIL. Lei 5.869, de 11 de janeiro de 1973. Institui o Código de Processo Civil. **Diário Oficial [da] República Federativa do Brasil**, Brasília, DF, 17 jan. 1973, republicado no **Diário Oficial [da] República Federativa do Brasil**, Brasília, DF, 27 jul. 2006.

BRASIL. Lei 9.099, de 26 de setembro de 1995. Dispõe sobre os Juizados Especiais Cíveis e Criminais e dá outras providências. **Diário Oficial [da] República Federativa do Brasil**, Brasília, DF, 27 set. 1995.

BRASIL. Lei 10.259, de 12 de julho de 2001. Dispõe sobre a instituição dos Juizados Especiais Cíveis e Criminais no âmbito da Justiça Federal. **Diário Oficial [da] República Federativa do Brasil**, Brasília, DF, 13 jul. 2001.

BRASIL. Lei 12.153, de 22 de dezembro de 2009. Dispõe sobre os Juizados Especiais da Fazenda Pública no âmbito dos Estados, do Distrito Federal, dos Territórios e dos Municípios. **Diário Oficial [da] República Federativa do Brasil**, Brasília, DF, 23 dez. 2009.

BRASIL. Lei 13.105, de 16 de março de 2015. Código de Processo Civil. **Diário Oficial [da] República Federativa do Brasil**, Brasília, DF, 17 mar. 2015.

BRASIL. Lei 13.728, de 31 de outubro de 2018. Altera a Lei 9.099, de 26 de setembro de 1995, para estabelecer que, na contagem de prazo para a prática de qualquer ato processual, inclusive para a interposição de recursos, serão computados somente os dias úteis. **Diário Oficial [da] República Federativa do Brasil**, Brasília, DF, 1º nov. 2018.

DINAMARCO, Cândido Rangel. **Instituições de direito processual civil**. v. II. 5. ed. São Paulo: Malheiros, 2005a.

DINAMARCO, Cândido Rangel. **Instituições de direito processual civil**. v. III. 5. ed. São Paulo: Malheiros, 2005b.

DINAMARCO, Cândido Rangel; LOPES, Bruno Vasconcelos Carrilho. **Teoria geral do novo processo civil**. São Paulo: Malheiros, 2016.

MARINONI, Luiz Guilherme; ARENHART, Sérgio Cruz; MITIDIERO, Daniel. **O novo processo civil**. São Paulo: Revista dos Tribunais, 2015.

MARINONI, Luiz Guilherme; ARENHART, Sérgio Cruz; MITIDIERO, Daniel. **Curso de processo civil**. v. 2. 2. ed. São Paulo: Revista dos Tribunais, 2016a.

MARINONI, Luiz Guilherme; ARENHART, Sérgio Cruz; MITIDIERO, Daniel. **Curso de processo civil**. v. 3. 2. ed. São Paulo: Revista dos Tribunais, 2016b.

MELLO, Celso Antônio Bandeira de. **Curso de direito administrativo**. 15. ed. São Paulo: Malheiros, 2003.

NEVES, Daniel Amorim Assumpção. **Novo código de processo civil**. Rio de Janeiro: Forense / São Paulo: Método, 2015.

ROCHA, Felippe Borring. **Manual dos juizados especiais cíveis estaduais**: teoria e prática. 9. ed. São Paulo: Atlas, 2017.